名师工程
名 校 系 列

新课程·新理念·新教学
丛书编委会主任：马立 宋乃庆

人本与生本

管理与德育的双重根基

广州市广外附设外语学校 著

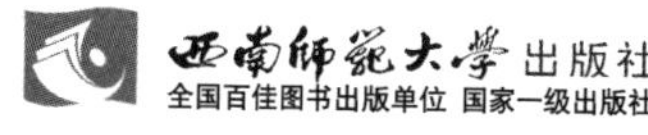

图书在版编目（CIP）数据

人本与生本：管理与德育的双重根基/广州市广外附设外语学校著. —重庆：西南师范大学出版社，2013.10

（名师工程系列丛书）

ISBN 978-7-5621-6474-6

Ⅰ.①人… Ⅱ.①广… Ⅲ.①中学—学校管理—研究—广州市②中学—德育工作—研究—广州市 Ⅳ.①G63

中国版本图书馆 CIP 数据核字（2013）第 233957 号

人本与生本：管理与德育的双重根基

广州市广外附设外语学校 著

责任编辑：杜珍辉 王 莹

封面设计：红十月工作室

出版发行：西南师范大学出版社

地址：重庆市北碚区天生路 1 号

邮编：400715 市场营销部电话：023-68868624

http：//www.xscbs.com

经 销：新华书店

印 刷：三河市明华印务有限公司

开 本：787mm×1092mm 1/16

印 张：19

字 数：311 千字

版 次：2013 年 10 月 第 1 版

印 次：2022 年 4 月 第 2 次印刷

书 号：ISBN 978-7-5621-6474-6

定 价：68.00 元

《名师工程》

系列丛书

《名师工程》系列丛书

征稿启事

《名师工程》系列丛书是西南师范大学出版社策划、组织出版的大型系列教育丛书。丛书以新课程下的新教学为背景，以促进施教者的教育能力为落脚点，以提高教育质量、提升教师水平为宗旨。

丛书首批推出的“名师讲述”“教学提升”“教学新突破”“高中新课程”“教师成长”“大师讲坛”“教育细节”“创新语文教学”“教育管理力”“教师修炼”“创新数学教学”“教育通识”“教育心理”“创新课堂”“思想者”“名师名课”“幼师提升”“优化教学”“教研提升”“名校长核心思想系列”“名校工程”“高效课堂”“创新班主任”等系列，共140多个品种，其余系列也将陆续出版。为了让广大教师有一个交流、借鉴的机会，同时也为了给广大教师提供更多、更好的图书，《名师工程》系列丛书编辑出版委员会特向全国教育工作者征集稿件。

稿件要求：

1.主题鲜明、新颖，有独创性。

2.主题以提升教育能力为主，也可适当外延。

3.主题要有一定规模、有典型案例支撑。

4.案例要贴近教育实际，操作性强。

5.文章、书稿结构清晰，语言精彩。

书稿作者在选题确定之后，请及时与我们做好沟通，具体事宜确定好之后再进行创作；也欢迎用已经完稿的稿件投稿。一线教师如希望参与图书案例的创作，可联系我社策划机构，由策划机构备案，在适合的图书中参与创作。

真诚欢迎各位教师踊跃投稿。

联系方式：

西南师范大学出版社高教分社

电话：023-68254356　　　E-mail：zcj@swu.cn

西南师范大学出版社高教分社北京策划部

电话：010-68403096

E-mail：guodejun1973@163.com

目　录

第二辑　德育篇

第一辑

管理篇

经过20年的发展，作为一所民办学校，广州市广外附设外语学校在对学校、教师、学生的管理中积累了宝贵的经验，形成了独特的办学特色。本辑收录了广州市广外附设外语学校教师在管理工作中的心得与体会，从对学校管理的研究到对财务管理的探讨，从对秉持“以生为本”理念教研活动的反思到对学生作业情况的调查报告……这些文章都为我们展示了学校为实现“对每个学生的终身发展负责，培养走向世界的现代人”所做出的努力。

实施精细化管理，走内涵优质化发展之路
——新时期民办学校的困境及应对之道

李建民

随着《中华人民共和国民办教育促进法》的颁布与实施，我国民办教育步入了一个前所未有的发展时期。据中国教育先锋网报道，2007 年，全国共有各级各类民办学校（教育机构）9.52 万所（不含民办培训机构 2.23 万所），各类学历教育在校学生达 2583.50 万人。作为改革开放重镇与前沿的广东地区，其民办教育历来走在全国前列。在不断发展和前进的同时，我们也必须看到民办教育在新时期面临的新困境。

2008 年，百年一遇的金融海啸席卷全球，这给相当一部分民办学校的生存和发展带来了空前严峻的挑战。2009 年 4 月 20 日，《广州日报》报道："经过几年井喷式的发展，东莞的民办教育突然在 2009 年遇到了前所未有的生存危机：生源减少了 3 万多人、春季招生遭遇'倒春寒'、部分民校陷入经营困局。这一年，对于大多数的东莞民校而言是最难熬的一年。"东莞的民办学校的情形只是冰山一角。民办教育市场的调整迟早都会发生，不期而遇的金融海啸只是加速了这种调整而已。

从建校的第一天起，广州市广外附设外语学校（本文及以下文章中简称"广外外校"）便有着强烈的危机意识。即使学校已经步入良性发展轨道，我们的口号依然是"居安思危"，不敢懈怠半分。因为我们深知，面对变幻莫测的教育市场，任何马虎都可能导致学校的滑坡，甚至退出市场。在新的危机面前，我们更没有理由停止思考和探索。

我认为，当前民办学校面临的危机和困境，可以从内因和外因两方面去分析。

外因包括：其一，随着国家对公办教育投入的加大和免费义务教育的实施，民办学校的"生源面积"也随之缩小；其二，宏观经济形势发生了变化，物价上涨导致各项开支增加，办学成本也相对增加；其三，公办教师待遇逐年提高，民办学校原有的"高薪优势"不复存在，加之在职称、退休与养老等方面与公办学校的待遇有差距，一定程度上造成了教师思想波动较

大，导致教师队伍难以持续优化；其四，民办学校激增，市场饱和，教育市场环境发生了变化，竞争更趋激烈。

内因包括：其一，现有的学校管理体制和机制还不能完全适应现代学校的发展需要；其二，现有教师队伍的水平与教师专业化要求差距较大，突出表现在教师教育观念、服务意识、教育教学研究能力、现代教育技术水平等与全面实施素质教育的要求有差距；其三，现有人才培养模式相对滞后，没有从根本上突破应试教育模式，不利于培养学生的创新精神、实践能力和健康人格；其四，随着中国教育全行业改革的不断深化，民办学校原有的特色优势面临挑战，亟需升级。

基于此，我们经过充分研讨和论证之后，制订了“实施精细化管理，走内涵优质化发展之路”的发展战略。学校发展的总体思路是：秉承办学理念，稳定现有规模，加强内涵建设，提升质量品牌，整合优化资源，提高办学效益，使我校真正成为中国民办基础学校的一个优质品牌。具体的工作安排，我们从以下八个方面着手。

一、进一步坚持办学理念和办学特色

经过 20 年的发展，我校已逐步形成了自己的办学理念——“对每个学生的终身发展负责，培养走向世界的现代人”；在教学上，我们要求做到“轻负荷，高质量”；在育人方面，我们要达到“锻炼健强体魄，塑造健全人格，提高综合素质，突出外语特色”的目的，同时，也形成了活动育人的特色，得到了家长和社会的认同。正是凭借这些办学理念和特色，学校培养出了一批又一批基础扎实、素质全面、特长突出的优秀人才，学校的办学质量也越来越高。今后，我们要继续坚持该办学理念，进一步强化办学特色，使我校继续走健康、持续发展之路。

二、实施精细化管理

精细化管理就是使学校的工作系统化、规范化、制度化；就是要树立成本观、效率观、效益观；就是我们的管理工作要从一点一滴抓起，不放过每一个小环节，要一丝不苟，精益求精。实施精细化管理主要从以下几个方面抓起：

1. 管理条块化。以前，我校的管理模式主要是“块状”管理模式，这一模式的最大优势在于它能强化管理者的责任意识，提高工作效率。随着学校的不断发展，在继续做好“块状”管理的同时，我们还需要加强对学校的宏观管理，实行“条”与“块”相结合的管理模式，使学校的管理更加有效。为了加强对学校的宏观管理，我们成立了4个机构：教学工作委员会、德育工作委员会、校园环境工作小组、招生招聘领导小组。各个机构分别制订了有针对性的条例，例如，为进一步突出外语特色，教学工作委员会制订出了“十二年一贯制”的《广外外校英语教学与评价标准》；为加强对学生的德育，德育工作委员会构建了“十二年一贯制”的德育目标体系。

2. 管理规范化。我们的管理要做到有法可循、有制可依，要依章管理、规范管理、有序管理、高效管理；要逐步建立起“行为规范有序，运转协调高效”的管理机制。学校及各部门要继续优化工作规范和程序，将管理责任具体化、明确化、可操作化，用明明白白的制度、清清楚楚的程序保证工作扎实有效地进行。同时，这也要求每一个人都要把本职工作做到位，谁的岗位谁负责、谁的问题谁负责、谁分管谁负责，做到人人都管理、处处有管理、事事见管理。

3. 管理目标化。目标化管理是科学管理的一个重要组成部分。有了明确的工作目标，我们的工作才会有方向、有动力，我们才能对业绩进行科学的评价。为此，学校制订了“四年发展规划”，确定了学校的发展目标。在此基础上，学校各部门、各年级、各组层层制订了工作目标及教师的任期目标和学生的培养目标等，从而做到职责明确、目标明确、奖惩明确，做到“千斤重担大家挑，人人工作有目标”。

4. 管理民主化。管理民主化是学校健康发展的重要保证。我们要努力做到决策民主化、流程公开化、重大问题透明化。为确保学校的管理民主化，我们要做好以下几项工作：其一，完善校长办公会议制度。20万元以上的工程、10万元以上的开支、招生招聘、辞退员工、开除学生、保送学生、课程设置、教材变动、人事任免、教学计划、制订规章制度、举行重大活动等都要经校长办公会议研究决定。会议遵循民主集中制原则、少数服从多数的原则。其二，实行校务公开制度。我们要做到公平、公正、公开，以提高透明度。其三，完善教职工代表大会制度。我们要充分发挥教职工参与本单位民主决策、民主管理和民主监督的作用，重大决策要经过教职工代表大会讨论；要进一步规范教代会程序，进一步提高教职工的维权意识，为民主治

校，为教师的话语权、监督权的实施提供畅通的民主渠道和广阔的服务平台。其四，我们要充分发挥团组织、学生会在管理学生中的独特作用。

5. 管理效益化。我校是一所民办性质的学校，是经济上自负盈亏的学校。因此，我们不仅要管理好学校，还要经营好学校；不仅要遵循教育规律，还要遵循经济规律；不仅要取得社会效益，还要取得经济效益。为了达到这样的目的，我们应从以下几方面着手：其一，继续加强预算化管理，提高资金的使用效益。财务部门要根据学校建设与发展的需要和财力的可能来安排学校的预算，严审实核，把好开支关。逐步杜绝超预算开支，年终要对各项资金的使用进行绩效评价，针对可控成本进行项目细化。做好年终决算工作，保证决算的准确性。财务部门应加强与各部门的联系与沟通，与各部门之间联动管理，使预算管理能真正落到实处。其二，讲成本、讲节约、讲效益。对学校的管理，从内到外都应该从成本、效益出发，要考虑投入与产出的关系，大额投资要进行必要的科学论证。加强对学校设备和物品的采购、保管及分配使用的管理，合理配备各种设备，避免重复购置，提高使用效率。严格管理学校各类物资，避免浪费。严把采购关，执行购物申报、审批手续，控制各类成本的价格和数量。切实抓好水、电及原材料的节约工作。

6. 管理精细化。在推行精细化管理的过程中，我们要求“在细字上做文章，在实字上下功夫”，要求对待日常管理中的每一项工作都要精心，每一个环节都要精细，使得每一项工作都是精品。没有细节的理念是空洞的理念，没有细节的管理是粗放的管理。细节决定成败，细节决定我们能否成为真正的品牌学校。

三、进一步提高教育教学质量

一所学校的生命在于质量，以质量求生存，以质量求效益，以质量求发展。不管东西南北风，抓住教育教学质量不放松。我们要重点抓“四化”：

1. 教学管理规范化。严格按照教学常规管理的要求，落实好备、教、辅、改、考、评各环节。教学常规要常抓不懈，这是我们抓好教学的基础性工作。注重形成性评价，加强平时考查，考查要把好“三关”，即单元测试关、期中考试关、期末统考关。规范、严密地组织各级各类考试。加强对教学环节的过程量化管理。

2. 教研活动科学化。其一，教研活动规范化。严格按照“说（围绕教研课题说课）—讲（突出教研课题讲课）—评（抓住教研课题评课）—论（反思教研课题，撰写论文）—行（结合学校实际，推广先进经验）”五个环节开展教研活动。提高公开课的有效性，促进教师业务素质的提升。从教学细节入手，着眼于微观课堂研究，使公开课真正成为促进教师主动进行“生本教学”“有效教学”研究的一个抓手。教研组长示范课要起到规范和引领本组教学的作用。其二，教研活动科研化。向科研要效益，向科研要质量。通过科研转变教师的观念，提高教师的业务水平。以科研引领教研，通过科研找到教育教学的规律，提高课堂教学的效率和质量，真正实现“轻负荷，高质量”的教学目标。

3. 教师培训经常化。要提高教育教学质量，就必须建设一支高水平的教师队伍。从整体上看，我们的教师队伍是一支素质全面、业务精湛的队伍，但要保持和提高这支队伍的战斗力，我们就要不断加强学习，转变观念。我们可以从以下几方面做起：一是学习先进的教学教改理论，重点学习“生本教学”和“有效教学”的相关理论；二是学习新的课程标准。在学习中，要做到“三个结合”，即分散学习与集中辅导相结合、走出去学习与请进来学习相结合、课内外学习与校内外学习相结合。我们要将学习与培训制度化、经常化，使我校教师队伍的质量不断提高。

4. 优秀生源基地化。优秀的生源是提高学校教育教学质量的一个重要保证。我们要进一步扩大生源的范围，制订优惠政策，以吸引更多的优秀学生。要走出去、请进来，通过建立友好学校、共建单位，采取奖励、联谊等方式，建立稳定的、优质的生源基地。

此外，我们还要进一步加强对毕业年级的管理，认真研究高三、初三毕业班的教学，努力提高各学科的高考、中考质量。此外，还要重视分层教学与培优补差工作。

四、进一步突出学校特色

办学既要有质量，又要有特色，要“以质量求生存，以特色促发展”。目前，我校的办学特色已初步凸显，但特色优势还没有充分形成，学校的特色还需要进一步强化。

1. 外语特色。学校首先要制订以英语教学为特色的工作规划，确定其目

标，特别是学生的培养目标。目前，学校已制订出“十二年一贯制”的英语教学目标体系。学校应建立英语仿真教学基地，以增强英语学习的趣味性和实用性。在校园文化上，还需要进一步突出英语教学的特色，营造英语学习的氛围。此外，还要开设日语、法语、西班牙语等小语种供学生选修。

2. 校本课程特色。学校完善并逐步推广现有的选修课、活动课、文化专题课、实践课、文学欣赏课等校本课程，同时要加强对校本课程的规划、研究，要充分考虑学生的需求、教师的能力和学校的特色，逐步使我校的校本课程朝着系列化、特色化、科学化的方向迈进。

3. 体艺特色。我们在开展群众性娱乐活动的同时，还要精心打造学校的“拳头”产品，组建有较高水准和较强影响力的合唱团、交响乐团、羽毛球队（目前已成立）等。

五、进一步加强校园文化建设

校园文化环境是精神文明的重要载体，学校要创设一个具有丰富内涵的且能够和谐育人的文化环境，使其成为学生活动的乐园、求知的学园、精神的家园。

1. 强化环境建设的人文功能。学校要把发展高品位的校园文化和营造浓郁的人文氛围紧密结合在一起，把环境育人落实到校园的一墙一石、一草一木以至每一个角落中，努力做到“一墙一砖有文化，一景一处都育人”。同时，校园文化建设还要进一步体现学校的办学理念，突出学校的特色。

2. 强化文化活动的整体功能。学校要继续秉承“活动育人”的理念，组织好“五大节”：英语节、科技节、读书节、艺术节、体育节。活动育人是我校校园文化的重要组成部分，活动多、形式多样、内容丰富，学生参与面广、热情度高。我们要认真处理好活动与育人之间的关系，要注重提高活动的思想性，充分发挥活动的育人功能；要认真策划和组织各项主题活动，突出针对性和实效性。尤其要在整合活动资源、控制活动频度、丰富活动内涵、讲究活动形式、提升活动质量等方面下功夫。

3. 进一步加强校风建设。其一，加强领导班子和中层干部队伍建设。坚持身教重于言教，带头遵纪守法、廉洁自律，注重以人格力量和模范行为建设团结、民主、积极进取的校园环境。继续倡导“六种风气”：团队之风、民主之风、学习之风、教研之风、廉洁之风、节俭之风。其二，加强教师队伍的作风建设。教师要树立“六种意识”：市场意识、质量意识、服务意识、育人意识、安全意识、法制意识。教师要做到教书育人、为人师表、率先垂范，要关注学生、关心学生、关爱学生；要文明施教、精心执教、廉洁从教。其三，要加强学生的养成教育，要有计划、有步骤、分年级、分时段、有针对性地开展养成教育。把养成教育落实到教育、教学、活动、生活的各个环节中。要重视班级的常规管理，将养成教育落实到班级管理的各个环节、各个细节中。要加强班级文化建设，通过各种有效措施，营造浓厚的班级文化氛围，加大班级管理的力度。要充分发挥团委、学生会、少先大队等学生组织的作用，发挥学生自主管理的作用。

4. 进一步加强校园网、电视台、广播站、图书馆、报刊栏、宣传栏、黑板报等的建设，使之更好地成为德育工作的阵地。

六、加强教师队伍建设，提高教职工生活质量

教师队伍是整个教学活动的关键。学校要创造各种条件来调动教师的积极性，让教师充分体会到教师职业的幸福感。

1. 进一步创设良好的人文环境，优化教师工作环境和生活环境。在规范教师教育行为的同时，努力为教师创造相对宽松、民主、健康、和谐的人际交往环境。关注青年教职工的专业成长、精神需求，开展相关活动以丰富他们的业余生活，使他们相互了解、相互信任。学校应有计划地组织促进青年教师专业化成长的培训，落实好“一帮一”活动，定期检查青年教师的工作效果，发现亮点，及时交流和推广，充分发挥他们在校园文化建设中的主力军作用。

2. 学校和级组可以根据教师的实际情况，推行“读书计划”，组织教师阅读、探讨、交流、做读书笔记。学校要多组织教师走出去学习、交流，或聘请专家来校开讲座，通过经验交流、专家引领、跨组研讨等方式，促进教师的专业化成长，致力于学习型组织的建设。

3. 要进一步加强班主任队伍建设。要搭建平台，促进班主任老师的专业化成长。为班主任提供外出学习的机会和校内互相学习的机会，如聘请教育专家举行班级管理方面的讲座、定期召开班主任经验交流会等。对新任班主任，要及时进行业务培训，让他们尽快适应广外外校的管理模式。还要进一步加强对生活老师的培训，增强他们的服务意识、育人意识，提高管理能

力，加强其与家长和班主任的沟通交流。在沟通协调的前提下，生活部可以独立大胆地处理生活区的学生问题，加大对个别学生的教育力度和处罚力度。

4. 加强教师专业建设。实施校内名师工程：设置首席教师、学科带头人、教坛新秀（目前已实施）；实施校内职称制；实施导师制（导师负责学生的德育和智育工作）。

5. 继续以全校集中性活动、部门分散性活动的方式，开展教职工文化娱乐活动。工会、学部、级组应在原有的几大比赛的基础上，多策划和组织一些形式新颖、广受教职工欢迎的活动，努力营造轻松和谐、积极向上、团结进取的校园文化氛围。

6. 从福利、生活、工作等方面关心教职工，体谅他们的工作压力，尽力帮助他们解决生活、工作中的困难。校工会要重点关注女职工群体、单身职工群体、青年教工群体、伤病职工群体，通过各种形式的举措与活动，使他们切身感受到学校及工会组织的关爱，感受到来自广外外校大家庭的温暖。要设立养老基金，解决教职工老有所养的问题。要让学校教职工的工资待遇不断随着社会经济的发展而提高，不断随着学校办学效益的提升而提高。让广外外校教职工有职业自豪感、生活幸福感，对未来生活有安全感和归属感。

七、走国际化办学之路

目前，出国留学已成为我校许多学生的需求，他们通过各种途径出国进行深造。我们必须顺应这一发展潮流，搭建人才成长的“立交桥”，以满足学生的需要。

创办国际部不是对学生分流，而是立足于多元化、国际化的办学特色，进一步提升学校的品牌，使其成为学校新的亮点、新的增长点，也是立足于学校的战略发展、和谐发展和多元化发展的要求。2009 年，经多方努力，学校与加拿大新科斯舍省教育部联合举办中加高中，现运行良好。

八、进一步优化学校的资源

我们学校是一个各种资源比较丰富的单位，如保送生资源、家长资源、大学资源、硬件资源和学校本身的品牌资源等，我们要进一步优化这些资源，充分利用好这些资源，让资源生成资源，让资源产生效益，让资源提升品牌。我们可以成立家长委员会、学校发展委员会（目前均已成立）等组织，招揽社会的名人、贤人、能人，主要为学校发展提供以下几种支持：一是智力支持，二是资金与物质支持，三是教育教学支持，四是社会政策支持和各种保障。

总之，我们将在改革与发展的道路上奋勇前行。新的机遇、新的挑战、新的希望展现在我们面前，我们将团结一心，开拓进取，以改革保障发展、促进发展。秉承办学理念，稳定现有规模，加强内涵建设，提升质量品牌，整合优化资源，提高办学效益，使我校真正成为中国民办基础学校的一个优质品牌。

加快国际化办学的步伐，培养走向世界的现代人

——广外外校教育国际化的思考

谢仁发

2012～2013学年度，我校的工作计划中明确提出“质量、特色、国际化”的工作思路。“质量”是立校之本，“特色”是兴校之策，“国际化”是未来发展的方向。

中小学教育国际化是经济全球化对教育提出的客观要求，也是教育自身发展的内在需要。在教育部颁发的《国家中长期教育改革和发展规划纲要(2010～2020年)》中指出，将扩大教育开放，加强国际交流与合作，提高中国教育国际化水平，提升中国教育的国际地位、影响力和竞争力，培养大批具有国际视野、通晓国际规则、能够参与国际事务和国际竞争的国际化人才。国际化人才的培养需要先进的办学理念和丰富的国际化项目，外国语学校在国际化人才培养上更具有独特优势。广外外校国际化项目的起步可追溯到2004年，当时我们在高一年级开设了一个国际班。但由于当时对办国际班的意义理解上出现偏差，我们只是肤浅地认为，办国际班的目的就是分流学生，让最差的学生也有书读，并将他们送出国。由于这个班是由双差生组成的，管理起来难度非常大，以至于一年之后无法继续办下去，只能将其解散。于是，国际班的学生也就成了“差生”的代名词。直到2009年，广外外校才有第一个国际教育合作办学项目——中加高中。从整体来看，与其他外国语学校相比，我校的国际化人才培养显得比较滞后，国际合作办学项目不够丰富。从宏观角度来说，广外外校国际化之路缺少长期和短期的规划。最近，我对广外外校国际化问题做了一些思考，下面将一些想法与大家分享。

一、先进的办学理念是教育国际化的基石

什么是教育国际化？或者说教育国际化的内涵是什么？我非常赞同这样一个观点：所谓教育的国际化，就是用国际视野来把握和发展教育。广外外

校办学一开始就确定了“对每个学生的终身发展负责，培养走向世界的现代人”的办学理念。近20年的办学实践证明，体现“世界视野”和“现代意识”的办学理念符合现代教育观，是与国际教育接轨的先进的教育理念。纵观现在社会上形形色色的所谓的国际部，大多数是片面追求另一种高考（美国或英国高考）的机器或是中介机构，他们的目的只是要把学生送出国，在国际人才的培养和国际教育上的思考并不多。从这一点上来说，无论是我校的活动育人的理念、“生本”课堂的改革、校本课程的建设，还是多元化的评价方式，都是教育国际化内涵的体现。所以，要走国际化办学之路，我们必须坚持办学理念毫不动摇，坚持特色办学，不断丰富国际课程。

二、强化外语教学特色，开设双语班

20世纪60年代初期，中央作出重大决策，在若干大城市建立外国语学校。1963年和1964年，第一批外国语学校建立，共11所。1976年后，保留上海外国语大学附属外国语学校、南京外国语学校、长沙外国语学校、重庆外国语学校、天津外国语专科学校（即现在的天津外国语大学）、武汉外国语学校等7所学校。这些学校多数开设了小语种课程。经过近50年的实践探索，这7所学校的小语种课程发展得比较成熟，教学质量处于全国领先地位，在基础教育领域的小语种课程发展与教学中起到了示范和引领作用。改革开放之后，各地建立了一批外国语学校。这些学校也数量不等地开设了小语种课程，取得了很好的成绩。近几年，随着素质教育不断地深入实施，一些普通中学为了突出自己的特色，也开设了小语种课程，主要是为满足学生个性发展而设置的选修课程，每周课时很少。

纵观我国中小学外国语小语种发展的历史，已基本形成了以下格局：纵向上，形成了以20世纪60年代成立的外国语学校为龙头，改革开放初期建立的外国语学校为骨干，各地外国语学校与办学质量较高的普通中学为基本力量的发展格局；横向上，形成了以东部地区为最发达，其次分别为中部、西部地区的梯次格局。这种格局为促进我国中小学外语小语种课程的发展与教学提供了基本条件。

我校小语种课程只有选修课，目前开设了日语、法语、西班牙语、韩语4个语种的选修课。与其他外国语学校相比，尤其是与外国语理事会学校相比还有很大差距。所以，我校有必要开设双语种班，其理由有4个：一是国家发展战略的需要，以及全国外国语学校理事会的要求；二是更加凸显我校是外国语学校的特色；三是吸引优秀学生报考我校；四是有广州外语外贸大学师资作坚强后盾。

高中小语种班的学生的出路：一是参加外国语学校的保送考试（现有不少大学开设了相关语种的高起点班）；二是出国深造（现在有不少国家每年免费招生）；三是参加国内高考（国内有日语、法语、俄语高考）。

我们要继续开好高中二外选修课，在初中增加除日语外的其他语种（如法语、西班牙语、德语等）的选修课。只有这样，广外外校才能称得上是真正的外国语学校，才能进一步体现我校外语教学特色。

另外，我们要整合全校外教资源，实行统一管理。对备课、上课、教材使用、教研等方面进行规范，最大限度地利用外教资源，提高外教课的质量。让外教更多地参与到我校校本课程的研发中来，更大地发挥外教的作用。

三、增加国际合作办学项目，壮大国际部

2009 年，经与加拿大新斯科舍省教育部商定，报上级教育行政部门审批，我校与加拿大新斯科舍省教育部联合创办中加高中班，为国内学生直升世界名校搭建教育平台。

中加高中经过三年多的发展，已渐趋成熟。学生人数从当初的一个班 20 人，发展到今天 5 个班 130 人；中方和加方的管理团队逐渐强大，中方专职教师 6 人，外籍加方教师 8 人；管理理念及模式更加科学化、国际化。我们已欣喜地看到，越来越多的中加班的学生活跃在中学部的各个舞台上，展现出他们良好的精神面貌和综合素质，凸显出中加教育合力的优势。首届中加高三毕业班的 11 名同学共收到了 32 份世界名校的录取通知书，尤其是冯栩骐同学被加州大学洛杉矶分校录取。我们相信，在各方的共同努力下，中加高中的明天会更加美好，会有更多的学生迈进世界名校的大门。

随着教育的不断对外开放，丰富的国际教育资源也不断涌进中国，尤其是世界名牌大学最多、经济最发达的美国的教育项目更为家长和学生所关注。据相关数据显示，去美国留学的人数以每年 20％～25％的比例增长。所以，为扩大国际部的办学规模，提高广外外校国际部的影响力，我们有必要尽快成立“中美班”。中美班招生对象主要是已考入我校高中的学生。高一、

高二的学生随时都可以分流到中美班。我们希望把中美班办成国际部的高端项目，使一批学生通过中美班直接进入世界前五十甚至“常春藤”名校。

除了中美班以外，条件成熟时，可再增加一些其他国际合作项目：

1. “中加”项目向初中延伸。我们已在初三成立“中加高中预科班”，其目的有两个：一是对初三年级学生进行分流，减缓初三毕业班越来越大的竞争压力；二是为“中加班”储备、培养合格生源。中加高中预科班在课程设置上，着重加大英语课的比例，强化对学生的听、说、读、写的训练，加大外教课的比重，为适应中加班全外教课程扫清语言障碍。

2. 有些国际项目可从初一开始，甚至可以从小学开始，如 A-levels 课程从小学到高中已经非常成熟。

3. 招收外国学生组成国际班。据统计，广州有外国常住人口 2.2 万人，专门接收外籍学生上学的学校还没有，我们可依据广东外语外贸大学的资源考虑招收外籍学生。

4. 组建雅思、托福、SAT 培训中心。培养合格的本校雅思、托福、SAT 教师，利用周末、节假日、寒暑假等课余时间为国际班的学生和其他有出国需求的学生提供雅思、托福、SAT 培训服务和帮助。

5. 组建广外外校留学服务中心，为出国留学的学生提供服务。利用广东外语外贸大学与世界许多大学建立的友好学校关系，直接推荐国际部学生入读世界名校。

6. 参与国际机构的认证，提高国际知名度。学校的可持续发展依赖于学校的可持续能力，这主要包括学校的办学思想、教育理念、校园文化、管理机制、运作模式等，需要借助可靠的质量评估体系作保障。教育认证是实现教育可持续发展的一项措施。教育认证的目的是帮助学校建立一套科学可行的办学理念，以促进学校健康、持续地发展，促进优质教育资源的形成和充分利用，促进学生获得学业成功，促进教师及管理人员的专业化发展。在当前全球化的大背景下，教育进入了一个全新的时代。学校只有站在国际化的高度，只有面向国际寻求发展的参照指标，才能生存，并求得可持续发展，如国际与跨地区认证委员会（CITA）成立于 1994 年，是由美国的多家教育认证机构合并而成的一家非营利性机构，它在美国和世界范围内享有盛誉。到目前为止，CITA 已经为 100 多个国家的 3 万多所学校提供了认证服务。参与此类国际机构的认证，一方面可以帮助我校提高办学水平，促进学校的国际化发展，实现学校的可持续发展；另一方面可提高我校的国际知名度。

四、加强教师的国际交流与进修

实现教育国际化首先要有一批具有国际视野的教师，特别是外国语学校外语教师的专业素养和世界意识显得特别关键。不可否认，现在完全靠招聘来获得优秀的外语教师已非常困难，且外语教师的整体素质有所下滑，所以培养一支高素养的外语教师队伍已刻不容缓。

对外语教师的培训可采用“请进来”和“走出去”的方法。“请进来”就是利用校本培训的方式，请一些外语教学专家和学者来校进行教学示范，发挥专家的引领作用。“走出去”就是充分利用广东外语外贸大学师资资源和对外合作大学资源对英语教师进行培训，如利用业余时间开设研究生班；每年利用寒暑假分批送英语教师去以英语为母语的国家进行短期培训，例如，广东外语外贸大学与英国考文垂大学教师培训项目；与友好学校进行教师互访。

广外外校教育国际化的道路才刚刚开始，需要做的事情还有很多，但近期可启动的项目有 3 个：一是初一、高一双语实验班的开设，二是“中美班”的开设，三是英语教师的培训计划。

发展国际项目最大的困难是国际部的场地问题，希望在不久的将来，我们能看到一幢国际部大楼在广外外校的大地上崛起。我们憧憬着在宽敞明亮的 12 层国际部大楼里，不仅有小学一年级到高中三年级的学生，还有外籍学生；希望大楼里的教学设备先进，各种活动场所都能满足学生个性化学习和发展的需求。

民办中小学校教师职业策略研究

徐　纯

民办中小学校教师的从业特点之一就是契约制。民办学校以质量求生存的办学性质，对这种组织中的个人发展提出了新的要求与考验。这说明，教师个人职业发展离不开学校的稳定发展，而学校的稳定发展又离不开国家的政策、政府的关注与社会的支持。比如，《中华人民共和国民办教育促进法》通过立法的方式，既表明了国家大力扶持民办学校的态度，也从根本上确立了民办教育的社会地位，这样一来，从中央到地方都能够有法可依地对民办教育进行正确领导，突破了以往光“督”不“导”、统得过死或放得太开的极端局面，为民办教育的稳步发展提供了有利的条件。再比如，目前也有些地方将教育中介的功能引入市场，以保障流动教师的专业职称评定问题。这一切不但对民办教育的发展产生了积极的影响，同时对民办学校教师的发展也起着“晴雨表”的作用。这些政策法规、政府行为是不以个人意志为转移的，属于不可控制的外部因素。民办中小学校的教师在寻求自我发展的过程中，更应该把握那些对自身发展起直接作用的内部因素，如学校的发展和个人职业生涯规划与管理。人的发展是个动态的、持续的过程，因本身一定优势而进入民办学校的教师，如果只靠“吃老本”，是无法真正实现个人价值的，所以职业教育与认知就显得十分必要。

一、教师职业生涯管理相关概念的解读

（一）教师职业生涯管理的定义

教师职业生涯管理就是教师把所从事职业活动的全过程作为管理对象，将教师与学校教学工作的结合视为贯穿教师整个职业生涯的动态变化过程。具体到学校，教师职业生涯管理是由学校根据教师个人发展各阶段的特点和需求，安排、调整乃至设计适合该教师的工作，以期最大限度地发挥他的个人才能，在开发利用人力资源的同时，实现学校与个人发展的双赢；具体到个人，教师职业生涯管理是由教师自己根据自身各阶段的特点和需求，结合

学校不同时期的发展规划，为自己制订合适的工作计划，在为学校服务的同时，实现自身与学校的共同发展。本研究侧重教师个人对自己职业发展生涯的规划与管理问题。

（二）职业生涯管理基本的技术手段：明确职业通道及划分职业发展阶段

一般来说，根据中小学教师从事的工作，其职业生涯通道可以分为两大类：一类是一系列的专业技术职位，如中教高级、中教一级、中教二级、小教高级、小教一级等；另外一类是一系列的管理职位，如行政管理、教务管理、后勤管理、学生管理等。将类别相同而技术水平和复杂程度不同的工作纵向排列开来，就可以得出在每类工作中的职业通道了。各职业通道之间是相互开放的，这样组织成员就能有多种职业发展的可能了。

职业发展阶段的划分一般采用两种方式：一种是根据职业发展过程对教师的能力及技术水平的不同要求来划分的，另一种是根据教师在不同的个人生活发展阶段对职业的心理需求来划分的。前者可分为3个阶段：第一阶段是学徒阶段，其特点是不能独立承担工作，需要他人的监督与指导，此阶段要求教师学会在压力下努力工作并在预定时间内完成工作任务。第二阶段是中高级专业技术人员阶段，其特点是教师能独立承担工作责任并为学校发展作出贡献，可以成为青年人的导师。第三阶段是专业技术主管阶段，其特点是教师能以独到的见解或以其他方式影响组织未来的发展方向，有能力进行开发工作。

对于后一种划分方式，不同的研究者有不同的划分依据，如美国学者傅乐（Fuller）、卡茨（Katz）、伯顿（Burton）等都有不同的分析。但一般来说，人的职业经历大同小异，现选择其中一种介绍。它将人的职业生涯分为4个阶段：第一阶段是职业认同阶段，大约在20～25岁之间，在此期间，个人开始选择职业；第二阶段为逐步成熟和稳定阶段，大约在25～40岁之间，在此期间，人因经历多次成功与失败而显得稳重，对职业的认识趋于现实并能为长远的职业发展打下坚实的基础；第三阶段是保持与自我调整阶段，大约在40～55岁之间，在此期间，人已确定自己所选职业，会较清醒理智地调整自己的职业发展适应性；第四阶段在55岁以后，个人职业道路开始走下坡路，更多的是回顾，对发展的渴求减弱。

（三）教师职业生涯管理的关键

教师职业生涯管理的关键是教师要具备良好的职业敏感性。而职业敏感性包括三方面的内容，分别是职业弹性、职业洞察力和职业认同感。

职业弹性是指教师处理某些影响工作问题的能力的大小，主要包括适应学校变革的能力、对不确定性变化的适应力、对学校组织的认同感等。

职业洞察力是指教师对自己职业状况的观察、反省和规划能力，主要包括教师对自己的兴趣、优势和不足的认识，以及如何把这些认识与自己的职业目标联系起来，制订自己的专业发展和培训计划等。

职业认同感是指教师对其工作中个人价值的认可程度，主要包括对学校价值观的理解、对学校活动的参与度、能否适应终身学习的学习环境等。

二、影响民办中小学教师个人职业生涯规划与管理的直接因素

根据以上理论依据和我所做的问卷调查结果表明，影响民办中小学教师个人职业生涯规划与管理的直接因素有以下三点：

1. 教师的职业管理理念与行为

这是影响教师个人职业生涯规划与管理最基本的因素。如果教师没有形成职业生涯管理的概念，就不可能形成科学、有效的职业管理行为。而当今时代的发展又决定了这个时代的特点和要求，也就是，随着我国经济体制从计划经济向市场经济的完全变革，从企业到机关单位、从商品到资源都实现了从宏观调控到市场调节的巨大转变，劳动力已经成为一种资源，它也将随着市场经济的大潮完全走向市场。民办学校就是这样一种实现了人才与用人单位双向选择的新型体制形式。所以，在这种已经实现了人力资源管理从身份管理向能力管理和岗位管理转变的单位工作，人们不能不树立现代人力资源管理的理念，运用科学的职业行为，对自己的职业和人生负责。

另外，教师的职业生涯管理是教师有效利用学校资源，最大限度地发挥自己的潜能与创造力去实现职业抱负的一种手段。它不但能从理论上指导教师运用科学的技术手段，正确认识自身的兴趣、价值、优势与不足，提高自己的专业技能，还能让教师通过获取学校有关教育教学的信息来主动地制订行动计划，从实践中实现职业生涯发展目标，从而满足自己的需要。

2. 教师的学习能力与效果

对民办中小学的教师来说，有现代人力资源管理的理念、明确的职业管理行为还只能说是做好了理论和技术上的准备，支撑并丰富这一切的核心则是思想与知识。所以，教师的学习能力是影响教师个人职业发展的关键因素。

在知识经济时代，知识的革新和新技术的应用速度十分惊人，这对各行各业的从业人员都产生了深远的影响，所有从业人员都面临着工作知识和技能老化的问题，教师职业也同样面临这些挑战。新课改是当下教师工作面临的最大挑战，从教材到教法、从理论到实践、从课程结构到教育评价都在发生着革命性的变化。面对改革，位于教育一线的教师如果不适应就只能被淘汰，在民办学校工作的教师更应该走在教育的前沿，做前瞻性的工作。而要达到这样的要求，教师唯有学习而且是“不断地学习”“有效地学习”，才能始终立于教育教学的浪尖、潮头。

3. 学校的发展与组织文化

如果说民办学校的教师是一棵树，那么他所在的学校就是一块土地。在民办教育迅速发展而民办教育管理体制与服务体系又不是很完善的今天，学校将成为民办中小学教师发展的宝贵资源。学校的办学理念、管理制度、用人观念、人际关系和发展态势都对教师的发展起着潜移默化的作用。所以，学校对教师个人发展的关注和重视决定了教师个人成长的机会、时间和空间。

学校组织的健康向上影响着教师发展的健康向上。美国著名管理学家彼得·圣吉提出的“第五项修炼”，从系统动力学的研究出发，提出“组织增长、再造”的核心理念，即建立学习型组织，这非常切合民办学校的实际。因为民办学校的生存与发展归根结底不仅仅是与对手的竞争，更是自身发展的突破与创新。“最成功的企业将会是‘学习型组织’，因为未来唯一持久的优势，是有能力比你的竞争对手学习得更快。”可见，将学校组织导向学习型组织，既是学校自身生存的需要，也是教师个人成长最好的途径。

三、民办中小学校教师良好职业发展的策略

民办中小学教师的发展受许多客观因素的影响，诸如政府政策、社会经济、学校态度导向等，也受主观因素的影响，如教师专业水平、能力等，但是基于自我发展、自主把握职业人生的出发点，教师个人成长的主要动力还是来源于自身。结合民办中小学校教师职业发展的现实，本文进行一些策略层面的探讨。

1. 专业化策略

简单地说，教师的专业化就是指教师职业的不可替代性。要提高教师的

专业地位，尤其是中国教师的专业地位，离不开社会的重视和政府的推动。同时，教师主体本身更应坚定专业信念，提高自身的专业水平与服务品质，从而赢得学生、家长与社会各界人士的认可，本来这一点是相对所有教师而言的，但民办学校以质量求生存的办学特点要求学校必须有高质量的教学，而民办学校的自主收费甚至是高收费却限制了生源，且生源的整体素质也不高，所以，“低进高出”成为民办学校教学的基本目标，这就势必要依靠教师的高创造性、高水平的工作。具体表现在民办学校的教师不但要有精湛的课堂教学艺术技巧，也要善于激发和调动学生的学习兴趣，更要善于分层教学和个别教学，善于了解学生、建立和谐的师生关系等，这一切总的说来就是要全面提高教师的专业化水平。这就需要教师从教学素养、专业素养、人文素养三方面去努力，从而以过硬的本领令学生佩服，同时引领他们走入学科的殿堂；以内行的指导帮助家长解决孩子成长过程中出现的问题，以专业的精神对每一个孩子的终身发展负责。

2. 职业化策略

职业化策略应包括以下几个方面：一是市场化观念。以市场导向为基本特征的民办中小学，其管理必然要引入市场理念和相应的市场机制。在这种氛围中工作的教师也必须明白自己的身份与价值，正视自己作为一种资源进入市场后被雇佣的现实，从而改变过去对传统人事制度下“铁饭碗”的依赖性。二是树立对自己的职业生涯负责的意识。人力资源管理专家雷蒙德·A·诺伊（Raymond A. Noe）认为，现代社会的显著特点是多变，任何组织的内部结构、业务范围、人力资源结构都在随着外界环境的变化而变化，无法为员工提供稳定的职业安全保证。他认为，现代职业生涯的显著特点就是易变，因此现代职业生涯又称为易变性职业生涯。易变性职业生涯理论表明，传统的职业生涯目标只是定位在加薪、晋升上，但现代人的工作目标与之不同，他们更注重心理成就感的满足，渴望在工作中获得乐趣，这在很大程度上可以由员工自己掌握和控制。教师职业也是如此，易变性职业生涯理论要求、也认为教师应该对自己的职业生涯负责，主动采取一些职业生涯管理的行为来规划自己的职业生涯，以提高自己终身雇佣的可能性。三是增强职业敏感性。职业敏感性是职业生涯管理的关键因素，它包括职业弹性、职业洞察力和职业认同感三个方面。注意这三个方面能力的培养，有利于教师对自己的职业状况进行理性的分析与规划，增强职业危机意识。

3. 自我发展策略

自我发展策略主要的思想就是要求人们树立终身学习的观念，保持可持

续发展的能力。“可持续发展”是现代社会使用频率最高的词之一，它指的是某一客观事物可以持久或无限地维持下去的能力。那么，这种能力靠什么培养与支持？答案就是学习，特别是终身学习。终身学习的理念是法国的保罗·朗格朗在20世纪60年代以后提出来的，它强调职前教育与职后教育的一体化、青少年教育与成人教育的一体化、学校教育与社会教育的一体化。问卷调查结果表明，民办中小学教师中，有第二学历以上的学习经历者高达77%，可见他们十分重视对自己的职后再教育。在调查过程中，我们还发现小学教师的学习积极性比中学教师高，这也许是因为小学教师年轻与起点较低。

树立终身学习的理念，同时也是要求教师改变过去对培训与学习“等、靠、要”的思想，把学习看成是工作和生活的第一需要。教师应主动适应并接受新生事物，不但要学习与自己教的学科有关的知识，也要学习与自己的专业知识关系不大但自己感兴趣的知识，掌握一些先进的现代技术手段，让学习不但成为提高工作能力的有力手段，也成为丰富自己的生活情趣、提高自己的人生素养的良好途径。

4. 双赢策略

双赢策略是指个人成长与学校发展的双赢。尽管教师离开公办学校投身民办学校的原因有许多，其中也不乏单纯出于经济因素的考虑，但是，我们的调查显示，仍有高达64%的教师是为了“实现自身的价值到外面来闯一闯”的。教师要实现自我价值、保持个人职业的不断发展，是与所在学校的不断发展息息相关的。教师选择了民办教育作为自己的事业追求，就应该为学校的发展着想，为学校的发展付出自己所有的才智与劳动。当教师的努力与智慧促进学校获得稳定发展、形象提升的时候，个人的价值自然也就实现了。所以，双赢的策略就提醒我们民办学校的教师首先要爱岗敬业，惜校如家，千万不能为了一己私利而不顾一切，这样才能在真正实现自我价值的同时，体会工作的乐趣。

5. 相对稳定策略

相对稳定策略是指教师要慎重择校，努力适应，保持工作岗位的相对稳定。人力资源流动的自由性，一方面让民办学校教师产生不安定的感觉，另一方面也可能给教师自由择校带来错觉。一些年轻教师，尤其是教学能力比较强的教师，在选择工作单位的时候有一些不好的习惯，如这山望着那山高、稍不顺心就以“炒老板鱿鱼”收场等。事实证明，这对教师的个人成长是不利的。一位资深民办学校教师做过一项分析，尽管民办中小学校的体制不推崇“论资排辈”，提倡给有能力的年轻人的个人发展带来空间与方便，但是，不少颇具规模与影响力的民办中小学校也并不提倡直接引进高级管理人员甚至是中层管理干部，而是起用有能力且又熟悉学校组织文化、崇尚本校文化的人，因为这更符合学校现代管理的原则与思想。所以，民办中小学校教师进行个人职业规划与管理的时候要兼顾相对稳定因素，这样一定会大有裨益。

【参考文献】

[1]［美］彼得·圣吉著．张成林译，第五项修炼［M］．北京：中信出版社，2009.

[2] 杨秀梅．费斯勒与格拉特霍恩的教师发展影响因素论述［J］．外国教育研究，2002，29（5）．

[3] 吴畏．民办教育的改革与发展［M］．北京：教育科学出版社，2002.

[4] 龙君伟．校本人事开发与管理［M］．广东：广东高等教育出版社，2002.

[5] 陈峰，乔树德，卢开明．民办学校教师队伍建设研究［M］．沈阳：沈阳出版社，2000.

[6]［美］雷蒙德·A·诺伊著．刘昕等译．人力资源管理：赢得竞争优势［M］．北京：中国人民大学出版社，2005.

打造学校的教研文化

——从聆听与倾谈开始

叶和丽

聆听是交流的前提，也是交流的开始。人生需要交流，教学更需要交流。我们的教学交流就从课堂起步，从聆听开始。

在我校，每位教师每学期一节公开课、一篇教学论文（可以是教育教学叙事）已经成为教研文化的传统项目。除了校级优质课人人听，“两课两反思课”教研组内听，校内公开课有选择地听，每学期每位教师还要听“推门课”。所谓“推门课”，就是事先不打招呼去听课，每位教师都不得拒绝任何一位教师来听自己的随堂课。听评随堂课是更为日常化的教学研讨方式。

“带着思辨走进课堂”是学校对全校教师的要求。教师上课前要思辨：我这节课是基于学生的教学设计吗？教学目标定位准确吗？这是课前反思。教师在上完课后仍要思辨：我这节课达到预定的目标了吗？现实的课堂和理想的设计之间还存在哪些差距？我还有哪些地方需要反思和改进？这是课后反思。

同样，我们也要求听课的教师带着思辨走进课堂。每位教师每月必须听同年级同学科 4 节课以上。教师每听一节课，都必须提出自己的建设性意见。教师追着听课人问建议或听课人追着教师提建议，成为我校教研的一道特别的风景线。教室的走廊里、学校的食堂里、校园的小路上……凡能驻足的地方，都成为教师进行教学研讨的地方。这种非正式的教研方式，成为正规教研方式的有力补充，其效果甚至比正式教研更佳。因为，教师可以采用多种方式进行非正式的教研，可以是聊天式，可以是激烈辩论式，也可以是捶胸顿足式……性格不同，方式便不一样。但大家的愿望只有一个：那就是我们都希望把课上得更好，让我校的评课文化走向可持续发展的良好态势。

一、评课文化一路走来

这种评课文化曾经历了这样的阶段。

唱赞歌式的评课：最初老师的评课活动都是唱赞歌式的。听一个老师说，因为在一次评课活动中，一位评课老师直言不讳地指出某位老师的课过于形式化，结果大大刺伤了这位讲课老师的自尊心，致使这位老师当场痛哭流涕。从此，老师评课时言语谨慎了许多，但反映真实教学情况的声音也少了许多，以至于形成了唱赞歌式的评课风气。一种风气一旦形成，很难在较短的时间里将其改变，除非找到合适的契机。

找“旗帜”：如何改变这种评课现状？“旗帜”的导向很重要。于是，学校开展了“两课两反思”活动。先选择一批较为优秀的老师讲一次课，提供课例让大家解析，然后再跟进讲第二次课，看看这些老师的课和第一次相比有了哪些改进。这些老师大多经历了痛苦的自我否定，但之后，他们的课获得了突飞猛进的进步。这些老师的成长让更多的老师感受到自我否定的重要性和必要性，于是，自愿要求上“两课两反思课”的老师越来越多。他们开始是害怕别的老师去听课，后来是主动邀请别的老师听自己的课。比如，一位从黑龙江来广州度假的关教研员，从有关教育教学杂志上看到我校一位老师写的文章，便慕名找到学校，提出想听听课，学习一下的想法。老师为了抓住这次机会，纷纷打电话请关教研员来听自己的课。每听完一节，老师都缠着关老师评课；有的老师甚至提供了三四节课让关老师评点，然后自己再跟进。结果，关老师在短短的一个月内，在我校共听了 69 节课，她对我校老师的这种锐意进取的精神大加赞赏。

评课谁说了算：评课一旦呈现出好的态势，我们必须及时总结，因为我们不仅要知道应该怎么做，还要知道为什么要这么做。接下来，学校各教研组之间便展开了“评课，究竟谁说了算”的大讨论。老师在讨论中统一了以下几个认识：

1. 评课谁说了都不算（假如你不能接受评课者的观点），评课谁说了都算（假如你认为评课者所说的对你有帮助）。所以，我们无需对某个人的观点唯命是从，更无需因为某个人的观点与自己相左而耿耿于怀。

2. 评课是一种教研文化，在评课的过程中，大家相互交流，发表观点，目的是让大家都受到启发，都有所改变，这种改变对自己来说应该是提高，而不是为了追赶潮流而丢掉自己的长处。

3. 评课应该以“人本”（从关注学生的实际状态和需要出发，看看在本节课上达成了什么目标）为主，“文本”（教参或书本上所要求的目标）为次。

4. 评课看预设（看教师钻研教材、把握教材、设计教学的能力），更要看“生成”（看教师能否及时利用课堂上的互动资源，在此基础上再生成新的资

源)。“预设”得越充分,“生成”得就越精彩。但评课时要更注重“生成”。

大家还在讨论中明白了这样几个问题:

第一,评课的目的是什么?(是为了改进我们的教学)

第二,评课者与被评者的关系如何?(是学习中的伙伴关系,所以允许评课者指出被评者的错误。双方能在互相交流中互相启发,而不是唯命是从)

第三,双方都应该以什么样的心态来对待评课?(以学习合作的态度,特别是评课者,要抱着帮助别人的心态去评,被评者要抱着学习的心态去听)

正如世界上没有十全十美的人一样,课堂上也没有十全十美的课。但在评课的时候,大家为什么要面面俱到呢?目的很简单,就是为了改进我们的教学。目的明确之后,老师就不会再因为自己的课受到太多的“挑刺”式评价而耿耿于怀,或者对自己失去了信心,变得无所适从。

二、发展性的评课文化

文化是超越制度层面的存在,是一个无形的“场”。当评课文化在经验的基础上发展起来,教师逐渐适应并习惯这样的教研方式的时候,这种评课文化就可以指导教师开展有针对性的教学,而且教师的专业能力也会不断提高。老师的评课文化经历了这样的阶段:

“我觉得这节课老师提的问题太多、太碎,整堂课变成了串讲式。”

“这节课前松后紧,时间安排不太合理。”

“今天在课堂上老师的提问:‘对这篇课文你是怎么想的?’这样的问题指向不明确,所以学生无从谈起。”

这是最初评课老师用得最多的语言,给出的批评、指责远远多于合理性的建议,而且老师的评课大多是纠缠于某些细节,停留在就课论课阶段。

后来,老师认为评课应该在指出不足的同时也提出合理性的建议,要多从宏观的层面来提建议。于是,老师的评课变得理性,也变得更客观,请看以下这则评课记录:

2008年11月16日　周三　上午　第三节　课题:《给予树》

《给予树》一课描写了一位叫金吉娅的小女孩,用自己买圣诞礼物的钱帮助一位贫穷孤苦的小女孩实现了自己的美好愿望的故事,该文赞扬了金吉娅的爱心和人间美好的情感。

海老师是位激情四射的老师,她在课堂上主导性非常强,其教学风格被大家称作“激情派”。但有一天，她对大家说，她要转型了，要将学习的主动权还给学生，而且把这次的公开课作为一个转折点，请大家评议。

本节课，她想通过追文索句，引导学生通过阅读自己挖掘出文字背后的意义。她尝试着让自己退居幕后，让学生成为舞台的主角。可以说，海老师这次有意识的转型，是内化了新课程理念后的自我升华。但由于是初次尝试，学生还不太习惯，所以，整节课听起来让人感受很累。原因何在？听课老师试着从以下几个方面帮助海老师作了诊断：

1. 语文教学中，促进学生对语言文字的感悟，我们提倡拓展式、深入式，避免“轧油式”。所谓“轧油式”，是指教师用自己的感悟代替学生的感悟，而且，硬拖着学生朝着自己既定的目标前进，结果，学生和老师都感到很累。任何对文本的感悟都应以学生已有的生活经验为基础，学生能体验到什么程度就是什么程度，所以，老师的点拨不能脱离学生现实情况。否则，就会出现像今天这样“消化不良”的课堂。

2. 避免零散的、平行的、分散的感悟堆积。感悟应该是有层次的升华，有目的的延伸，有方向的超越。这节课，老师在黑板上板书了一大堆词汇：爱心、同情心、无私、善解人意、怜爱、体贴、仁爱……但这样做没有层次感。其实，这节课可以循着一条线进行讲解，这条线就是本单元的主题训练重点——“爱”。老师可以让学生结合文本语言充分理解爱的内涵：金吉娅对小女孩的同情和友爱、妈妈对金吉娅的赞赏和疼爱、金吉娅与兄弟姐妹之间的手足之爱等。在感悟、品读的过程中，教给学生读书方法：一是通过人物语言、动作、神态揣摩人物的内心世界；二是用“补白”阅读法来充实文本内容，丰富文章内涵，如小女孩的卡片上会写些什么呢，金吉娅会给小女孩带去什么礼物呢。

另外，由于海老师有意进行转型，所以，课堂带有原来的痕迹在所难免。比如，海老师在思想意识上希望做到以学生为主体，可是以前老师在课堂上习惯于占主导地位，所以，学生一旦回答不出来问题，老师便急于公布自己的答案，这样的课堂就缺少了一种阅读期待。

从以上这个评课记录中我们可以看出，老师已经能站在更高的角度对课堂进行总体性的评价，提出存在的问题，帮助分析原因，然后提出建设性的建议。对评课老师来说，这也是一次提升。

那么，怎样让老师的评课上升到更高的理论层次呢？各教研组又提出进一步的要求：要上升到新课程理念、学科性质、学段特点的高度来评课。下

面这个评课记录基本达到了这个要求：

2008 年 12 月 1 日　小学一年级语文识字课——《比尾巴》

这是一节识字课，通过浅显易懂的短文《比尾巴》，学生来识记“比、尾、巴、短、把、猴、松、鼠、扁、最、公、鸭”这 12 个生字。因为这又是一个承担了“高效识字”任务的班级，所以，老师在完成课文要求的 12 个生字的识记任务的同时，还要通过同音、形近对比的方法进行拓展识字。

评课记录如下：

1. 关于保留传统教学的精华问题：这是一节低年级（一年级）的识字课。在识字教学中，我们积累了许多宝贵的经验，对这些经验我们应该在新课改下的课堂中加以借鉴和发扬，而不是一概摈弃。本节课也许是为了体现“自主合作”“学生主体”等新课程理念，老师在教学中完全无视低年级学生的识记规律（注重字的音形义，进行循序渐进的重复记忆），放手让学生选择自己喜欢的方法去学习生字，这样无规律的跳跃式识字方法把学生的思维顺序全打乱了。对于刚刚结束拼音学习的一年级学生来说，他们恰恰需要在识字中掌握规律，总结学习方法。老师这时的放手对学生来说是不负责任的。

2. 关于手段是为目的服务的问题：在低年级教学中，教师需要用直观的教具和多种教学手段来吸引学生的注意力，激发他们的学习兴趣。但任何时候，手段都是为目的服务的，我们绝不能为了追求课堂的形式而去追求手段的多样化。本节课，老师想采取多种方法达到识字的目的，所以，“谜语引路”“猴子摘桃”“歌曲欣赏”等手段都用上了，但总的感觉是教学形式热闹，各个教学环节匆匆而过，就是没有落到学生的识记规律上来。形式、花样不仅大于学习效果，且影响了学习效果。

3. 关于现代化教学手段的合理运用问题：本节课，老师为了用上多媒体教学，把让学生认的生字、词语都用漂亮的边框装饰，用花哨的背景衬托，结果字体太小且字迹模糊不清，影响了学生的学习效果。为什么不用最传统的方法——用粉笔在黑板上写呢？难道多媒体就可以完全代替粉笔来教学了吗？

4. 关于学段侧重点问题：低年级，特别是一年级，语文教学的重点是识字，课文是学生识字的载体，只要学生能读通，大致读懂即可，不必过多地去分析和肢解文章内容。况且《比尾巴》这首儿歌读起来朗朗上口，浅显易懂，不需要老师做过多的讲解。所以，花费近半节课的时间来读课文、分析课文是没有必要的。

5. 关于拓展识字的前提条件问题："高效识字"这项实验，我们将重点放在"高效"二字上，想在了解学生情况的基础上进行更有针对性的识字教学。如学生课前已经会认的字，在课堂上老师就不必再花过多的时间从头教起，可以用节省出来的时间，通过多种渠道让学生认识更多的字，即进行拓展性识字。但拓展性识字的前提是学生在掌握课本上要求认识的那些字的基础上进行拓展，而不是课本上的还没掌握就急着去拓展。在拓展中，老师还要注意学生的认知规律，如果学生对基础的字记忆还比较模糊，老师就急着用形近字、同音字等方法补充另外的字，对学生的记忆则是一种严重的干扰，反倒变成了一种"低效识字"。

三、对评课文化的反思

作为教研的一种重要方式，评课文化发展到今天，虽取得了很好的效果，但仍存在着一些值得我们思考的问题：

1. 怎样让授课者成为评课活动的最大受益者？目前的评课都是评课者唱主角，而作为授课者则大多是被动地接受和聆听。作为教研文化主角的授课者，不仅仅是听别人的评课和指导就行了，更重要的是要学会反思和消化。如何提高授课者的反思水平？这将是教研活动改进的一个重点内容。

2. 怎样让教学目标成为评课的重中之重？教学目标作为教学的起点，在教学当中，往往变成了教案中的一个摆设，也容易在评课中被遗忘。在评课中，我们发现许多老师的教案设计存在着教学目标表述不清，或教学目标定位不合理等问题。接下来，我们要把教学目标的制订和完成作为评课的首要依据。

3. 怎样更好地体现评课的民主性？每次评课往往是专家、领导、科组长评完就结束了，大部分老师在评课中只充当了评课的听众。如何发挥每位老师的评课积极性，进一步提升评课文化的理性思考？这也是我们需要进一步改进的地方。评课中可以尝试对教师队伍进行梯队建设，即要求授课者反思。第一，要立足于教学目标的完成情况；第二，要上升到学科的整体知识体系的高度来讲课。同时，要求科组长的评课必须上升到学科理论的高度，理论联系实际来进行评课。

四、不是结束的结束语

文化，首先是融化，教师要融化到自己的课堂里，运用自己的智慧将这些知识以独特的方式教给学生，才能“化人”。评课是一种文化，讲课也是一种文化，教研更是一种文化。打造具有我校特色的教研文化，让我们的教研文化真正达到“化人”的效果，是我们继续探索和追求的目标。

加强校园文化建设，提高民办学校教师的幸福度

朱传久

一、什么是幸福

我们每个人每天都在追寻幸福，可到底什么是幸福？幸福在哪里？

古往今来，人们对“幸福”有多种诠释，尽管说法不一，但有一点是一致的，那就是生活美满，精神充实。《现代汉语小词典》关于“幸福”的解释是：使人心情舒畅的境遇和生活；（生活、境遇）称心如意。曾有报社对“谁是世界上最幸福的人”做过一个调查，结果排在前面的是：刚给孩子洗完澡，怀抱婴儿微笑的母亲；在沙滩上筑起沙堡，得意洋洋的孩子；写完小说最后一个字，画上句号的作家。

幸福可分为感性幸福和理性幸福。感性幸福比较强调人的物质享受，而理性幸福则比较关注人的精神活动。现代社会更多的是强调理性幸福，即人们的主观幸福感。目前人们普遍认同的一点是：幸福是人的一种心理活动，是人对外部客观事物的一种主观感受和体验，是人对外界环境和个体生活质量满意程度的一种相对稳定的心理反映。简单地说，幸福就是相对稳定的、长时间的持续快乐。弗洛伊德、康德、边沁等人分别从伦理、自由、道德等多个方面对幸福进行了分析和阐述，他们的观点对我们理解幸福感都有一定的帮助。但幸福绝不是一种固定模式，它应该因人而异，也许一万个人有一万个幸福的理由。幸福，是每个人内心的一种感觉。

二、教师幸福感的通识标准

每一个人都是社会的一部分。中学教师作为社会中的一员，脱离不了社会、集体这个大环境。“教师幸福感”虽有和其他行业共性的标准，但也有其行业特质。那么，教师的幸福感用什么标准去衡量？

1. 基本的物质条件满足程度

虽然物质条件的满足程度不能作为衡量教师行业幸福度的主要标准，但

没有衣、食、住、行方面的满足，教师是注定不会幸福的。尤其是在当前，教师和其他从业人员一样，面临物价和房价上涨等压力，面临就业和子女教育培养的激烈竞争，面临医疗、养老保险等问题。适当的生活预期和物质条件，可以让人发掘自身的潜力、激发斗志，最终体会到幸福的来之不易。教师应该无忧无虑、幸福自在、全身心地投入到教书育人当中去，这才是符合时代发展的教师幸福发展观。

2. 受人尊重的程度

教师是受人尊敬的职业，被誉为“人类灵魂的工程师”，承担着“传道、授业、解惑”的神圣职责。教师能否得到学生、家长、同事的尊重，以及受尊重的程度，直接影响教师的幸福感。

3. 个人价值的实现程度

教师的个人价值主要体现在工作的成就感上。这里的成就感是指：第一，主要体现在学生身上。学生达到教师的期望，如分数提高、升入更好的学校、从事较好的职业等，教师就会以学生为荣。第二，教师自身是否达到学校对自己的预期要求。是否达到目标会直接影响教师的待遇、荣誉及幸福感。第三，教师在社会上的知名度和影响力。在社会上的口碑、家长的认可度是教师成就感的标志，是幸福感的一个重要指标。

4. 身心健康及愉悦程度

身心健康是幸福的保障。中国传统文化中的五福幸福观将“长寿、富足、健康平安、爱好美德、善终”当作幸福的五要素。身心健康，为人们从事任何活动都提供了有力的保障。

幸福感实际上更多的是一种心理体验和感受。教师时刻保持乐观、开朗、阳光的心态，是教师走向幸福的重要保障。

5. 家人的状况及未来预期

教师的幸福度往往与自己孩子的成功及家人的安康相关。在帮助学生获得成功的同时，如果教师自己的孩子也同样能获得成功，那将是一件无比快乐和幸福的事。家人的安康和成功是教师工作强有力的后盾。

一个没有后顾之忧的人是快乐的；一个没有后顾之忧的家庭是幸福的。教师若在生活中无后顾之忧，那么他就会将精力投入到自己的工作中，并能体会到教学的乐趣，更能有幸福感。

6. 人际关系与校园文化

同事间的互助、互爱、和谐，领导的亲民、民主是教师身心愉悦的重要保证。一个同事关系紧张、领导与教师互不信任的校园对身处其中的每一个人来说都是不幸的。

以文娱活动为载体的丰富多彩的校园生活是教师身心愉悦的保障。一个师生业余生活丰富的校园必定是一个充满活力和生机的校园，必定是一个阳光的校园。

三、职业倦怠——教师幸福感缺失的原因

职业倦怠是指在以人为服务对象的职业领域中，个体的一种情感耗竭、去个性化和低成效感的症状。情感耗竭指个体的情感资源过度消耗，情感处于极度疲劳状态，工作热情完全丧失。去个性化指个体以一种否定、负性、冷淡、过度疏远的消极态度对待服务对象。低成效感指个体的胜任感和工作成就感下降，消极地评价自己工作的意义与价值的倾向。

实事求是地说，在当代，无论是教师的收入、工作环境和条件，还是在社会中的地位和影响力，都随着时代的变化和发展而改善了很多。但调查显示，有54%的教师存在心理问题，近70%的教师感到累、精神疲惫，48%的教师有焦躁、失眠等症状，36%的教师感到有时难以控制自己的情绪。职业倦怠造成了教师职业幸福感的缺失，这是当今教育界客观存在而又不容忽视的问题。根据长期的第一线工作经历，笔者认为，教师缺失职业幸福感，究其原因主要有两个方面：

1. 客观现实：对教师的苛刻要求与超出实际的期望值

（1）教师职业的神圣化。无论是作为一种职业符号还是文化标志，教师都被社会附加了太多荣耀与绚烂理想化的评价，如“太阳下最光辉的职业”“春蚕”“蜡炬”等。以“学高为师、身正为范”的名义，教师被要求是不能有个性的，是不能犯错误并且是无所不知、无所不能的“完人”。“高、大、全”的救世主情结把教师摆上了“神坛”，让教师承载了太高的期待。这种不切实际的定位，不仅没有增强教师的自豪感，反而加剧了教师对职业的恐惧感，给教师增添了无形的压力。现实中，教师犯错的“放大率”和“谴责度”恰恰证明了这一点。

（2）高期望值。有一部分家长认为，教师是万能的，我们把孩子交给你，你就应帮其彻底改掉陋习，就应让他们学好各门功课，考取理想中的大学。家长对学校、对教师的高期望值，从某种意义上讲是必要的。但是，家

长要懂得，教师不是万能的，孩子的品德、学业更大程度上要取决于他们自己，甚至还取决于家长，教师只是其中重要的一环。

（3）上级的评优、学校的考核。教师为完成名目繁多的评优、检查、听课而疲于奔命；尽管领导一再强调学校的各种考核全面、公平、公正、公开，但说到底，分数、升学率才是硬道理。从某种意义上说，教师职业是围绕分数转的，在分数面前能真正体验到幸福感的教师并不多。更使教师痛苦的是：琳琅满目的改革必须贯彻，形形色色的流派必须学习，绝对权威的专家之言必须听从，大气磅礴的论文必须完成……一时间，教师无所适从，不会教书了；有些教师无法弄明白什么样的课才是好课，几十年的教学经验在各种标准面前“无用武之地”了。

（4）超负荷劳动与程式化特征。由于多方面的原因，大部分教师长期处于超负荷劳动状态，身心疲惫。不可否认，教师的工作是创造性劳动，因为学生是不同的，教材、教学内容也会与时俱进，但教师的工作在很大程度上是重复性的、程式化的劳动；“三点一线”时空环境，年复一年，时间一久，教师产生职业倦怠是自然的事。华南师范大学陈彩琦博士所总结的“中小学教师生活写照”十分形象和贴切：

满腔热血把师学会，当了教师吃苦受累；
急难险重必须到位，教书育人终日疲惫；
学生告状回回都对，工资不高还要交税；
从早到晚比牛还累，一日三餐时间不对；
一时一刻不敢离位，下班不休还要开会；
迎接检查让人崩溃，天天学习不懂社会；
晋升职称回回被退，抛家舍业愧对长辈；
回到家中还要惧内，囊中羞涩见人惭愧；
百姓还说我们受贿，青春年华如此狼狈；
仰望晴天欲哭无泪，唉，何苦当教师受罪。

（5）中学教师前10位的压力源。有的教育专家将中学教师压力归结为10大项：①学生学习态度差；②应付学校和教育部门的各种检查、评比；③缺少必需的教学资料和资源；④花很多时间准备公开课；⑤学生的学习动机不强；⑥教师的社会地位不高；⑦素质教育与入学选拔制度之间的矛盾；⑧非教学性的会议、事务性工作太多；⑨社会对教师的期望和要求太高；⑩班级学生学习能力差别太大。

2. 主观动因：职业认同与心态

事实上，在同等物质条件下甚至在条件非常恶劣的情况下，为从事教师职业而感到幸福的大有人在，如在历届“感动中国”人物评选中，都出现过教师代表。教师面临职业倦怠和幸福危机，从一定程度上讲，是我们教师对自己的职业认同出现了问题，是我们教师的心态问题。

（1）教师的职业幸福感取决于职业认同。一个人只有选择了自己热爱的事业才会有幸福感，只有热爱一项工作，才会乐于为之付出，为之喜悦。教师的职业幸福感是一种感觉，它主要来自于对教师职业的热爱，这是教师体会到幸福感的前提。教师只有沉浸于职业之中才能真正地感受到教师职业的幸福感。北京师范大学第二附属中学的纪连海老师曾经说过：我把教书当成事业，所以我感到很快乐。显然，如果仅仅把教师这个职业看成谋生的手段，教师就很难产生这种持续快乐的心理感受和精神状态。

一个不热爱教师职业的教师很难爱自己的学生，很难实现“教书育人”的目的，也很难在教师行业中有所作为、实现自我价值。对于现在仍从事教师职业的人来说，既然改变不了职业，那就改变职业态度和职业认同吧。

（2）幸福其实是一种心态。教师不可能生活在真空中，而是当今社会的一员。部分教师之所以缺乏幸福感，主要是受社会诱惑太多，盲目攀比，结果导致心态失衡，“比较产生不平，不平产生愤怒，愤怒失去理智”，这种不良心理恶性循环，轻者会消极应对工作，失去活力和进取心，重者甚至会走向极端、走向犯罪。因此，教师一定要淡泊名利，少一些功利的追求。现实中有一部分教师的可悲之处就在于他们一方面从事教师职业，另一方面又有升官发财的强烈愿望，所以整天痛苦、忧郁、不满。其实在现实中，教师有教师的幸福，有很多令人羡慕的地方，如每年有寒暑假期、工作稳定、受人尊敬等。

（3）幸福源于正确对待自己。一方面，教师的社会期望值与自我期望值都很高，如果教师对自己要求过于严格，给自己设定高不可攀的目标，不允许自己犯错，对自己做的工作不满意时，就会产生内疚心理，并常常由于工作原因，不得不掩盖和压抑自己的一些真性情，表现出谨小慎微、求全求美、自我克制、苛求自己等行为，时间一长，教师就会出现焦虑、烦躁情绪，进而产生“心累”的倦怠感；另一方面，正因有上述特征，当教师自己犯错误或有某些不足时，也会加以掩饰，这种“自尊心”很容易演变为“虚荣心”。现在的教师群体中，“文人相轻”的嫉妒心态较为普遍。有些教师看

到某个教师受到领导器重或获得奖金、评优、晋升，由于不能正确认识自己，始终觉得学校对自己不公平，进而导致心理失衡。这种不良情绪必然会让教师产生挫折感和嫉妒心理，进而对自己的职业失望、丧失进取心。

华东师范大学叶澜教授的“教师的三重境界”准确概括了教师内心对幸福的理解：生存型教师为谋生而从事教师职业，感受不到教师职业的内在尊严与快乐；享受型教师把学生成长当作最大的快乐，对平凡工作充满热爱，感受到做教师是快乐的；发展型教师追求终身发展，将教师职业作为实现自我价值、激发自己创造能力的大平台。

四、加强校园文化建设，努力提高民办学校教师的幸福度

教师的幸福度、心理健康是学校各项工作获得良性发展的前提，也是学生心理健康、阳光的保证。否则，正如美国《各级学校的健康问题报告》中所说：“由于情绪不稳定的教师对于儿童的决定性影响，就不应该让他们留在学校里面。一个有不能自制的脾气、严重的忧郁、极度的偏见、凶恶不能容人、讽刺刻毒或习惯性谩骂的教师，对于儿童心理健康的威胁，犹如肺结核或其他危险传染病对儿童身体健康的威胁一样严重。”

由于体制原因，相比于公办学校教师，民办学校教师面临的困难和挑战更大。集中体现在以下方面：第一，由于民办学校生存压力巨大，学校管理考核比公办学校严格很多，教师劳动的时间和强度明显高于公办学校教师；第二，民办学校之间竞争激烈，管理上普遍实行的是淘汰机制（不同于末位淘汰制），教师的生存压力和竞争程度不言而喻；第三，民办学校教师在退休、养老、医保、职称等方面得不到与公办学校教师同等的待遇。

因此，关注民办学校教师职业幸福感非常必要，也非常迫切。学校教师是否开心、是否幸福直接关系到学生能否健康快乐地成长，关系到学生未来的发展。在如此大的压力下，如何让民办学校教师感到幸福呢？在长期的实践中，各个学校都摸索出了各具特色的创建教师幸福之路，本篇文章以广外外校为例展开说明。广外外校是一所公办民助性质的学校，实施的是全封闭的寄宿制管理模式。20年来，广外外校一直以创设丰富多彩、活泼高雅、独具特色的校园文化作为教师追求幸福健康的抓手，探索出了一条教师和谐发展的幸福之路。

1. 健康，从“心”开始

我校教师的健康法则为：“回避压力不如正视压力；怨天尤人不如调整

认知；抱怨环境不如改变心境；默默忍受不如寻求支持；消极等待不如改变自我。纠正别人态度最快、最有效的方法是纠正自己的态度。”教师有了良好的心态，就会以一种激情四射、活力充沛的形象展现在学生面前，学生也会体会到教师的健康、阳光心态。

2. 以人为本，尊重教师是第一要义

被尊重、被认可是教师职业幸福的第一标准，学校要让教师感受到自己的重要性。

首先，要本着“用人所长，有为者有位”的用人原则，安排教师的工作，努力做到把每一个人都安排在最恰当的位置上，让他们充分发挥特长。这是对他们最大的尊重。

其次，要注意尊重教师的教学个性，允许不同教学风格存在，留足教师自我发展的时间和空间，激发教师投身新课改的主动性和创造性。学校要为教师展现自我提供舞台。我校的“示范课与展示课”“教科研论坛”“名师工程”等为教师展示自我、张扬个性提供了表演舞台，也是实现教师职业理想和价值的渠道和途径。要帮助教师在为学生提供更好的专业服务的过程中，获得更大的专业尊严感和更高的专业成就感，从而享受幸福的教师生活。作为学校管理者，应当充分尊重广大教师的意见，放手让他们工作，充分信任他们。

再次，营造民主氛围，充分信任教师，真正实现民主治校。学校管理绝不只是校长的事，要充分相信教师的智慧，要允许他们充分发表意见。因而，各种形式的座谈会、恳谈会，特别是教代会制度就显得尤为重要，它能让教师体验到民主平等、参与管理、主人翁意识，从而产生幸福感。在长期的工作实践中，广外外校建立了教师的建议、诉求网络平台，如校长信箱、民声连线、回音壁等，帮助老师解决了很多实际问题，实现了领导与教师零距离交流与沟通，从而营造了宽松的人文环境，构建了和谐的人际关系。

最后，关心教师，让教师有家庭归属感。学校是一个弥漫着人文气息的社会，是一个微型的社会，也是教师获得生存与发展的地方。这样一个地方，是自然的，也是社会的；是物质的，也是精神的；是个性的，也是共性的。不论是学校的管理，还是学校的服务，应让教师有归属感、愉快感和成就感。一方面，要想方设法为教师解除工作的后顾之忧，从福利、生活、工作、子女等方面关心教职工，帮助他们解决生活、工作中的实际困难；另一方面，要着重关注四类教师群体：女职工群体、单身职工群体、青年教工群

体、伤病职工群体。“感人心者，莫先乎情。”通过各种形式的关爱举措，真正体现对教师的人文关怀，会使他们的工作热情更高，责任心更强，努力工作的意识也更强；会使他们体验到来自大家庭的温暖与幸福，产生对学校的认同感和归属感。

3. 体验幸福，颂扬教师职业理想

我们要帮助教师树立职业理想，实现真正的自我价值，克服追名逐利的心态。所谓幸福感，就是一种发自内心的感觉，它不同于物质的东西。作为一种个体化的感觉，幸福感应该是植根于自身的一种心理感受。教师把教书当作一种事业，可以感知学生目光中的求知欲，体会童心未泯的快乐，享受学生成才的光荣感，体验教书育人的成就感，从而实现自我价值。

教师本身就是个需要奉献精神的职业，为社会发展培养人才，为国家建设做“嫁衣”。但盲目地攀比，则会使人因达不到目标而产生挫败感，最终失去幸福感。其实，从幸福感知的角度讲，幸福与收入、地位并不显著相关。如果教师总是与其他高薪职业相比较，就会产生心理不平衡和倦怠感。教师要多想想和学生在一起时的快乐，想想受到他人的尊重，想想自己人生价值的体现，想想其他职业不具备的优势，心境定会豁然开朗。按马斯洛的需求层次论，需求分为生理需求、安全需求、社会需求、尊重需求和自我实现需求。作为教师，追求的目标应该是一种价值体现的幸福感，应该是一种更高的自我实现需求和幸福感。

职业理想的实现和精神的追求是幸福的。我校开展的“师德标兵”与“感动广外外校人物评选”等校园文化活动，旨在创建高雅、人文的校园，使我校师生高境界做人、高品质生活。我校提倡教师群体树立“积极向上、勇于探索”的进取精神；形成“任劳任怨、服从大局”的奉献精神；培养“团结互助、博爱和谐”的集体精神。

4. 扶贫济困，从他人处获得幸福

幸福不仅仅是得到爱和关怀，更是关爱他人，并从他人处获得幸福。所谓“赠人玫瑰，手有余香”“爱人不外己，己在所爱之中”，这些话都告诉我们一个朴素的道理：多献爱心、多做善事，会使自己的幸福感增加；多献爱心、多做好事，会使我们的社会更加温暖。我们的社会中存在着弱势群体、困难群体，他们更需要关爱、帮助，一方面需要政府做出不懈的努力，另一方面也需要社会个体的帮助，只有这样才能达到社会的整体和谐。广外外校一直有“扶贫济困，乐于助人”的优良传统，全校师生一直怀有“关爱社会，回报社会”的爱心。从印度洋海啸全校捐款到师生亲送捐款到湖南郴州救助遭遇冻雨的学生；从为患有白血病的赵希同学的两次捐款到为挽救素不相识的莫神浪小朋友的生命献出的爱心；从救助广东遭遇水灾的灾民到为汶川、玉树大地震的灾民捐款等，谱写了我校师生一首首动人的爱的乐章。据不完全统计，我校师生累计捐款已达两百多万元，实物三千多件。为此，广外外校获得由广东省红十字会颁发的“博爱奉献奖”，这是广东省唯一一所获此殊荣的中小学。

5. 专业成长，提升教师职业幸福感的必然途径

课堂始终是教师生命中最重要的舞台，对于一个懂得享受上课、享受课堂研究的教师来说，教学自然会成为其体验幸福的重要舞台。为什么有的教师一站在讲台上就身心兴奋、活力四射？因为他（她）能从教学过程中体会到人生的幸福和意义。课堂上，当教师与学生融为一体，与学生一起欢笑、沉思、追疑，并进入一种师生合一、人课合一的境界时，他（她）会时时产生生命的高峰体验，这时，他（她）在享受上课带来的幸福。

教师专业素养的提高和幸福感是相互促进的。当教师的幸福感强烈的时候，就会促进个人的专业化成长；如果教师个人的专业素养高，又可以增强教师自身的幸福感。广外外校一直在努力构建“教师学习型组织”，以五种方式为教师的发展搭建平台：第一，鼓励教师在职进修，报销一半的学费，为教师的再学习创造条件。第二，“请进来，走出去”，每年开学时，请专家和学者到校对教师进行为期半个月的培训，每月举办一次“百家讲坛”，许多教育大家为我校老师开讲座。2011 年 3 月，在广外外校举行的全国基础教育的“四大流派”名家讲座与课程展示，在教育界引起强烈反响。在其他地方，这是只有校长才能享受的待遇，而在广外外校，普通老师不出校门，就能聆听到全国知名专家与学者的讲课，这的确是一件十分荣幸而又让人倍感幸福的事。第三，让读书成为教师生命的必需品，学校图书馆根据老师的需求购买书籍供他们阅读，按标准报销他们的购书费、网络学习费等。读书决定着思想发展的深度，思想的深度决定着发展的高度。第四，引进课题，提供学习和交流平台。三个课题的研究（“面向未来的基础学校研究”“引导学生自我发展的理论与实践研究”“环境、人口和可持续发展研究”）促使广外外校教师向更高层次发展。第五，校本教研和课程的开发，为老师的集体成长和老师的个性化成长营造了良好的氛围。从每学期的高一年级文化专题课开课，到教学处文理科的“教研论坛”、学生处的“德育论坛”，老师在交流

与合作中提升了自身的职业技能与水平，促进了专业成长，增强了职业幸福感。

6. 运动着，歌唱着，快乐着，幸福着

在只关注教学成绩而忽视业余生活的学校里工作，教师很难获得幸福感。幸福感的获得离不开充实的教学工作，但只有充实的工作而缺少闲暇娱乐也不能称之为幸福。适度的闲暇娱乐可以使老师养成劳逸结合的行为习惯，让他们在减轻工作压力的同时以更饱满的精神状态全身心地投入到工作中，并从劳动成果中体验到自我满足感，增强自己的幸福感。

我们要关注教师教学以外的需求。人的生活应该是多样化的，人性也应该是多维度的。我们认为，教学活动不应是教师生活的全部内容，其生活应由教学生活与业余生活两部分构成。忽视教师对娱乐、锻炼、兴趣、交际等多方面的需要，是对教师人性的漠视和不尊重。丰富的课余活动可以极大地改善一个人的心态，调节一个人的情绪。多参与一些有益身心健康的活动，培养业余爱好，在多彩的生活中增加生活乐趣，既可以丰富教师的课余生活，又可以增强学校的凝聚力。

生命在于运动，快乐在于参与。在高效率、高强度、快节奏的广外外校工作，老师深深体验到身体的确是“革命的本钱”。老师渴望身心的健康、运动的愉悦、活动的乐趣，这是一种现实的“市场”需求。

(1)“四大杯”赛——老师期盼的节日。每年广外外校电视台的摄影机里必然会出现老师期盼的四组镜头：“开心杯”教工篮球团体赛（老师开心，学生也能开心）；“外羽杯”教工羽毛球团体赛（我校是一所走向世界的外国语学校）；“杏坛杯”教工乒乓球团体赛（这是我们老师自己的比赛）；“活力杯”教工排球团体赛（我校是一所充满活力、充满激情的学校）。这组镜头充满了老师的期待、汗水和快乐，当然也充满了属于老师自己的开心故事。以“四大杯”赛为品牌，催生出老师的运动理念：“我参与、我快乐、我健康”；“快乐第一、成绩第二”；“运动是每一个人的利益与权利”；“高扬赛场上的集体主义旗帜”。每年，70%的教职工都参与了至少一项比赛，真正具备了幸福校园必需的“健康、活力、激情、阳光”几大要素。

(2) 健美操、民族舞、瑜伽、交谊舞——老师的“韵”与“美”。学校定期举办“女子健美操（广场舞）”“民族舞蹈”“瑜伽”“交谊舞”等培训班，这些舞蹈成为我校职工日常的健身方式。在工作之余，在劳动之外，她（他）们沉浸在美妙而又激扬的音乐中，或翩翩起舞，或欢快跳跃，在音乐中陶醉、在节奏中健身，这实在是一种难得而又美妙的放松与幸福。

（3）跑道上因你的身影而精彩——老师自己的运动会。传统意义上的校运会一般是：学生是运动员，老师是观众、裁判。而广外外校的校运会是学生和老师共同参与的“复合型运动会”，老师实现了“从看台走向跑道，从裁判员变成运动员”的转变。教职工趣味运动会（如齐心协力拔河；自行车慢骑；8×100米接力；托乒乓球接力；集体跳绳；推铁环；抱球接力等）以团体赛方式举行，老师在快乐与轻松中享受比赛的乐趣。

（4）“师之声”——唱出心声、唱响时代。放声高歌，旋转舞姿。幸福校园不仅要有书声琅琅，更要有轻歌曼舞。高强度的教学需要减压、需要释放压力，校园需要优美的音乐和动人的歌声。

以歌颂时代为主题的“师之声”卡拉OK比赛，以歌颂党、歌颂祖国为主题的“红歌嘹亮，歌唱祖国”合唱比赛，庆祝新中国成立60周年全校职工合唱比赛，光辉耀神州——庆祝建党90周年文艺晚会，以个唱、合唱、歌伴舞等多种方式进行，学校老师在歌声中放松心情，在歌声中陶冶情操。

（5）“广外外校春晚”——独领风骚。一年一度的广外外校团拜会（俗称“广外外校春晚”）是我校独特校园文化的最大亮点，其精彩纷呈的节目、惊喜不断的抽奖环节将现场打造得有声有色，它已成为广外外校职工“和谐共荣，凝聚人心，鼓舞士气”的一道精神大餐。

一年一主题的贺岁片是广外外校团拜会的一大亮点。2010年的《广外外校欢迎你》贺岁片在土豆网、优酷网上博得了高点击率；2011年的贺岁新片《一起来，更精彩》变身广外外校“笑晕会”，而“笑晕会”设计了《钻木取火种》《“哈迈德亲王”访问广外外校》《自行车单双号限行》《亚运会落雨大表演》等无厘头笑料节目，其中，“恶搞”广州亚运会的场面诙谐逗笑。平日斯文的老师在贺岁片里的表现堪比专业演员。在土豆网、优酷网点击率超过2010年，并在微博上被疯狂转播。无与伦比的贺岁片既是时代的记录，又是阳光广外外校、真情广外外校、魅力广外外校、幸福广外外校的真实写照。

（6）发现美——足迹中的世界，影像里的“眼睛”。五彩斑斓的世界里，精彩是无限的。我们要有一双发现美的眼睛，更要有体验快乐的心态。

我校定期组织教职工游览祖国大好河山，体验精彩，这是一种高雅的生活情操、健康的生活情趣、快乐的学习方式。旅游不仅仅是游玩，它已是现代人生活质量和生存方式的标志，更是一个群体的工作成效与生活境界的全

方位呈现，当然也是开阔视野、体验学习的一种方式。多年来，从富饶的珠三角地区到粗犷的西部，从浩瀚的南海到神秘的香格里拉，从经济特区到首都北京，从日韩到欧美，都留下了广外外校教工的足迹。

老师的旅游，既是一种美好的生活方式，也是一种浪漫的人生享受，更是学校教职工生活质量、人生追求、学习发展的真实写照。广外外校的老师是幸运的，他们到过很多过去未去过的地方、体验到很多过去未体验到的生活、学到很到书本上未学到的知识。“读万卷书，行万里路”，正是我校老师发展所追求的别样境界。

由“教工摄影社”组织的摄影采风活动以及由此开展的“广外外校的眼睛（教职工摄影作品网展、板展）”折射出我校教师对美好生活的追求，是一种生活品位、生活方式，也是一种实践活动、艺术探究，更是一种人生追求与价值观。

民办学校除了加强校园文化建设外，还要加强对教师的心理辅导，塑造教师的阳光心态；帮助教师改善认知倾向，引领幸福方向；建立科学、合理、公平的评价机制，树立正确的价值观；物质生活与精神生活并举，提升教师幸福指数……

民办学校的教师，要树立正确的幸福观、价值观、人生观、职业观；对学生、同事要有包容心与爱心；要有一颗平常心，保持阳光与积极的心态，确定正确的角色定位；加强自身职业素养的提高，克服职业倦怠，在追求与成功中体验幸福与快乐……

面对家长的渴望与学校的要求，面对社会的评价与职业的压力，教师能幸福、快乐谈何容易！然而我们必须快乐！一个不快乐的人生是一个悲剧的人生，一个不快乐的社会是一个危机四伏的社会。因此，追求快乐不仅是我们的人生责任，也是我们的社会责任；我们必须幸福，我们幸福了，学生才会有幸福的人生，家长才会有幸福的希望，社会才会有幸福的未来！

十二年春秋，与生命同行

陈　莲

一、一名语文教师——与“师”相逢

我于2000年8月来到广外外校语文组。当时的语文组办公室在一个污迹斑驳的逼仄的旧楼尽头，我倒也从紧贴外墙的密不透风的爬山虎中发现了一些抑制不住的生机。从外表看，这里似乎是粗制滥造，走进去才发现，这里人才辈出，一届又一届的语文组长个个才华横溢。我感觉自己很幸运，于是怀着一颗敬畏与谦卑的心向这些老师学习，以促进自己的成长。

那时，H君还是语文组的组长，他很热衷于开那种没有边际、没有主题的教研会。几个凳子随便一摆，大家就开始热闹了，但大都是先互相调侃一番，等充满幽默的开场白结束之后，H君就摆出一副庄重的样子，用简洁、深邃、富有哲理的语言阐释着教育思想，乍一听会感觉内容零碎、毫无章法，但细细一琢磨，你就会如醍醐灌顶，茅塞顿开，原来这些话里藏着深深的含义。谈笑之间，H君就在语文组折腾出校本课程的雏形——文学欣赏课。

不久，H君因为头脑实在灵光，总能在不经意间前瞻远瞩，站在时代的前沿，写下如发展纲要这样宏大的命题，所以很快卸任去了其他部门。但他还是继续把校本课程发扬光大，乃至在全国有了影响力，这是后话。

接着N君接任语文组组长一职，其实那时他年纪不大，但除了H君称呼他是“那小子”之外，别人都喜欢叫他“老N”。他也一口泥巴味的普通话总是能博得大家一乐，看见别人乐，此君总是憨然一笑。每次召开语文组会，刚开始你会感觉自己像在逛市场，嘈杂喧嚣，热闹非凡，一个个都开着玩笑说自己是此君的女朋友，都吵着在组里要得到照顾，而此君真正的女朋友则自始至终在一边静静地微笑着。此君的忍耐力非比寻常——装傻，任由大家取笑逗乐，用前任组长的话来说那是大智若愚，一场吵闹没多久大家就平静了。但若是你听此君谈语文教学、听他上课，你就能体会到他的那份博学与儒雅，充满幽默与智慧的语言总是脱口而出，很接地气的教育思想让你

倍感亲切。

该君的组长仕途最为短暂，大概一年时间。后因他的大智若愚、无为而为，再加上他那风趣幽默掩盖下的博学与儒雅，很快就被换到另一个部门，该君在其他部门工作开展得有模有样。

接着走马上任的是Y君，人称“羊肚”。俗话说：“宰相肚里能撑船。”“羊肚”最大的特点是憨厚朴实，有一副热心肠，所以大家都爱找他诉苦。据说有人一下子向他倾诉了3个小时，而此君一直微笑劝慰。“羊肚”身板敦实，他也总说自己身板结实，体力活都可交给他做，像把人一口气背到顶楼之类的事情。此君长得虎背熊腰，一手毛笔字写得丰筋多力，让人不畏而敬。该君担任语文组长时，脚踏实地地组织大家进行研讨，对每节公开课进行一步一步地“会诊”，反思后再重新上，那时称之为“一课两反思”，就这样，逐渐培养出一批新的骨干。你如果听此君谈语文教学，你就会发现他非常搞笑滑稽。当然，你得让他喝个八分醉的时候谈，他会让你恍然间发现语文原来可以在嬉笑怒骂中尽显其魅力，而不总是在高尚典雅中寻得其魅力。

后来，“羊肚”因务实勤勉、包容宽厚、大气从容，接任了一个管理难度极大的年级，倒也做得风生水起、硕果斐然。再后来，“羊肚”经常“奉命于危难之间”，辗转了很多岗位，积累了一批“羊粉”。

“羊肚”离任后，“华丽组合”闪亮登场，掀开了语文组的“文艺时代”的篇章，学生追随着一身唐装、一袭长裙的“才子佳人”，踏上享受语文魅力之旅。楹联之风席卷广外外校，课堂上、会议上、教学楼里，到处荡漾着楹联的典雅与妙悟；《诗经》之美、《春江花月夜》之雅在“华丽组合”的课堂上尽显其经典韵味；一篇名为《分数之上》的文章让人看到“佳人”柔弱身子里迸发出的对语文本质的一份纯粹的至爱，令人感动；一篇蕴含全班学生姓名的《长歌行》，一对对嵌有全级师生姓名的楹联，让你看到的不仅仅是传统文化在课堂上传递，更是“才子”心中那份坚持与固守，让人心灵震撼。才子佳人，华丽组合，追求完美，与名无关。雅致、空灵、深远，一身唐装，一袭长裙，带你在语文世界徜徉，让你流连忘返。

文化积淀是一个人从事任何工作的“心理背景”和“思维起点”。在12年里，我一直都在这色彩斑斓的语文组中沉醉、了悟，与一批有思想、有追求、有底蕴、有高度、有厚度的名师相遇，感受到的是民主的精神、平等的对话、心灵的碰撞、成长的体验、探索的乐趣，于是也就有了一颗执着追求教育的心，于是就有了在其位做其事的责任与使命。

二、一名班主任——与“生”和鸣

2000年，我来到广外外校就担任了班主任一职，虽然对在市场经济条件下长大的学生了解不多，但想着自己在浙江一所学校也是一名非常优秀的班主任，就把以前的班主任经验全搬来了。我首先制订了一套非常完善的班级管理制度，大到班级的三年目标，小到每个人的进步方向，细到班徽、班训、值日常规、行为规范加分扣分细则、学生座位安排等，也精心策划并组织开展了第一节班会课。我精心准备了班会课的课件，课上发言更是充满激情，然后我就开始全身心地扑到班级管理的所有细节中，基本上只要有学生的地方，就有我的身影。很快一个学期过去了，学期的期末考核中，我们班获得了班级常规管理考核第一名、运动会体育竞赛精神文明冠军。我沉醉在这骄人的业绩中，踌躇满志地计划着下个学期的工作。

但是没过多久，我就被一封没有署名的信震懵了。我一看字迹就知道是班上最调皮、成绩最差、平时最让我操心的黎某写的。他说，班委密谋了一封信，全班同学除了他没有签名外，其他同学全部签名了，他们集体向学校提出撤换班主任的请求。

学校领导并没有同意学生的请求，而是让我平时多注重和学生沟通。虽然学校没有撤换掉我这个班主任，但学生的不理解确实给了我当头一棒。我还没来得及作出应对，我班的班长就要出国了。出国前他给我写了一封信，信上说他们确实看得出我很尽职尽力，为这个班付出了很多，让这个班在各项评比中也获得很多荣誉，但他们并不觉得快乐，也没有成就感，因为很多事情都被老师包办了，他们没有体会到参与的快乐，感觉自己像一个道具一样，被我这个班主任随意摆放，随意调配。他们希望和班级共同成长，能够真正参与到班级的管理中来，让班级成为他们成长的家园。

看了这封信，我思考了很久。是的，我忽略了调动他们的主动性，总认为学生年纪小，自己经验又很丰富，认为自己来做更节省时间、效率更高、见效更快，却没有意识到教育的一切行为都应该是为了满足学生生命成长过程的需要，而不是只功利地追求业绩。改变管理班级的思路，源头在于改变自己的教育思想，要给自己“洗脑”。于是我开始购买教育书籍，国外如苏霍姆林斯基、杜威、赞科夫、夸美纽斯、布卢姆等人的教育专著，国内如魏书生、李镇西、肖川、张万祥等人的专著我。我还订阅了大量的报纸杂志，如《人民教育》《班主任之友》《教育艺术》《班主任》《师德》《德育报》等。然后，我重新整理了自己的带班思路——与生和鸣，和学生共同建设班级，带着全班同学一起制订班级发展目标，重新商讨制订真正属于学生的班徽、班训、班规，描绘班级共同的愿景；让大家根据自己的个性特点、学习能力、发展目标，自主成立了多个合作小组，共同策划班级常规管理项目，每个小组竞争一个项目的管理，实行责任承包制。很快，整个班级管理风格发生了很大的变化，管理目标从效率至上变为追求过程与质量，管理体制从刚性变为柔性，管理手段从外控变为自主，管理机制从竞争变为合作，学生和我成了建设班级的共同体，大家为了一个目标你和我鸣，开始发出悦耳、和谐、动听的成长之声。

又一个学期过去了，我们班的各项期末考核和学业成绩仍然名列前茅，但过程完全发生了变化。有很多时候，过程的细节容易被管理者忽略，但永远不会被过程的主体——需要成长的学生忽略。所以，班级管理的效果评价在任何时候都不能让学生缺席，只有这样，我们才能时刻站在学生成长的角度上思考我们的教育策略、教育行为。

三、一名团委书记——启发学生坚持主题、主体、主流

从到校第二年起，我开始担任广外外校团委书记。虽然心中有些忐忑不安，但有了一年的广外外校班主任经验后，我对广外外校的办学理念和学生的特点有了一定的把握。我开始建设新一届团委学生会团队。为了给更多的学生参与的机会，我们通过海选来确定候选人。经过一周的海选，最终确定了数十位候选人，然后候选人面向全校学生进行“施政演说”，由全体学生投票确定最终的当选者。组建一个团队前后共耗时一个多月，但这个过程让所有参与的学生体会到了什么是民主与平等，什么是开放与多元，谁才是校园活动真正的主人。

作为一所办学时间不长的学校，我们也不能只继承原有的那些活动，更重要的是根据育人理念进行大胆的创新；要让学生成为活动的主人，成为活动的参与者、建设者，而不是一个旁观者。通过几次沟通会议，我与团委学生会团队达成了以上的共识。

我们很快打造出几个以学生为主体的创新活动，这些活动在后来成为广外外校活动的精品，如中秋灯会、DJ 大赛、广外外校之星的评选等。这些

活动的设计都有各自的价值和意义，如中秋灯会体现的是传统文化，其活动形式训练的是学生的市场意识、守法意识、商业竞争意识与伦理意识；DJ大赛更多的是为低年级段的学生提供一个“秀”的机会，学生可以秀他们的个性、秀他们的才艺，但更多的可能是秀他们的应变能力，对舞台现场的掌控能力。广外外校之星的评选打破了以往以学习成绩衡量学生的传统，只要学生认为自己有能力或特长，就都有机会参与。这些活动用不同尺子来衡量我们的学生，为学生在广外外校的舞台上脱颖而出提供一个平台。

过度宣扬个性有时会使学生偏离轨道走向极端，于是有了一个关键词——主流。我们要在坚持主流价值观的前提下发扬个性。怎么向学生传达这种思想？说教可能只会招来学生的逆反心理，在这样的背景下，团委的《主流》杂志应运而生。主流，是事物发展的主要趋向，更是学生发展处在积极向上状态的保证，这是杂志命名为“主流”的内涵。由学生自己来引领、传播校园主流价值观，成为一届又一届学生团委的工作目标。

四、一名备课组长——引导教师合力、合作、和谐

我欣然接受备课组长一职，是源于对教学的热爱，源于对备课组团队的热爱。通过与备课组的8位同仁精诚合作，经过3年的实践，我们终于取得2009年广州市白云区备课组第一名的好成绩。溯本求源，可以从以下三个方面来归纳：

第一，提升集体备课的质量。集体备课谁都在说，也都在做，但集体备课存在着形统神散、排异趋同、内敛封闭、研究缺失等弊病。要想做到“神聚”，首先要使集体备课目标到位，不但要有可操作的长期目标和阶段目标，而且要有切实可行的个人目标和课时目标。其次是问题引领、聚焦研究。针对问题进行统一的部署，一个阶段重点解决一个或某些问题，全体备课组教师围绕问题进行攻关。同时要避免低效课、无效课，通过问题探究、听课交流、教学反思等多种形式切磋琢磨，在研究中分享，在分享中成长，不断提高集体备课的实效。最后要避免因集体备课而不允许“异”的存在这样的情况发生，扼杀差异，过于趋同，必然导致教师思维能力的退化，集体备课效果弱化。最理想的状态是和而不同，在思维的碰撞、特色的竞争和方法的交融中提升每个个体的备课能力，可采用集体备课和个性备课欣赏制度，通过集体备课集大家之长，形成“通用教案、课件”，在此基础上，每个教师再

结合自身的教学实际，在通用教案的基础上进行个案补充和微调，设计出富有个性的教学方案，将其灵活多变地应用于课堂教学中。

第二，重视实用性教研。本着“实际、实效、实用”的原则，我们要针对本备课组内部教学过程中出现的问题进行研究。研究重实不重深，重在解决实际问题，不再研究一些高深的理论；重质不重量，不只关注活动的数量，有问题，教研活动可以一周开展两次，没问题，教研活动可以两周开展一次；不搞虚架子，不做浪费人力、物力的表面文章。

第三，要营造和谐、愉悦的备课氛围。一个不能使自己的成员以阳光心态从事工作的组织，终会变得涣散、没有生机。备课组长是一个权力最小而事务又最具体的基层干部，要想营造和谐的备课氛围，备课组长就要有宽广的胸怀、无私的精神，对备课组内的事情自己要率先垂范地去完成。当有人没能按时完成工作时，不要只知道抱怨，而是应该要尽快主动承担工作，以自己的无私和专业精神感染、引领身边的人。另外，备课组长还要用备课组愿景凝聚教师。备课组组长与备课组教师相处的时间长，接触的工作面大，所以要在轻松非正式的场合中共建备课组共同的奋斗目标，这样的目标来得自然、生活化、亲切，与上层的硬性安排有很大的不同。

五、一名中层领导——实践的思考者，思考的实践者

作为中层领导，会与更多的团队同行，也会承担更多的事务，肩负更大的责任，因此失误的后果也会更严重，只凭热情和才能去进行管理已经远远不够，更多的时候，既要实践也要思考。正如全国知名校长卢志文所说，用脑袋行走，做思考的实践者；用脚板研究，做实践的思考者。由于我的中层经验还不足以成文，现摘些许关键词以作思考、勉励。

1. 价值观：对基础教育的主流价值观要有一定的理解和把握。比如，站在学生的立场做德育，从学生的实际出发做教学，重视教师发展自身的价值，激发教师发展的内在原动力，关注其专业成长的内在导向力。说得通俗一点，就是眼中、心中要有“人”。

2. 做事准则：成事更成人。很多管理专家说，做好中层领导的关键是要执行力强，把所负责板块的“事”做成就完美了，但其实更重要的是这件“事”做成之后，“人”成了没有。比如，一个项目、一个专题、一个活动做完了，经历“事”的教师和学生的思维方式、价值观、能力是否有变化。

3. 精细化管理：精细化管理要和人性化、效率化、素质化、个性化管理结合起来。管理不是越精细越好，在精细的同时要考虑被管理对象的可承受性，使精细流程与管理对象达到和谐统一。

4. 经营团队：做管理有三个层次，第一层次是人手的经营，经营目标是劳动者；第二层次是人脑的经营，经营目标是知识；第三层次是人心的经营，经营目标是员工的道德人格和价值观。

5. 教师评价：阶梯性和定性相结合（教学年限和教学业绩）、差异性和学科性相结合（考虑到不同学科的差异性）、多维性和模糊性（多元评价和整体直观感受）、显性与隐性相结合（定量和定性）。

6. 对待学生：是否让学生感受到被关爱、享受到平等公正、体会到在发展、体验到被尊重。

7. 专业精度：精通业务是对中层领导的基本要求，在教育教学上追求精度可以增强管理者的底气。

8. 理论高度：理论学习是提高思想水平的捷径。古人云："取法乎上，仅得其中。"登高才能望远。哲学为我们提供了世界观和方法论，经济学让我们更加深刻地认识、理解社会现实，管理学则让我们对人和人性有更准确的把握。

十二年时光，不经意间就在广外外校的各个角落悄然流过。蓦然回首，十二年时光里，我一直怀揣教育理想与生命同行，而广外外校为我提供了成长与实践的舞台，不同的岗位让我有机会在实践中思考，在思考中实践。

“生本”教学的探索

叶和丽

一、从来如此，便对吗

作为一名教学管理者，我发现，任何一个新的理念或新的方式被引进教学中的时候，总会或多或少地有反对之声。这些反对者振振有词，他们常用的口头禅就是：“我们一贯就是这样做的”。我会经常反问他们：“从来如此，便对吗?”

从 2008 年我们学校正式引进“生本”实验到现在，可以说，我们已经积累了一些经验和教训。在这里，我要讨论的是，我们思考问题的方式和对待问题的态度。对于任何一项实验，特别是对于那些已经经过实践检验而具有推广价值的实验，我们要做的就是先走近它、研究它、看清它，然后再结合实际情况去完善它、发展它。2008 年上学期，我和其他老师一同参加“生本”理论的学习，一同经历实践中的困惑，一同寻求解决问题的妙方。我们一路探索着，也思考着……现在，我把这段时间的感受和经历写下来，希望在抛出问题的同时，也写出我们的思考，能让今后加入的老师共同起步……

二、寻找突破口

新课改初期，多股思潮奔涌而来，各种流派的思想异彩纷呈，基础教育改革的大道上可谓熙熙攘攘。几年来，我们在价值理念上的探索可以说是百转千回。我们拜读过以北京师范大学裴娣娜教授为主导的“主体教育”的相关理论，也学习过以华东师范大学叶澜教授为主流的“新基础教育”，还接触过以华南师范大学郭思乐教授为主体的“生本教育”。后来，还专门开教研会讨论“洋思现象”“杜郎口中学模式”。早在 2004 年，我校小学部就提出了“生本”“生成”的课堂教学的口号，但是，老师们始终找不到价值观和方法论之间联系起来的桥梁。2008 年下半年，我校引进“生本”实验的时候，我校的老师以研究者的心态去接受它。因为在这之前，我们也曾看到

“生本”教育因其可操作性较强，在南方部分学校经过10年的发展之后，又以燎原之势向各个地方学校蔓延。

三、上路

在“生本”教学的培训会上，我们这些要进行实验的老师也来听了几节课。当看到“生本”实验班的学生在课堂上引经据典、条分缕析，大家相信学生的实力很强，但却产生了这样的疑问：这些知识是学生自己学的还是家长在家教的？“生本”的实验是否将教师班级授课制的教转化为家长一对一的个性化的教呢？还有，如果课堂仅仅是一种展示，那么课下的实际情况是怎样的？我们不仅仅要看他们的“台上一分钟”，更要看他们的“台下十年功”。这就是广外外校的老师——不仅看现象，更探求本质；不仅看结果，还要探寻过程。

疑虑还未消除，但已是时不我待。开学了，我们必须义无反顾！经过了开学前两次简短的“生本”实验动员，我校的老师就这样把疑问留在了心底，就这样懵懵懂懂地上路了。

我和一年级的老师面临同样的困难，因为我带的四年级也是重新组合的班级，许多常规尚待建立。在这种情况下，我开始在班里进行“生本”理念的实验。一个星期下来，我的声音已经嘶哑，但我发现，班级学习常规仍然停留在待建阶段。更为可怕的是，一个星期我只完成了一篇课文的讲解。在我的所谓“生本”的课堂上常常现出这样的情景：学生在台上的声音低得像蚊子哼哼，学生还结结巴巴，我在旁边焦急地看着秒针伴着我的心跳声“咔嚓咔嚓”地走过，几次急得差点跳脚。看教学的进度实在是进行不下去了，我会请下台上的学生，然后滔滔不绝地一口气讲完。下课后，我舒了一口气，自己给自己心理安慰：这节课至少我给了自己一个完整的交代。

这个时候，不论是我还是学校的领导，都没敢到一年级去听课，因为我们害怕给他们压力。虽然我们对一年级的情况还不是太了解，但我想一年级老师的上课情况肯定比我的上课情况更糟，因为他们面对的是不懂任何规范的一年级学生。

四、第一次会诊

开学后第三周，我们终于迎来了两位“生本”实验课题组的指导老师。

他们第一次到校听课，我们的老师都呈现了自己的“原生态”的课堂。一方面是“示威”：看看吧，进行“生本”实验后，我们原来的课堂弄成了现在这个样子。另一方面是“求解”：这样的课堂是“生本”课堂吗？我们接下来的路该怎样走？

那两个中午，“生本”语文实验组的余老师、“生本”数学实验组的梅老师把听课评课会从教室开到学校第二会议室，又开到学校食堂二楼，从中午一直开到下午上课铃响。我校的老师要问的问题太多，可两位指导老师已是嗓音嘶哑，后来反复说的就是只有一句话：“你们还是先把课堂常规建立起来再说。”课堂常规，现在老师发愁的就是这个，以前两个星期就能让学生在课堂上变得规规矩矩的一年级老师，如今快一个月了，面对学生在课堂上七嘴八舌难以掌控的局面，怎能不心急如焚？“这样吧，下周我让其他实验学校的一年级老师给你们提供两节课，也就是一篇课文的完整的教学过程，你们听听再说。”“生本”语文实验组的余老师这样说。“我下次抽时间带其他实验学校的老师来给你们的学生上课，你们看看再说。”“生本”数学实验组的梅老师也如是说。两位老师都让我们“先看看再说”，那么我们还是先看看再说吧。

五、“生本”的课堂常规问题

第四周周四，我们一起到越秀区八一实验小学听了两节语文课。八一实验小学进行“生本”实验已经有两年了，那两节课上，我们又看到了刚刚入校的一年级学生在课堂上的活跃状态，用“生本”的话说就是：“当生命被激扬起来，就会成为强大的匡正和制衡的动力，成为解决诸多教育问题的根本力量。”在那两节课上，我们看到课堂的边边角角都被用来教学生识字，他们用如此高效的课堂，充分诠释了“生本”理念中的“一心一意奔识字”的教学理念。

经过这次听课后，我们心中总算有数了，同时也清楚了自己的问题所在，当时就明确了自己的方向，那就是回学校后无论如何要把学生的课堂规范建立起来。以前的课堂也有规范，可那是“师本”的规范，而现在我们要建立的是“生本”的规范。比如，小组的建立需要遵循“组间同质，组内异质”的原则，小组合作的规则要细，更要到位。具体来说，做到以下几点：(1) 学生发言要一个一个地说，说出自己的见解；(2) 别人说过的，尽量不重复；(3) 要轻轻地说，只要组内成员听清楚即可；(4) 别人说话时，要注意听，对听不懂的内容要马上问；(5) 组长整理本组的研究成果，做好班级交流的准备。

知道了这些规范的细则，老师们暗云萦绕的心头至少有了一丝拨云见日般的明朗了。

接下来，我们的老师开始了自己的实践，语文老师很快设置了适合我校的“前置性作业表”。但接下来，问题又出现了，那就是：寄宿制学校的学生如何解决前置性作业的问题？如何能保证学生前置性研究的一对一辅导的个性化效果？这个时候，我们的老师仍旧怀疑走读学校学生的前置性作业是靠家长在家一对一辅导完成的。

六、前置性作业问题

针对这些问题，我们召开了“生本”实验的第一次月例会，会上，老师对“生本”实验班的早晚自习进行斟酌，对每节课的结构进行了热烈的讨论，最后基本达成共识。语文课的前置性作业放在一节课的最后 5～10 分钟，一年级的课，由老师统一指导。学生经过统一的指导后，在晚自习通过个性化预习及小组交流，为第二天的课堂学习、小组交流做准备。每节数学课老师留出 5 分钟布置前置性小研究，然后学生上晚自习时继续研究，为第二天的上课做准备。会上，老师还展望了进入理想状态的学生的预习状况：学生预习成为习惯，并掌握一定的方法以后，晚自习时间就全权交给学生自行支配了，到那个时候，我们只需要每层楼派出一位巡视的老师即可，其余的老师可以安心地在办公室里备课了。

七、“生本”的课堂有“生成”吗

有了小组合作规范，解决了前置性作业的问题，接下来，老师对“生本”课堂还是有疑问。我们从“生本”课堂上看到的大多是学生学习结果的展示，而学生学习生活的 80%的时间是在课堂上。叶澜教授说：“课堂应该成为学生生命生长的地方。所以，有效的课堂应该是动态生成的课堂。”学生在“生本”课堂上，生命被充分激扬了起来，那么，他们是在什么时间“生长”的？

带着这样的疑问，第六周，我和数学老师又去东莞的大朗实验小学听了两节数学课，这是一所进行“生本”实验已有6年的学校。在这次的数学课堂上，我们看到了“生成”：（1）在小组交流中，我看到了没能完成了任务前置性研究或完成有错误的学生是怎样在小组学生的帮助下完成或改正了自己的错误的；（2）同样是小组汇报，我看到了学生的不同的解题方法，有正确的也有错误的，我看到了做错题的或不明白的学生又怎样在大家的提醒下明白了题的正确答案，也明白了解题的思路；（3）同样是小组互相补充，我看到学生在相互补充中“顺便”批改了自己的作业，“顺便”把别人的提醒、别人的方法记在了自己的作业纸上。而这样的课堂“生成”是因为老师在前一天专门用了一节课的时间帮助学生预习，这些学生的家长大多是附近村子的农民，他们有的甚至无法给孩子创造一个安静的学习环境，更不用说代替老师的角色来履行“教”的义务了。而这恰恰是我们寄宿制学校面临的困境，在这里，我们也找到了可以借鉴的方法。

八、“爆发”前的沉默

从八一小学听课回去之后，我们的语文老师都沉默了；这次到东莞大朗听课后，我们的数学老师也开始沉默了。而这时，校领导沉不住气了。她说：“以前听到他们吵吵嚷嚷，我还能知道存在什么问题，这段时间他们都在沉默，我反倒有些坐不住了。”我说：“你放心好了，这一定是‘爆发’前的沉默，绝不是‘灭亡’前的沉默。”通过听课，我发现他们在吵嚷中走向沉默，在沉默中走向思考，在思考中走向探索，在探索中，“生本”课堂已经渐具雏形。

后来，我们一年级“生本”实验的老师终于敢把自己的课对外公开了。他们不仅邀请了两位“生本”实验组的指导老师，还邀请了学校的领导、中学老师、家长朋友走进自己的课堂听课，并且三次承担对外的公开课，两次是郭思乐教授引见的，另外一次是一个省级幼儿园的老师慕名而来。广外外校教师有创意的课堂和智慧的思考得到“生本”实验组老师的赞扬。

九、是“生本”教学的错吗

看到一年级“生本”实验开展得轰轰烈烈，高年级阶段的老师坐不住了。虽然他们用的还是人教版的教材，但他们决定把“生本”的理念也引进自己的课堂。于是，他们极力让我先上公开课，而且要用“生本”教学的理念和路子来上。

从接触“生本”教学到接受“生本”教学，可以说，我的课堂也一直在“生本”教学与“师本”教学之间徘徊前行。当发现“生本”课堂让我的教学进度落后的时候，我便操“师本”教学的路子再迎头赶上。郭思乐教授告诉“生本”实验的老师：“学生状态第一，教学进度第二。”但是，我们使用的教材毕竟不是“生本”的，况且我们一学期还有这么多的任务需要完成。这种矛盾和困惑正好在我的40分钟公开课里面尽显出来了：第一环节是“回顾与小结”，第二环节是“自学与交流”，都走得很顺畅，但课堂的流程在第三个环节——“全班汇报”受阻了。小组上台后并没有按照在下面小组交流时的步骤进行，而是出现无所适从的情况。后经老师提示，他们才不太流畅地进行了一个自然段的汇报，预想中的生生思想和观点的激烈碰撞、教师及时的精彩点拨都没有出现。又请另一组同学上台，他们比刚才第一组稍微明白了一点汇报的程序，但仍然磕磕巴巴，几乎说不到点子上。眼看已经进行了10分钟的“无效劳动”，我立刻改变了原有的课堂思路，及时转向“师导”。后来的10分钟，学生在老师的引导下出现了一个小小的高潮，有两个同学甚至是妙语连珠。当然，由于中间近10分钟的卡壳，最后的“预设课堂”这一环节还是没有走完。

上完课后，我和老师一起对这节课进行了探讨。为什么开始的“生本”环节不顺畅，而后来的“师本”环节更为顺畅和精彩？是“生本”教学的错吗？当然不是，那是谁的错？我的。因为我平时是“生本”教学一路，“师本”教学一程地往前走的，“生本”课堂常规根本没有走向规范，更不用说让这些常规变成学生的一种习惯了。所以上台汇报的同学根本不是向同学汇报，而是向我汇报，小心翼翼地说一句，然后，再用怯怯的眼神朝我看一看。

反思高年级阶段的语文课堂（仅从公开课情况来看），与低年级阶段相比却没有那么顺畅自如。原因何在？我想主要是“破”与“立”的问题。低年级阶段尤其是一年级学生，学习习惯可以说是像一张白纸，低年级阶段老师要做的就是改变自己的教育教学观念，然后建立“生本”课堂的新规范。而高年级阶段相对低年级阶段来说，却多了一道“破”的工序，除了要“破”我们自己已有的教育教学习惯和思维定式，还要“破”学生的学习习惯和思维定式。“清空”是“重建”的前提。

十、不破不立

俗话说，“不破不立”。那么，高年级阶段的课堂究竟要“破”什么，又要“立”什么呢?

1. “破”教师掌控课堂的习惯，“立”动态生成的课堂模式。我们的教师已经习惯了当课堂的主宰，希望课堂的流程都能按照自己的教学预设顺畅地走下来。因此，我们的课堂才会出现有“生本”教学的“形”而无“生本”教学的“魂”这样的情况。比如，我们要求学生围绕课文重点提出最有价值的问题，学生确实认真研读了课文，经过了深入的思考，也提出了比较有价值的问题，但我们的老师开始着急了：接下来怎么开课呢?我那课件上的内容怎么打出来呢?学生提的问题我那电脑课件上根本没有，怎么办?舍弃!我们老师的做法就是舍弃学生所提的问题，然后把学生牵引到自己的教学设计上来。

针对这种情况，老师还是要敢于打破自己的教学设计框框。所以说，“生本”课堂对老师的素质，尤其是对老师的随机应变能力提出了更高的要求。在课堂上，若是学生的回答偏离我们的预设轨道，我们要做的就是“记住目标（这节课的教学目标），忘掉教案，让课堂流程跟着学生的情况走”。

2. “破”学生被动学习的习惯，“立”生生、师生对话的规范。我们的学生早已习惯了“听”而不习惯于“说”。比如，在我这次的公开课上，其实在自学和四人小组交流的时候大家都学会了该课的内容（后来被点名的几个同学的比较精彩的发言就说明了这一点），但是，他们到台上就不知道怎么说了。这里除了与我当时的及时点拨不到位有关，还与学生的学习习惯有很大的关系。

所以，我们一定要训练学生说的胆量、说的能力和说的习惯，此外还要训练学生养成“听”的习惯（听别人发言）、补充的习惯（补充别人的发言）和反驳的习惯（听到不同的意见，哪怕是老师的，也要敢于反驳）。如果我们在此基础上再把“如何说得好”等规范教给他们，久而久之，学生就会养成良好的课堂发言习惯。让学生在课堂上主动起来，前提是把“生本”理念提倡的“高度尊重学生，全面依靠学生，一切相信学生”真正落实到课堂上。

十一、无奈的放手，意外的收获

期末的校级优质课大赛上，两节“生本”实验课成绩名列前茅。那书声琅琅的课前“古诗对对碰”，那有板有眼的“小老师上讲台”，那念念有词的“摆字卡认生字”，那和谐有序的组内互帮互学，那针锋相对的组间交流与评价……40分钟的课上，学生每一分钟都在忙碌，忙得兴致勃勃，眉飞色舞。记得郭思乐教授曾经引用印度哲学大师奥修的一句祷文打比方：“当鞋合脚时，脚就被忘记了。”同样的道理，当教育适合学生时，学生就忘记了自己在学习，忘记了自己是在课堂上，甚至忘记了自己。郭教授说：“在忘我的时刻，学生的能量就不会被老师的说教所消耗，真正出现投入和着迷的境界。”

反观自己的课堂，我一直认为，我的课堂模式改变得不如一年级彻底，“生本”理念运用得不如一年级老师顺手，原因就是没有彻底“清空”，也因此不敢放手。教学任务、期末考试、学生成绩如同一只只怪兽，时刻虎视眈眈地盘踞在心头，使我的心一天到晚惴惴然，行动便也跟着茫茫然。也许正因为“生本”教学一段、“师本”教学一程的蹒跚前行，我的课不知不觉落下来一大截。

临近期末，赶课在即，事情却偏偏成团地涌来。当两天的校级公开课评委又要耽误6节课。怎么办？因为调不开课，我只好请一位任课老师帮助看班，并精心布置了预习任务（在“生本”实验中称为“前置性作业”），让学生预习最后一个单元。周四，我只有一节课，我要讲完一篇长的精读课文根本不可能。无奈，我决定先讲这一单元的第二篇阅读课文——第30课《电脑住宅》。想到学生已经预习过课文，于是我把问题抛给了学生，请学生先在小组内交流自己的看法，然后再进行班级交流。8分钟后，学生给我的信号是他们都交流完了。于是，我请了一个小组上台汇报，汇报的小组按照课文顺序一路下来，下面的学生听得认真，不时举手补充、反驳、纠正，几乎让我无法插嘴。仅仅15分钟，学生已经将这篇课文比较透彻地汇报完毕。看看时间，还剩下多半，于是，我临时决定，再开一课，也就是刚开始担心一节课讲不完的第29课——《呼风唤雨的世纪》。于是，出现了本学期最高效的一节课——40分钟学完两篇课文。

一次无奈的放手，我却得到意外的收获，而这收获恰是“生本”教学尝试的结果。

十二、做好“生本”课堂的4大环节

从2008年上学期开始，一年级正式进入“生本”实践的探索和创新阶段。因为有一年级老师一学期的探索，这学期四年级老师是从一个高起点进入，一上手就比较顺利。根据我校学生寄宿制的特点，我们把前置性作业分为单元前置性作业和课时前置性作业，主要把要查的资料范围发给学生，这就是单元前置性作业，让学生利用周末回家的时间，通过上网、看书把该查的、该问的、该记的统统做好背景资料的储备，回学校后，重点做好“生本”课堂的以下4个环节。

第一环节：前置性作业（课前小研究）。前置性作业（课前小研究）相当于我们以前所说的课前预习（主动学习、学会学习），只不过，“生本”教学把这一项任务做得更有章法。无论是单元前置性作业，还是课时前置性作业，都要做到少而精，问题的设计要具有开放性，尽量避免写得太多。如四年级语文前置性作业归并为以下几类：

1. 我会读：课文至少读两遍，在书上标记生字、新词；
2. 我会写：归纳形近字、多音字、易读错写错字；
3. 我会问：试着提出至少两个有价值的问题；
4. 我知道：说一说文章主要写了什么（主要内容）；
5. 我感悟：在书上的重点词句处勾画批注；
6. 我想说：读了这篇文章……
7. 我还知道：查找相关的背景资料和阅读相关类型的文章。

第二环节：小组交流。有备而来的学习（一定要在自主学习的基础上）是高效的，小组合作要面向全体学生，建立良好的学习环境，培养学生良好的学习习惯。规范小组建立的原则，规范合作时的组织、发言、倾听、评价、补充等。

第三环节：全班汇报。叶澜教授说过，“动态生成的课堂是有效的课堂”，但她这里所说的“动态生成”强调的是师生互动，而“生本”的课堂更注重生生互动。在生生互动中，教师要给学生提供语言规范和个性化的范式，如交流自己读懂的、发现的内容（汇报完后，请问谁还有补充），我们给学生提供这样的语言范式引领他们上路：

1. 读了这篇课文，我知道了……

2. 读了这篇文章，我明白了……

3. 读了这篇课文，我若有所思……

4. 读了这篇课文，我思绪万千……

5. 读了这篇课文，我豁然开朗……

6. 读了这篇课文，我真是恍然大悟……

7. 读了这篇课文，我深受启发……

再如，引导学生抓住文中含义深刻的句子谈感悟（汇报完后，请问谁还有补充），我们提供了这些语言范式：

1. 请大家把目光跳跃到这里，第×页第×自然段……

2. 请大家把视线投向第×页第×自然段……

3. 请大家和我一起关注第×页第×自然段……

4. 请大家和我一起看第×页第×自然段……

第四环节：课堂小结。在这里，建议老师一定要重视“总结”这个环节，因为这是对学生进行知识整理、归纳、提升、反思等多种学习能力的训练。一般性的课堂小结多是谈收获，但课堂小结更要谈问题，因为，课堂“有效”的意义还在于把学生的学习和研究兴趣引向课下，向学生的生活延伸。

当然，任何理念、任何模式、任何实验都不是万能的，不能包治教育教学的百病，“生本”理念也是如此。比如，对于“生本”实验过程的前置性作业花费时间太多的问题，对课堂上老师过于不作为的问题，对于学生的朗读、书写较为薄弱的问题，对于“生本”课堂的展示大于“生成”的问题，对于教材有待完善的问题，我们会在教学中加以调整和改进。因为，“生本”只是我们的手段，“有效”才是我们的目的，“高效”才是我们的追求。

“生本”模式下的学生自主管理实践探索

吴大海

一、什么是学生自主管理

“自主”是指在一定的条件下，个人对自己的活动具有支配和控制的权利和能力。“学生自主管理”是指教育者在德育活动中，充分调动学生的主动性、积极性，激发学生的内在需要，使之成为自我管理活动的主体，获得主动发展，形成一系列行之有效的教育实践活动，可简要地概括为：学生团结起来学习自己管理自己的活动。自主管理不是自由行动，而是共同治理；不是消除规则，而是立规守法；不是对学校宣布“独立”，而是与学校共同努力。

二、实行学生自主管理的目的

实施学生自主管理，旨在提高学生自我管理的能力，充分调动和发挥学生的主动性、积极性和创造性，培养和提高学生自主学习、自我发展的能力，让学生由被动管理走向主动参与，让一部分学生做榜样，带动全校同学养成讲文明、守纪律的良好习惯，共同营造和谐的校园氛围，并提升学校的管理水平。

三、学生自主管理的职责范围

学生自主管理的内容不外乎人、物、事，主要包括校园环境的保持和财产管理、日常行为管理、具体事件管理等，具体事件管理包括对消防器材、教室和宿舍卫生、包干区卫生、广播体操、眼保健操、晚自习纪律、仪容仪表、行为规范等的管理。

四、学生自主管理的组织架构

我校是层级管理责任制的寄宿制学校，这也决定了我校的学生自主管理结构分为三级：一是学生处、大队部；二是年级组、生活部；三是班级。

五、学生自主管理的操作方式

学生自主管理表现为教师的主导作用相对减弱，学生直接在活动中发挥自己的聪明才智，在实践中锻炼自己，发展自主能力和管理能力。

操作方式：岗位设置，激发调动；充分放手，自主自理；困难之处，略作点拨；鼓励进取，不断发展。

六、实行学生自主管理的条件创设

在学生自主管理的活动中，我们要把学生作为教育的主体，我们一切工作都要紧紧围绕这个主体来进行。也就是说，一切工作都是为学生的自主管理发展创设必要的外部条件，让学生在相对有利的环境中实现自主管理。

学生处层面：将有关常规检查交由班级负责，安排以班为单位（三年级以上）轮流负责，每周一换。将一个班的学生分成若干小组，每个学生都能参与各项活动，如检查卫生、课间纪律、就餐、校车乘坐、眼保健操、大课间活动等，每周日学生返校时由学生处人员到班级进行人员的分组及检查工作。同时，学生处也要把学校的公共财产及公共卫生分配给各个班级轮流管理，如某一楼层的公共卫生由楼层所有的班级轮流负责，一次一周，其所负责的时间段的检查情况纳入该班的常规考核。

大队部层面：除了升旗、广播等日常活动外，我们要创设多种活动及岗位让更多的学生参与进来。如每年“六一”儿童节的游园活动，所有的游园项目都由学生组织，以班为单位，每班负责一类活动内容，并且该活动内容的海报宣传、材料准备、过程组织都由该班学生负责（低年级学生在教师的协助下完成项目）；每年的“三八”妇女节等传统节日的活动由少先队大队部发出倡议后，其活动方案向学生征集，活动内容包括展板都由学生完成。大队部还设置了多种让学生参与活动的途径，如“光荣的红领巾”“关注焦

点新闻”“智慧数”等活动。

年级层面：遵循我校“活动育人”的特色，设计一至六年级的年级活动系列，每个年级每个学期至少有一项具有年级特色的全员参与的大型活动，如种植活动、养蚕活动、安全伴我行活动、经典诵读活动等。在教师的指导下，这些活动由学生参与策划，并进行海报宣传、成果展示等工作。

班级层面：实行“班级小岗位互助负责制”。将班级管理的各种事项进行细化，再由每个学生自主选择一项或多项负责。学生自主管理的过程中，可以以小组合作的形式选择其中几项共同承担，也可以根据实际情况与其他人进行岗位调换。

七、学生自主管理的评价

学生自主管理是学生自主发展教育的一个有机组成部分，它需要外在的良好的环境和氛围，需要以多样化的健康活动为载体，需要以人性化的制度来约束，也需要以全面、客观的评价机制作为保障。

“师本”教育中的“评价”强调的是教师的督促功能，而“生本”教育理念下的“评价”则是学生与实体活动紧密联系的，它不仅有分析性的评价，还更注重综合性的评价，它不再以单纯的督促进行评价，评价方法不完全局限于硬性的书面评价，而更承认氛围性评价、自我评价等软性评价的作用。在这样的评价体制下，评价结果留有相当大的调节空间，不仅起着督促作用，更具有激励功能。

八、学生自主管理遵循的原则

1. 全员参与原则。学生自主管理不是某个或某些学生的行为，我们必须重视增强学生的自我管理意识，鼓励全员参与，以体现学生的主体地位，通过全员参与来促进集体的自主管理能力的提高。

2. 实践性原则。实践出真知，无论是知识的获得、思维的开发，还是能力的培养，都离不开实践。学生自主管理也强调自主实践，学生在自主管理实践过程中，对活动手段、方式的选择，活动目的、步骤、计划的确定，活动各个环节之间的协调，无不需要发挥自己的自主性、能动性和创造性。

3. 层级性原则。学生的自主管理能力的提升不是一蹴而就的，而是一个由低到高、由未知到已知、由知之较少到知之较多的过程。在实行学生自主管理的过程中，不论是学生处还是各个班级都要遵循由低级到高级的层级性原则，否则会“欲速则不达”。

“生本”模式下的学生自主管理过程，是一个教育过程，是一个激励过程，也是一个社会实践过程，是学生在教师积极引导下自主发现自我价值、发掘自身潜力、确立自我发展目标、形成适应社会发展和推动个体与社会发展的意识和能力的一种教育管理模式。这种模式不仅关注学生的外在活动，也重视其“内化”的本质，重视学生的自主能力的提升，也强调学生身心健康的发展、内在素质的培养，可以说是素质教育要求的具体化的行为实现。

【参考文献】

[1] 鲁洁．德育现代化实践研究［M］．南京：江苏教育出版社，2003.

[2] 方明．陶行知教育名篇［M］．北京：教育科学出版社，2005.

[3]［苏］B. A. 苏霍姆林斯基著．蔡汀译．怎样培养真正的人［M］．北京：教育科学出版社，1999.

[4] 郭思乐．教育走向生本［M］．北京：人民教育出版社，2004.

[5] 檀传宝．学校道德教育原理［M］．北京：教学科学出版社，2003.

[6] 关鸿羽．教育就是培养习惯［M］．广州：新世纪出版社，2003.

由核算型财务到管理型财务的转变

——广外外校财务管理工作20年之变迁侧记

伍天莲　孙小燕

一、广外外校财务管理发展概况回顾

过去的20年见证了广外外校的腾飞。广外外校从过去只有几十个学生的名不见经传的学校，成长为一所涵盖小学、初中、高中教育，拥有五千五百多名学生，七百五十多名教职员工，在省内外享有极高社会美誉度的省一级民办名校。学校的资产从建校之初的300万元注册资金增长到今天的4亿元以上。伴随着广外外校的成长，广外外校的财务管理工作亦经历了一个逐渐规范的过程：一开始是由广东外语外贸大学指派一名干部兼职处理广外外校的财务业务，后来才在广外外校设一名专职“报账员”，到今天，广外外校已经有了一支由5位财务人员组成的专门财务管理团队。财务室也从总务处分离出来，成为直属校长领导、直接对校长负责的专职部门。广外外校的财务核算方式已经从传统的手工账方式向会计电算化转变，会计业务量也从年收入百万元的核算增长为年收入两亿多元的核算。尤具意义的是，广外外校的财务运作与管理由单一的科目管理核算转变为与学校下属部门的运行紧密挂钩的项目预算管理核算，由事后核算转变为事前预测、事中监督和事后分析。总的说来，广外外校已经初步建立起一个严格执行国家相关政策法规、充分体现现代会计管理职能、并能够满足广外外校财务管理业务要求的财务管理体系。

二、广外外校建校20年来财务工作的发展与变化

（一）管理观念的转变

广外外校经过20年的发展，学校规模成倍扩张，财务工作量呈几何级数增长。广外外校的跨越式发展要求广外外校的财务要从“人跟着数字走”的事后被动反映的“核算型财务”，向事前精心规划、事中过程控制、事后

分析监督的“管理型财务”进行转变。为了满足这样的要求，我们必须转变管理理念和管理手段。在过去，广外外校的财务管理仅仅局限于对各项经济活动的事后反映，是典型的以报账、记账、算账为主的核算型财务。在手工核算条件下，财务人员整天为繁杂的核算工作所困，劳动强度大，且核算的精准度大打折扣，经常会出现这样的情形：为了提取某一个财务指标的数据，几个工作人员摊开账簿找上半天可能都不得要领，根本无暇顾及“做账”“查账”以外的事，更不用说以财务的身份参与学校的管理了。管理型财务模式要求以现在和未来的资金运动为对象，以提高资金运作效益为目的，以一系列特定技术、方法为手段，对学校的发展进行规划和控制，从成本控制、项目核算、预算管理、决算分析等各个方面为学校的可持续发展提供决策依据，充分发挥财务管理在学校管理活动中的控制职能。

因此，要实现由核算型财务向管理型财务的转变，我们首先应转变传统的“管账”观念，树立以“调整资金结构、提高资金使用效益”为目标的理财理念。学校的财务人员要实现由单一记账、记事的“账房先生”向学校管理的“财务咨询师”的角色转变，要能够当好领导的“参谋”，为领导的决策提供真实可靠的财务依据和切实可行的财务建议。只有秉持这样的理念，财务人员才能从繁琐的日常业务工作中“跳出来”，站在学校长期可持续发展的高度，审视、规划和开展学校的财务工作，自觉地完成自身的角色转变，使学校的财务工作由微观管理向宏观管理延展。为了适应学校办学规模扩张、管理思路创新与发展、目标标准调整与更新的现实情况，我们要把工作重点由处理日常业务转到把握宏观经济政策、制订配套管理措施及建立内部控制制度上来。

（二）管理手段的改变

财务管理手段的现代化是践行先进财务管理理念的保证。如果广外外校的财务工作仍停留在手工账阶段，财务运行状况的记录与反映还是借助于账簿一类的纸质媒介，那么，我们在落实“管理型财务”的中心环节——“预算执行和控制”时，必然会面临实际操作执行方面的诸多困难，也会大大削弱预算的执行和监管力度。基于这样的认识，2007 年，广外外校财务室克服重重困难，一方面抓财务系统计算机硬件设备与软件系统的建设，另一方面抓财务人员的在岗业务培训，果断终止了自 1993 年以来一直采用的手工账，全面推行了电算化会计核算。至此，财务管理的核算职能完全科技化、信息化，各项数据能够被准确、及时地反映出来，财务工作效率也大幅度提高，

为财务人员将主要精力由核算业务转移到财务管理分析上创造了条件。借助于电算化手段，财务员可以充分发挥财务管理在学校管理中的调节、指导、约束、促进的作用，真正实现预算管理的过程控制。

（三）财务人员自身素质的全面提升

财务管理的依据是国家各类政策法规和各项规章制度，财务管理的导向是学校的总体发展战略与目标，财务人员则担负着具体实施相关政策法规、履行财务管理职能的神圣职责，其综合素质将直接影响财务管理职能作用的发挥。广外外校是一所民办学校，它要在当前中小学教育市场的激烈竞争中占有一席之地并脱颖而出，必须以保证教学水平、提高教学质量和增强整体综合实力作为学校发展的生命线，舍此别无他途。基于此，学校是否有相对较强的抵御市场风险的能力，完全取决于学校的财务运行状况能否为学校的长期发展提供持续、稳健而强有力的财力支撑，有赖于能否建设一支具有较高综合素质的财务管理团队。

广外外校领导和学校财务室主要从以下四个方面努力践行提升财务管理人员综合素质：第一，高素质的财务管理人员要政治上可靠，熟悉和掌握国家相关的财经法纪，具有很强的政策、法律和纪律观念，同时对学校的发展战略和建设目标有深刻的认识，能够使自己的工作始终置于政策法规的约束之下，服从并服务于学校的发展战略和建设目标；第二，财务管理人员必须具有良好的职业操守，能够自觉抵制来自各方面的诱惑，做到“干干净净管钱，清清白白理财”；第三，财务管理人员必须具备深厚的会计知识积淀和高超的会计业务技能，既能够处理日常会计业务，保持高度的职业敏感，又能够根据各类数据客观分析、综合反映学校财务状况，为领导决策提供财务依据；第四，财务管理人员必须要有很强的合作精神、服务意识和人际交往能力，能够在为服务对象（包括学校的领导、教师、学生、学生家长、业务往来单位、上级主管部门、国家相关监管机构等）提供优质高效服务的同时，主动与他们沟通情况，争取取得各方对学校财务管理工作的理解与支持，努力为广外外校的财务工作构建一个良好的外部环境。

在广外外校财务管理工作的实践中，我们深切地认识到，做到以上四点，就能够保证财务管理人员有较高的综合素质，就能够使之在对国家的相关政策法规以及学校财务工作“点上、线上、面上”的情况都了如指掌的基础上，对学校的财务运作全过程实施有效的核算和监督。多年来的实践证明，从这四个方面提升广外外校每一位财务人员的综合素质已经初见成效。

他们正在使自己朝着既懂会计专业知识又懂管理，还能够凭其独特的职业敏感及时发现问题、解决问题的方向努力。本着“会调研、善总结、勤创新”的工作思路，加之娴熟的会计业务技能和良好的“公众形象”，广外外校财务提高了服务效能，提升了财务管理水平，加快了从核算型财务向管理型财务的转变，得到了学校领导、教师、学生和社会各界的肯定。

三、由核算型财务向管理型财务转变的具体措施

围绕着推进广外外校财务由核算型向管理型转变这一中心任务，我们始终牢牢抓住“事前预测、事中控制、事后分析”的主线，主要采取了以下四个方面的措施。

1. 加强制度建设

在广外外校成立之初及之后十多年的时间里，我们几乎看不到成文的财务管理规范和制度，财务管理的随意性很大。这种不正常的局面给财务核算和日常管理造成了极大的困难。为了规范财务行为，使广外外校的会计核算和财务管理走上科学、规范的道路，在新组建的广外外校领导班子的指导下，财务室首先依据国家的相关财经法规，针对广外外校工作特点着手制订和完善学校的财务管理制度，本着对不符合国家相关法规、不符合新形势要求的规定予以修订或废止，对缺位的制度进行补充和完善的原则，先后制订了《广外外校财务管理规定》《财务室内部会计控制规定》《广外外校预算管理规定》《广外外校财务报账指南及流程》《广外外校差旅费管理办法》《教研费、科研费核拨标准及开支范围》等一系列财务管理制度，为财务管理提供了坚强的制度保障。其次，为了营造以制度管人、以制度管事的财务工作氛围，提高财务工作的效率，财务室还按照广外外校财务管理的具体内容和工作规范，实行了财务人员的定编定岗，明确规定了财务室各个岗位的工作职责。通过一系列制度的建立与完善，学校财务室改变了过去管理无章可循、拍脑袋处理问题的做法，将财务工作的业务处理置于科学设定的制度框架规范之内，为实现由核算型财务向管理型财务的转变夯实了制度基础，提供了制度保障。

2. 严格预算管理

预算管理是“决策未来、监控过程、关注结果”的重要管理措施，它在整个财务决策体系中处于核心位置。在学校实行目标管理模式的框架内，财

务室根据学校长期发展的战略目标和年度工作重点编制和实施预算管理，可以从财务资源的配置与管理的角度明确界定学校各职能部门的财权以及与之相应的财务责任。通过对预算、对执行过程的监控和对预算执行结果的反馈与分析，将学校各部门的运行以及学校的整体工作调整到实现学校长远发展战略的轨道上，为实现学校的总体建设目标提供财力保障。

预算管理包括预算编制与预算执行两个方面。科学的预算编制是保证预算得以严格有效执行的基础。财务室本着“量入为出、收支平衡、统筹兼顾、合理安排、保证重点、节约运行”的原则，首先由学校各职能部门根据本部门的职责，归集提供预算编制所需要的各类信息。在对这些信息加以认真甄别和统筹考虑的基础上，根据学校当年的工作重点和中、长期发展规划，集中财力优先保障发展规划中亟待解决的问题，对经常性支出“适度从紧”，对建设性专项支出“量力而行”。经过自下而上、自上而下几轮次的反复修正，编制出当年的财务预算建议方案，报请学校校长办公会讨论通过，经董事会审议批准后执行。

在预算执行过程中，财务室借助电算化会计的辅助功能，严格按照预算安排拨付各部门的各项目经费，明确各经费的拨付标准和用途，规范资金的使用过程，严格实施预算管理。对未履行相关审批手续的超预算开支不予支付，杜绝发生“下不为例”的情况，从源头上杜绝了资金使用的随意性。在推行预算管理的过程中，我们通过座谈、讲座等多种形式向全校教师反复宣讲预算管理及执行的相关政策法规与实施预算管理的重要意义。这既增强了全校教职工的预算管理意识，强化了预算管理的自觉性，提高了预算执行的约束力，又取得了他们对推行预算管理的理解与支持，收到了良好的效果。财务室还特别重视年末对预算执行情况进行全面总结，对预算执行的过程和结果进行认真的研究与分析，提交预算执行的情况报告，及时向学校领导和各职能部门反馈。对于当年未完成的预算项目，除了进行实时追踪外，还多角度剖析原因，找出问题的症结，避免“胡子工程”造成的项目资金沉淀，盘活学校的财力资源。近年来，通过实施预算管理，通过有计划地合理统筹安排使用资金，在2007年至2011年的5年时间内，我校累计增加固定资产8300万元，累计增加事业基金3200万元，取得了令人鼓舞的成绩。

3. 规范日常核算

日常核算工作体现了预算管理的具体执行过程。广外外校财务实行的是“统一领导、统一管理”的财务管理模式。学校的预算编制、执行、调整、控制、评价、分析等各个环节均严格执行国家的相关法规和财务规章制度，并据此实行统一的财务资源配置和财会业务领导，形成了统一的财权管理和会计事务管理制度。

(1) 加强成本核算，建立基础数据库

成本核算是日常会计核算工作的中心环节，就广外外校的财务管理而言，鉴于学费收入是学校的主要收入来源，学费标准的制订与报批、学校收入总盘子的规模以及学校预算的编制与执行，甚至包括学校教职工的收入和福利等，都必须建立在准确核算生均成本的基础上。目前，学校同时执行着24种不同的收费标准，分别适用于各种不同类别甚至同年级段的学生。收费标准的多样性和复杂性大大增加了准确核算生均成本的难度。为了解决这个问题，财务室借助于电子技术手段建立了一套适用于财务室自身工作需要的学生缴费电子名册。以当年教务管理部门和各学部提供的学生名单为基础，财务室根据每个学生的入学时间，按年级、班级逐一核实全校5500多名学生的学费标准，形成了完整的电子文档系统，建立了学费收取的基础数据库，并与教务部门保持着"实时联动"，及时更新学生变动信息。基础数据库的建立，实现了财务室对全校学生的"无遗漏全员覆盖"以及学费标准收取的"零误差"，保证了学费准确及时入库。

基于整个社会经济环境尤其是物价水平的不断变化，学校的办学成本也在相应变动，学费标准必须适时进行调整。收费标准的变动不仅政策性极强，牵涉面极广，社会关注度极高，而且还是一项有严格程序要求的政府许可行为。但这并不意味着广外外校财务在调整收费标准这件关系到学校收入来源的重大事项上无作为。恰恰相反，近几年来，财务室根据学校的各项办学支出，通过仔细分析研究，建立起了生均成本计算表，对涉及生均成本的每一项指标都反复、多次进行了精心测算，并将测算结果积极呈报给上级教育行政主管部门和物价部门，为其制订新的收费标准提供了参考依据。

伴随着学校的建设与发展，在基建维修、设备采购、后勤服务等方面，学校同社会上相关经济实体之间建立了越来越频繁的合同关系。以往合同管理缺乏相应的规范，极易造成学校资金的"跑、冒、滴、漏"和不必要的"资金沉淀"。基于此，规范合同管理就成为财务室加强成本核算、杜绝浪费、盘活资金、提高资金运行效率的一项重要工作。财务室组织专门的力量，对建校以来的各类购销、基建、维修工程合同进行全面清理，并按年份、工程或采购项目、合同金额、签批部门、已支付金额、未结算金额及其原因建立了电子合同备查档案，从而对学校的建设规模做到了心中有数，为学校的后续投入提供了科学的依据。

（2）规范报账程序，实行“财务一支笔”审批制

广外外校是由广东外语外贸大学全资投入建立的办学实体，其全部资产都属广东外语外贸大学所有，产权归属决定了其管理权的归属。因此，广外外校的财务管理及运作必须执行国家的相关法律法规及广东外语外贸大学制订的管理规定，接受广东外语外贸大学相关部门的检查、指导与监督。财务室作为广外外校的专门职能机构，在广外外校校长的直接指导下统一管理全校的财务工作，同时实行广东外语外贸大学制订并指导下的二级财务管理制度。为此，财务室针对学校物资材料采购、校园基建、公务差旅、科研经费、教师的日常教研活动和省内外培训等事项，规定了明确的报账程序和要求。根据《广东外语外贸大学二级单位财务“一支笔”管理办法》（广外大［2004］95号文）的规定，广外外校财务运行过程中发生的所有支出都必须经“财务一支笔”审批后，方能按相关规定办理报销手续。

4. 强化信息反馈

会计信息是指由财务报告提供的反映一个单位在某一特定时段或时间点上的资产、负债、所有者权益或净资产情况，以及某一特定经营期内经营业绩等方面情况的综合信息。总的来说，会计信息反映了一个单位某一段时间的财务状况和经营成果，这些信息包括该单位的经济资源、在这些经济资源上的权利与义务，以及引起这些资源和权利变动的各种交易、事项等，可以为一个单位的经营决策、管理决策提供依据。会计信息具有很强的时效性，其价值将随着时间的流逝而逐渐失去，过时的会计信息只能作为备查的历史资料，无助于单位的经营管理和相关决策。

财务室在执行日常会计核算的过程中，向资金使用的相关部门、各项目的责任部门和学校领导及时反馈和汇报各部门、各项目的开支情况和学校的总体财务状况。财务室的具体做法是：将季度分析和年度分析紧密结合在一起，既注重算好阶段性的“细账”，更下大力气算好一年一度的“总账”。每个季度都会对纳入学校财务预算的项目执行情况进行对比分析，对存在的问题及时与职能部门进行沟通，并协助和督促职能部门严格按照预算的规定对项目实施进行必要的调整，以保证项目如期完成。年末则对学校一年来的财务运作情况、收支完成情况、预算执行情况、主要财务指标等进行全面盘点和系统分析与实事求是的总结，及时提供有价值的财务报告，向领导提出可

操作的合理化建议，为学校的发展建言献策。

总体来看，广外外校财务室在着力将传统的核算型财务转变为管理型财务方面做了一些有益的尝试，也取得了一些突出的成效。但是，随着广外外校教育事业不断做大做强，广外外校财务在管理型核算方面面临的任务必然愈益艰巨繁重，无论在思想认识上、工作观念上，还是在日常业务中，财务室将不断探索实施管理型核算的新思路、新途径，使得学校财务工作朝着更科学、更规范、更高效的方向发展，从而为广外外校的建设与发展提供强有力的财务保障，将是广外外校财务工作永恒的主题。

谈谈校园网流量的精细化管理

曹 勇

一、问题的提出

学校教职员工对校园网网速的各种意见，有文字记载的，最早是在 2008 年 3 月 21 日。生活部的老师在学校“回音壁”里这样写道：

“理解学校为保护教学区采取的措施，但是中断住宅区网络的举措忽略了我们学校的另一庞大人群——生活老师。生活老师没有自己的办公室，工作地点是学生宿舍，有很多工作都需要在自己的房间用自己的电脑利用学生上课时间完成。停止网络服务给生活老师的工作带来非常大的不便。希望学校尽快恢复网络，或者采取其他方式，而不是停止全部的住宅网络。”

此后，老师对学校网速问题的意见越来越大：

“以前我们对学校的网速还是比较满意的，可现在怎么了？下个几十 K 的练习也要等上半小时！”

“学校的网还没修好吗？好慢呀，唉！”

“对学校办公时间要限制宿舍网络我们能够理解，可是为什么放假也要限制我们宿舍的网络？好不容易放假在家休息放松，居然无法看视频和电影，让人日子怎么过呀！希望学校尽快解决这个问题！”

从 2011 年 6 月开始，学校的带宽已由原来的 50M 升级为 100M。但即便如此，老师仍然鲜有快速的网络体验。网络如通衢大道，有序运行当各行其是。可是，滞缓的网速犹如路段上设置的障碍，行人、车辆都会不时遭遇堵塞，坏了一路上的好心情。这些“路障”是怎么回事？是如何造成的？也就是说，都是些什么应用占据着带宽资源？

二、现状分析

（一）什么是 P2P 行为

网络有其拓扑结构，独立于它的实际形态而存在。互联网的发展就是依靠一种将已有网络连接在一起的方法，其核心就是一组公开的协议，使得数据可以实现无缝传输。传输协议的本质是让每个互联网服务提供商（ISP）都有自己所属的较大的互联网服务提供商。普通用户使用网络应用时，在网速极快的情况下，感觉好像位于高速路上的军警通道，没有任何红灯和通行规则，“呼呼”飞驰而过。这也可以是一种专门设计的直线通道，每次都是点到点的直接数据交换。P2P 行为就是这样。

对等网络技术（P2P），依赖于网络中参与者的计算能力和带宽。这也是“点对点”上传下载术语，意思是在你下载的同时，自己的电脑还要继续做主机上传，这种下载方式，人越多速度就会越快。目前，P2P 应用在增进网络上人与人的交流、文件交互下载、分布式计算等方面已经取得了显著的成就。

P2P 的应用种类繁多，形式多样，各自采用独立的网络协议标准，组织特征和体系结构也在不断地变化和发展着。德国某互联网调研机构称，P2P 已经彻底统治了当今的互联网，其中 50%～90%的总流量都来自于 P2P 程序。P2P 应用具有贪婪的特性，给网络管理员进行网络防御带来了巨大麻烦。

同时，互联网视频的快速普及，有线电视网上的内容向互联网转移，普通视频向高清视频转移，导致数据量增大。大型网站的视频服务都提供了视频加速器，其基本原理也是采用了 P2P。此外，还有一个变数是 3D。移动视频业务用户所需宽带至少要达到 2M 以上。2011 年 6 月，当苹果 CEO 乔布斯在为现场观众演示 Iphone 4 新的视频通话功能时，由于网络拥塞引起该项业务演示无法进行，以致乔布斯不得不要求观众关掉手机。这也从一个侧面反映了视频流量的迅猛增长给通信网络带来的巨大挑战。

（二）现状分析

我校目前的网络环境，具体来说，面临着如下问题：网络应用业务不可视，无法进行有效控制和管理；带宽资源日趋紧张，迅雷、BT 等 P2P 应用恶性占用带宽现象严重，在不断增加带宽资源的情况下，仍显带宽不足；关键用户（如领导、财务、招生办）、关键应用（如办公）得不到有效保障；信息中心面对越来越多的连通性投诉无法分析、解释和提供数据依据，网络安全存在一系列的隐患。

三、流量精细化管理

考虑到用户体验的问题，我们显然不能对 P2P 流量实行完全封杀。业内通行的做法是流量管理，即对网络宽带实行精细化管理，使有限带宽既能公平地满足用户体验，又能防止部分用户对带宽资源的滥用。在综合考虑费用、安全、速度、拓扑、可伸缩性、可靠性和可用性以及多台设备测试之后，我校选择了 MANET IP-750 对学校网络进行多维度的精细化管理。

智能流量管理作为串接（透明模式）接入用户网络平台，按照既定的网络流量策略规划各类互联网应用的数据流量，保障访问互联网的畅通性、快捷性、稳定性。

设备位置部署如下图所示：

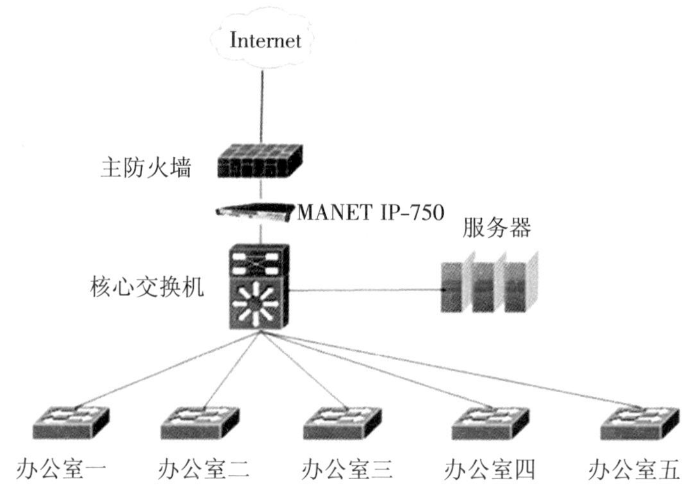

图 1　广外外校项目网络拓扑图

具体策略如下：

（1）服务器段优先保障 100M 带宽使用；

（2）保障 http 应用和邮件收发 100M 带宽使用；

（3）学生机房非特别申请，使用时间禁止访问互联网；

（4）学生机房上班时间禁止使用 P2P、在线视频、股票、游戏等应用；

（5）所有人使用 P2P 下载软件、玩在线游戏的带宽为 20M；

（6）办公用户上班时间上网、下载带宽为 30M；

(7) 宿舍用户上班时间上网、下载带宽为 20M；

(8) 办公用户所有时间工作应用带宽保障 80M；

(9) 宿舍用户所有时间应用带宽保障 20M。

四、管理效果

通过 MANET IP—750 弹性管理策略控制，在节约带宽资源的基础上，我们保障了核心业务的访问速度，提高了工作效率，彻底解决了带宽堵塞的问题。管理员不仅能从宏观上了解网络的整体运行状况，还能根据各种 TOP-N 的用户、应用流量分类统计图表，以及详细的四层会话等信息，全面了解网络运行状况及带宽使用情况。该策略实施后，保障了包括网页浏览（http—browse）、邮件（mail）、SQL 数据库等在内的核心业务，而我们对 P2P 类下载、视频流量进行了有效的限速处理，对网络中各单位内部用户的上网行为进行了有效管理，提高了内部员工的工作效率，提高了网络的 Internet 链路的带宽使用效率，降低了 IT 投资成本，降低了 IT 管理部门的网络运维管理成本。我们还提供了全网带宽分配和使用分析报告，为网络规划和带宽扩容提供了科学依据。

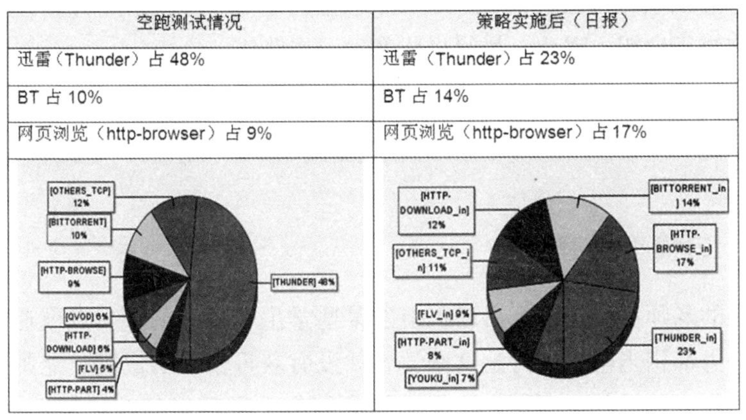

空跑测试情况	策略实施后（日报）
迅雷（Thunder）占 48%	迅雷（Thunder）占 23%
BT 占 10%	BT 占 14%
网页浏览（http-browser）占 9%	网页浏览（http-browser）占 17%

图 2　效果对比图

通过比较可知，实施策略对 P2P 下载、视频应用限速后，迅雷下载从 48%下降到 23%；而核心应用 http—browse 则从 9%上涨到 17%，充分体现了设备对非关键应用的控制，对核心业务流量的保障。

不积跬步，无以至千里

——关于养成教育的几点思考

熊士军

一、走老路的习惯

学校这两年汽车多了起来，时常听到大家在谈论某个老师又收到罚单了，尤其是学校门口那个转弯处，不断有人被交警开罚单。其实，再往前开10秒钟就可以“趾高气扬”地转弯了，可是我们很多人却没有这么做。这是为什么呢？冥思苦想之后，我从心理学中找到了答案。原来，那个路口对于我们来说是条老路，而我们都有走老路的习惯。走老路对于我们来说，感觉更自然，更省力，尽管我们已经意识到前面可能会有危险，但是，我们的潜意识却指挥着大脑，继续在老路中前行。那么，如何改变这种状况呢？这需要我们有意识地与自己的潜意识对话、交流，进而改变它原有的习惯路线，然后对它进行训练、强化，最终形成新的习惯路线。

开车是这样，教育也是这样。中国著名教育家叶圣陶说过：“教育是什么？就单方面讲，只须一句话，就是要养成良好的习惯。”

二、习惯很重要

细心的老师都会发现，自己班上的某些学生非常聪明，一点就通，接受力、领悟力都相当不错，可是这些学生并没有获得骄人的成绩、老师所期待的成功。相反，另外一些学生，他们的成绩似乎早已经超越了他们的天分，超出了我们对他们的期许。这又是为什么呢？我们往往给前者打上懒散的标签，后者被认为是勤奋刻苦的结果。然而，懒散又是怎么来的呢？不知我们中的教师想过没有。懒散的产生其实是许多坏习惯的综合作用：做事拖沓，上课不专注，缺乏条理，没有计划，没有时间观念等。

由此可见，习惯的力量有多么强大！《心灵鸡汤》的作者杰克·坎菲尔先生也说过：“如果你希望出类拔萃，也希望生活方式与众不同，那么你必须明白一点——是你的习惯决定着你的未来!”

三、养成教育是什么

行为造就习惯，习惯养成性格，性格决定命运。追本溯源，“养成教育”就是从行为出发，努力培养学生良好的行为习惯，进而影响其性格，改变其人生的教育。养成教育既包括对学生正确行为的指导，也包括对学生良好习惯的训练，内容十分广泛。自立自强，待人有礼，讲究公德；守时守纪，讲究诚信；专注认真，归纳总结，按时作业，积极思考等一系列做人、做事、学习的习惯都是养成教育的主题。

面对如此庞大的课题，如此一门大学问，我们该如何做？在此，本人大致谈谈自己的一些体会、做法、思考，望读者给出建议和意见。

1. 要做大转变，先提小要求

“不积跬步无以至千里，不积小流无以成江海。”良好习惯的培养也是这个道理。我们不要妄想只要我们振臂一呼，学生的良好习惯就形成了。我们要告诉学生什么是好的习惯，什么是需要培养的好习惯，让他们先有一定的认识。在班会、晨会上，在各种场合谈话时，要不厌其烦地说，不要怕啰嗦，教育工作尤其是班主任工作是需要啰嗦的。学生形成了一定的认识后，教师要懂得分解，把我们大的教育目标分解为不同阶段的小要求，循序渐进，一步步去实践、去完成，也就是从大处着眼、从小处着手。

当我们想培养学生良好的班级卫生习惯时，可以对他们先提小要求：地面无纸屑。在一段时间内，我们重点关注地面的纸屑，只要有一张，就捡一张，直到学生不再乱扔纸屑；随后，看班里桌椅摆放得是否整齐，只要有一点不整齐，我们就随时调整，直到每天班里的桌椅都是整齐的；接着，要求学生拖地，然后整理讲台，一步步地来，良好的班级卫生习惯就养成了。

这个方法我百试不爽。要知道，任何一种习惯的养成都是“九层之台，起于累土”，这就是我想说的：要做大转变，先提小要求。

2. 用赞美去强化

人是生而孤独的，大家都需要获得他人的认同，所以“拍马屁”总是让人很受用。在养成教育中，我们也要学会“拍马屁”，即要学会赞美，有意识、有目的地去赞美。用我们的赞美去倡导、去强化我们想带给学生的良好的行为习惯。

[案例 1]

年级在校阶梯教室开展活动时，人多地小，一人一句，尽管话不多，可是一样让人感到烦躁。作为级长，我总希望集会时同学们有良好的集会纪律，学会倾听。可是学生就喜欢扎堆聊天，怎么办？活动之后，我马上开年级会议，现场总结。我有意特别表扬、赞美了今天学生在会议中的表现，赞美学生都很有素质，有修养，比上次集会时的纪律好了很多倍，表扬大家真的一天天在成长，懂得了尊重等诸如此类的话，随后表达了我的期望，相信同学们下次会做得更好。结果就是现场掌声如雷。我就这样一次次地赞美，年级的集会纪律也在赞美中逐渐好了起来。

这就是我想说的：用我们的赞美告诉学生什么是他们应该有的良好习惯！

3. 舆论很重要

众口铄金，积毁销骨。舆论的力量是强大的！一个班级、一个年级如果没有正确、健康的舆论，那真是件可怕的事情。试想一下，一个集体，大家众口一词，积非成是，颠倒是非，很难想象这个集体将走向何方。这种局面下的班主任，纵然费尽心血、煞费苦心地去做某件事，也未必能获得自己想要的效果。相反，若一个集体的舆论明确什么是真善美，什么是假恶丑，许多问题都能迎刃而解，班主任做起事来，也会事半功倍。因此，作为一个班集体的管理者，要时时刻刻关注集体的舆论走向，及时调整，要积极营造想要达到的氛围。

[案例 2]

我们年级里有一位女同学叫周子瑜，学习特别刻苦努力，可以说达到了废寝忘食的地步了。尽管她的成绩也随着自己的努力不断提高，可是仍然有许多同学说，这是傻读书，死读书，即使成绩进步也不愿这样。这种舆论让人很尴尬，如何打破这种局面？如何营造健康的、积极向上的舆论氛围呢？为此，我十分正式地邀请了她在年级晨会上演讲，并且给她定了主题，就讲她一路走来的不易与快乐，讲自己对人生的理解，讲她相信天道酬勤。演讲很成功，赢得了许多掌声。接着，当天我就在各个班级找了几个同学聊天，强化同学们听演讲的感受。过了几天，在一次作文训练中，班级有 4 个同学写到周子瑜，表示对她由衷的敬佩。我特别欣慰，这就是我要的舆论效果。事情还没完，在又一次的年级集会上，我再次把这几个同学的文章与大家分享，并强化了学生该有的人生态度。至此，天道酬勤的人生态度应该已经深入每个学生的内心了。

4. 活动育人不能丢

活动育人的理念是特别宝贵的。我认为学校这块阵地绝对是养成教育的沃土。因为养成教育不仅需要指导，同样需要训练。军训让学生意识到忍耐、坚持的重要性；读书节培养学生的阅读习惯；艺术节带给学生接受高雅熏陶的机会；综合实践活动让学生热爱劳动；体育节让学生养成运动的习惯；科技节让学生体会发现、探索的乐趣。

［案例 3］

一年一度的“广外外校之星”评选活动开始了，我们高二年级只有 10 个参选名额，而年级有近 30 人想报名参选。怎么办？是由年级领导决定，还是每个班平均分配名额？尽管这样做最省事，但我不能这样做。我单独召开了一次“广外外校之星”高二年级参选筹备会，认真制订参选规则，组建师生齐聚的评委团，在年级内部进行“公选”，最终产生参选人员。为什么要搞得如此复杂？因为我觉得这是一次难得的教育契机，我们可以通过这次活动让学生知道什么是真正的公开、公正、公平！

总之，教育的形式切忌单一。我们要努力搭建更多的平台，在活动中激发学生生的热情，在激励中实施教育，以此达到形成习惯的目的。

5. 持续不断的坚持

冰冻三尺，非一日之寒。所有行为习惯的养成都不是一朝一夕的。一个好习惯的养成与一个坏习惯的更正都需要一个长期的过程。这对作为教育者的我们来说是个痛苦的过程，需要我们不断地坚持、坚持、再坚持！

［案例 4］

年级组建之初，每天晚自习铃声响起后，总有同学不能及时进班级，不能及时安静下来上自习。怎么办？一开始，我只能楼上楼下的上蹿下跳，不断呼喊提醒：“上自习了，上自习了！”过了一段时间，情况有所好转，我已经不用呼喊了，但仍然需要上蹿下跳，用行动去提醒。又过了一段时间，铃声一响，我发现只要我走出办公室就行了。现在，我甚至不用走出办公室了，铃声一响，走廊上几乎就没有人了，学生个个都能安静自习了。我暗自得意，这也就是行为主义强调的条件反射法训练。要天长日久地坚持！

诸如此类的案例有很多。我想强调的是：锲而不舍，金石可镂！养成教育的关键在于我们的坚持！

6. 有规范，一定要执行

不以规矩，不能成方圆。没有规范的教育一定是不完整的。“破窗理论”

讲的就是这个道理。一个房子如果窗户被打破了，没有人去修补，其他的窗子也会莫名其妙地被人打破。养成教育也是这样，对我们不能容忍的坏习惯熟视无睹，是一种不负责任的表现。所以，对于养成教育，我们必须要有明确的规范，有自己的底线。有了制度与规范，我们还必须去执行，形成一定的教育力量，最终才能让学生拥有良好的行为习惯。

我们学校的老师大都喜欢锻炼，每天下午或者打球，或者跑步，日复一日的就这样坚持下来了。每天锻炼过后，大家都会觉得自己神清气爽，身体很棒，吃饭很香，心态很积极，干活也有劲，工作更投入了。慢慢就会发现，自己已经离不开锻炼了，倘若一日未能锻炼，便浑身不自在，总觉得生活少了点什么。这就是习惯的力量！因此，作为教育者的我们，必须不遗余力地去思考、去践行，把良好的习惯带给学生，让学生真正成为走向世界的现代人！

生活区学生的自主管理初探

张道朴

随着社会的不断进步，网络时代的飞速发展，我们学校作为一所全寄宿制基础教育的国有民办学校，怎样适应多元化社会发展的需要，是教育者和管理者共同面临的新课题。在日常工作中，学校必须加强学生的自主管理，为学生营造宽松和谐的活动氛围。所谓学生自主管理，实际上就是学生自己管理自己，是在教师的指导下依靠班级和区域主体自身的力量进行自我教育和发展的一种管理方法。学生进入初中以后，独立意识明显增强，他们不再像小学时那样处处依赖老师、事事离不开老师，绝大部分学生有独立处理和安排自己生活的强烈欲望，有展示自己才华的冲动，有向往独立生活和工作的心理渴求。因此，教师要因势利导，强化学生的角色意识、思想意识和全局意识，激发他们的上进心，培养他们自我管理的能力。

一、转变教育管理理念，增强学生主体意识

现代教育观强调要让学生学会做生活的主人。教师必须先树立以学生为主体的意识，再加强学生自身的主体意识，通过发挥学生的主体作用来展示学生主体人格。随着社会竞争的日益激烈，按传统教育管理模式培养出来的“好学生”已远远不能满足当前时代发展的要求。因此，教师不仅要更新自己的传统教育管理观念，还要转变传统的教育管理思想，更要摆脱传统教育理念的束缚。要想改变学生的思想和内心世界，我们首先得改变自己的管理理念，这样才能真正成为教育管理的主体。只有发挥学生的积极性和创造性，学生才会有动力和兴趣，所以，我们必须大胆地将活动的自由交给学生。例如，在实践中，教师通过告诉学生自己是宿舍的主人，培养了学生的主体意识，为建设学生自主管理型宿舍打下扎实的思想基础。

二、成立学生监察大队，督导学生开展各项工作

在生活区，我们要求每栋楼成立学生监察小组，在生活部学生监察大队的督导下，学生监察小组监督本栋楼学生小组开展各项常规检查工作，使学生在参与管理的同时还要接受他人的监督。作为广外外校的学生，个个都是“小诸葛亮”，心计多、脑子活、转得快。如果没有完善的制度来约束，有些学生肯定会钻空子、挑毛病。所以，我们既要管理好，又要监督好，更要大家没烦恼。

随着学校社会地位的提升，学校发展速度加快，家长维权意识逐渐增强，有些家长的要求也越来越高。我们在让学生参与到各项管理中时，也不断地要求参与管理的学生学会忍让、学会宽容、学会尊重、学会沟通，更要学会谅解，而不是用强硬的手段和粗暴的方法去压制或强行管理。在遇到自己不能处理的问题时，一定要向老师及时汇报，由老师来沟通，根据情况做最后的处理。随着“生本”理念的深入，越来越多的学生乐意走上不同的管理岗位，目的就是锻炼自己、挑战自己和完善自己。

随着学生参与面越来越广，在今后的工作中，生活部会提供更多的岗位让他们接受锻炼，如楼层长、寝室长、监察组长、分发校服组长、卫生组长、内务标兵组长、纪律组长等。每个组长必须处处以身作则，起到表率作用，督促本组同学认真遵守生活区的有关管理条例及学校的有关规定，协助老师管理楼层工作，每天做好宿舍本组的各项常规检查。检查时，要做好详细的记录，并要告知所在组同学出现的问题。组长要发扬骨干精神，与组内人员共同营造积极向上、和睦相处、文明团结的生活环境，更要共建文明寝室，做文明人、讲文明话、做文明事。

三、优化民主意识，发扬民主选举精神，做到放而有控

在学校“生本”教学理念的引领下，我们对生活区的管理也要以学生为主体，鼓励学生敢于挑战自己，激发他们的内在潜能。老师在遴选楼层长、寝室长时，一定要采取自荐或者同学推荐的方式进行，这样评选出来的楼层管理者既有威信又不会辜负老师和同学们的期望，更有利于生活区工作的顺利开展。另外，实行寝室长轮换制度，明确楼层长和宿舍长职责，使每个学

生都有机会参与管理，将会管理和敢管理的学生有效地利用起来。强化学生的主人翁意识，锻炼他们的组织能力和协调能力，培养他们的责任感和荣辱观。作为生活部的老师，我们要经常组织召开寝室长培训会、寝室长交流会，让他们谈一谈在自主管理中的体会，同时，要求他们既要以身作则，又要身先士卒，从小事做起，从自己做起。要敢于开展工作，大胆管理，制订出操作性强的宿舍规章制度。部门要精心指导，在恰当的时候完全放手，让他们真正成为管理的主人，成为管理的核心。

四、制订奖惩条例，规范宿舍量化考核制度

日常工作中，宿舍内务卫生常规检查、值日、评比均由学生自己负责，在教师的指导下，寝室长对检查的项目、标准、奖惩、人员分工全权负责。宿舍成员按不同小组分工，在任务分配时要公平合理，生活老师不作硬性规定，一切以各寝室规定为标准，楼层长和宿舍长在制度范围内对各检查小组进行考核，并及时公布结果，生活老师只检查每天的完成情况。生活区的管理完全在阳光下进行，不搞“灯下黑”。我们的原则是“大事小事有人做，事事落到人头上”。部门要求宿舍的每项任务必须责任到人，各小组成员之间要密切配合，相互帮助、相互督促，寝室成员除了要做好自己的本职工作外，也有责任、有义务帮助其他同学完成遗漏的任务，并且要按标准完成，还要经得起楼层长的检查，不得敷衍了事，更不能相互推诿。

五、培养学生的主人翁意识，提高宿舍自主管理的效率

在广外外校的大家庭里，学生首先要有责任意识和主人翁意识。在日常工作中，要充分发挥学生的内在潜能，积极培养学生的自主管理能力，增强学生的集体观念和团队合作意识，使每个学生在自主管理中得到健康全面的发展。那么，中学生自主管理能力包括那些呢？具体来说，中学生能自觉处理好自己的生活事务，搞好自我服务，初步处理好个人与环境、个人与集体的关系，做到“自己的事自己做，他人的事帮助做，集体的事大家做”，形成较好的就餐、生活、卫生习惯。广外外校的学生在长期自主管理能力的培养下，具备健康的学习心理和生活心态，有一定的耐挫能力和适应能力。同时还应具有较强的自理、自立、自强意识，有较好的协调和沟通能力，较强的环境适应和生存能

力，能独立在国内外学校的新环境中生活学习。良好的生活行为习惯已逐步内化成学生的潜在素质。学生有健康心理，初步学会处理好人与环境、人与社会的关系，学会学习，学会生活，学会做人，学会劳动。

六、强化生活区的管理模式，优化学生自主管理机制

生活无小事，事事都育人。作为一个庞大的生活群体，老师大多事无巨细，一统到底，形成了“教师怎么说，学生怎么做”的模式。虽然有楼层长和宿舍长协助老师来做，但他们也只是一个帮手而已。如何把生活区的管理交给学生来做，让学生从被动工作转变为积极主动协助教师工作？我们要优化学生自主管理团队，引进先进的管理模式，大胆创新，勇于尝试，尽量让每个学生参与宿舍管理。培养学生自主管理意识和能力，给每个学生划分一个责任区，明确职责，提出要求，设立奖励机制，设立“免检区域”。“免检区域”一切管理都由学生自己进行，教师可以不定期或定期进行抽查。这样，学生的管理潜能和积极性被激发出来，学生也都乐意参与，热情高涨，都想成为“免检区域”的示范团队。

教师要给学生制订一些宿舍“免检区域”评选条例，如自觉遵守生活区的各项规章制度，做到按时就寝，按时进、出宿舍楼；主动将自己的内务做到规范化、标准化，物品摆放要到位；主动做好个人卫生，自觉维护公共环境卫生；积极主动帮助他人解决困难；在日常生活中活泼开朗，把握分寸，在与同学交往过程中做到自重、自爱、无私。能够达到以上要求，就可以进入“免检区域”的评选，在评选时，由学生自主管理团队成员打分，教师和学生代表监督，做到公开、公正、公平，及时公布评选结果，并由老师颁发流动红旗。

通过考评，真正达到“免检区域”标准的学生并不多。但是，只要是被评上“免检区域”的学生，老师都会在宿舍长会上进行大力表扬，鼓励“免检区域”的学生，并要求其他同学向他们学习。其他同学看免检区域的同学得到了老师的信任和表彰，一个个都跃跃欲试，不甘落后。这样，学生自我管理能力得到了提高，教师的管理工作也轻松了许多，老师与学生的矛盾也逐渐减少。“免检区域”竞争机制的应用，使学生的合作意识得到增强，使学生与教师共同生活的环境也和谐了很多，同时也让学生感受到教师对他们的尊重。

七、发挥教师积极主导作用，创设自主管理氛围

强化学生自我教育、自主管理，并不意味着教师放手，任由学生各行其是。由于学生年龄相对较小，能力有限，因此，教师要注意发挥自己的主导作用，及时指导学生开展工作，为学生创设自主管理的气氛，引导学生积极开动脑筋，想办法，根据宿舍的特点，能动地、自主地做好自主管理工作。

在实践中，通过让学生参与宿舍管理学会自我管理，培养其自主性、能动性、创造性，真正给每一个学生一片属于自己的自由天空，让学生感受到做主人翁的成就感。通过一系列的措施，我们营造了良好的学生自主管理氛围。现在，生活区的自主管理气氛浓厚，自主管理活动有声有色。同时，利用家庭教育培养良好的自主管理氛围、培养学生的自我管理能力，也是有效方法之一。现在的学生在家里任何事都依靠家长，自理能力有所欠缺。因此，培养学生在生活中的自我管理能力也很重要，而这就需要家长的配合。教师可以打电话与家长沟通，或者等家长来校看学生时，向家长提出这方面的要求，让学生在家中自理生活，自己的事情自己管理，逐步培养学生的自理能力。总之，在生活管理中培养学生的自理意识和能力，是提高学生适应社会、走向成功的重要途径。学生的自主管理能力增强了，才能获得更全面的发展，综合素质才能提高。当然，学生自我管理的发展过程是长期的、充满矛盾的，需要教师更好地引导和激励，这就要求教师在工作中不断探索提高学生自主管理能力的方法，确保学生自主管理健康有序开展。

八、加强学生养成教育，强化学生责任意识

俗话说："十年育树，百年育人。"我们教育管理者既要做到服务育人，又要做到管理育人；既要做到教书育人，又要做到以"生本"育人。所以，育人并不是说学生在学校一个样，回到家却是另一个样。为了让养成教育更具针对性和实效性，我们必须建立起以学生为中心的"教师—学生—家长—社会"四位一体的德育管理体系。在学校，教师应严格要求学生；学生回到家后，家长对学生也要严格要求，要不断督促和强化他们，防止坏习惯的滋长，以便学生能继续深化养成教育，并让教育在实际生活中得到运用。这样，家长和教师在养成教育方面，就能达成共识，目标一致，方向一致，共

同完成教育学生的目标，让学生在成长中不断进步，在学习中不断提升，在生活中得到锻炼。

现代心理学研究证明，影响一个人的成才的因素中，非智力因素约占75%，智力因素约占25%。良好的习惯是非智力因素中最主要的方面，所以，培养良好的生活习惯和学习习惯，对广外外校的每一名学生的重要性不言而喻。诚如心理学家洛克所说："我们的身体只要从小养成习惯，它们是什么都受得了的。"为此，"润物细无声"，学生应该在潜移默化中形成良好的行为习惯，为自己的成人、成长、成才打下坚实的基础。

强化责任感是实现学生自我管理的基础。推进自我管理，必须充分重视强化学生的责任感。责任是个人对待楼层、宿舍、学校的要求，对待社会规范和社会价值等事物的态度。具有高度责任感的学生会力争为集体多尽责任，也必然会将自我管理置于重要位置，力求实现自我组织、自我监督、自我评价、自我激励的自我管理。自我反省、自我锻炼和自我监督，是学生实现自我管理的有效途径和手段，而激发和调动学生的责任心与责任感，是管理者推进学生自我管理和学校实施"人本"教育的一个重要方面。

总之，生活部十分重视对学生自我管理能力的培养，不断加强对学生干部队伍的培训，加强学生自主管理队伍的建设。不以规矩，不能成方圆。学校有校规，生活区有宿舍规章制度，让学生以规章制度来约束自己，真正做到让住宿生有章可循、有制可依。同时，生活老师在管理上要做到以理服人、以德服人，做到言传身教，依法教人、育人，真正让学生成为自主管理的主人。

广外外校中学生作业情况调查报告

教科室

一、引言

在我国，作业问题是个由来已久的问题，但极少有学者对作业问题进行认真的研究。据可查找到的研究资料表明，大多数研究都引用了美国教育心理学家库帕等的研究结果，即在小学阶段，学生的作业对学生学业成绩的影响几乎为零。随着学生年龄的增长，作业对初中和高中学生学业成绩的影响渐趋明显。在作业的量上，初中生每天的作业总量应控制在 90 分钟内，高中生的作业时间总量应控制在每天 120 分钟以内。超出了这样的总量，作业可能会对学生产生负面效果，如厌学情绪等。①

这样的研究结果是否适用于我国的教育教学现状，是一个值得商榷的问题。首先，如何界定和评价学生的学业成绩？测试的题目、内容与作业是同质的吗？美国学者 Alfie Kohn 对以往的研究提出了质疑，他就如何进行测试而得出作业与学业成绩的关系问题，他以一个有趣的例子反驳了这个结论：如果在前一天晚上让学生背诵美国副总统的名字，第二天早上就让学生默写副总统的名字，记得多的学生得分多，这当然可以解释学生的作业与学业成绩关系紧密了。其次，作业有多种类型，什么类型的作业对学业成绩的提高更有效呢？再者，学生学习多个科目的课程，作业对提高哪个科目的学业成绩最有效？最后，谈及作业量的问题，事实上，我们关于作业时间的所有数据来源都是学生，学生向研究者汇报的作业量误差会有多大呢？这些问题同样受国外一些学者的质疑。中华人民共和国国家教育委员会《关于全面贯彻教育方针，减轻中小学生过重课业负担的意见》中强调，作业的分量和难度要适当。初中各年级不超过 1.5 小时（按中等水平学生完成的时间测定），高中各年级每日作业量由各省制订。

我校是一所寄宿制学校，学生的作息时间都在学校的管理范围内。对作

① 任宝贵．国外家庭作业研究综述［J］．上海：上海教育科研，2007，(3)．

业进行精细化管理，既是“生本”教育教学理念的内容之一，更是对学校“轻负荷，高质量”办学理念的延续。综上所述，国际上关于作业的研究一直争论不断，而我们的学校与教师关于作业的研究与管理，更是还有很长的路要走。

二、研究方法

（一）测量工具

本调查采用自编问卷（问卷调查前，尚未做问卷的信度和效度分析，这是此次调查研究的硬伤），调查内容包括学生对作业的认识、学生对作业时间的管理、学生做作业的习惯、影响学生交作业的因素、教师对作业的设计与批改等方面。除此以外，问卷设有一道开放题目：关于作业，我想说的三句话。

（二）调查对象

调查对象为我校非毕业班的学生。问卷回收率为99.5%，根据抽样统计，有效问卷为84%。

（三）数据处理方法

本调查通过Excel表进行数据录入，用SPSS17.0进行数据分析。抽样的样本总数为300，每个年级有75人。调查采用了列联表、单因素方差分析法、独立样本T检验的分析方法。

三、调查结果

寄宿制学校涉及作业的人主要是学生和教师，本文将分别从这两个维度阐述调查结果。第一部分内容为学生对作业的认识、作业习惯与后续反馈；第二部分为教师设计与批改作业的情况。

1. 学生对作业的认识

此项调查在问卷中体现在前六个题目中。调查学生对于“做作业是学生角色的职责”的理解、作业对于学业成绩的作用、作业对于培养个人独立完成人生使命的责任感的理解。这6道题目为反向得分题，将各项得分反向处理，选择符合、部分符合、不符合的得分分别为3、2、1分。

总体来看，超过60%的学生对作业的作用持认同态度，包括作业是一种有效的复习、巩固知识的学习方式，可以反映自己对知识的掌握情况，发现不足等。做作业的过程有助于锻炼思维能力，因此，学生必须按时、按要求完成作业，这是学生的职责。作业中做错的地方，最终还是要自己完全弄明白，才算达到了做作业的目的。

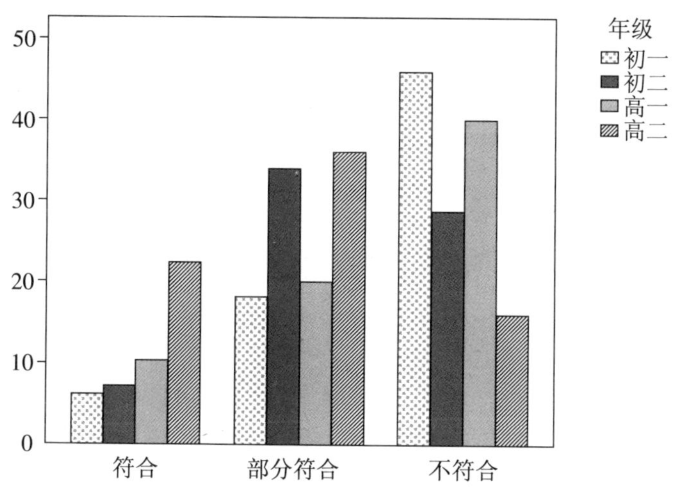

图 1　独立完成作业与责任感

据第 4 题“我认为，做作业的过程有助于培养我独立完成人生使命的责任感”的调查结果来看（见图 1），8.2％的初一学生完全肯定做作业与培养责任感之间的关系，而高二的学生中，则有 25.7％的学生完全肯定了这一点。从调查数据我们可以知道，随着年龄的增长，年级越高学生对作业的深层意义的理解越到位。

据第 27 题“完成作业对我来说有成就感”和第 29 题“总的来说，我觉得自己享受做作业的思维乐趣”的调查显示，总体上，四个年级中，共有 32.9％的学生对完成作业有成就感持完全肯定的态度，21.8％的学生完全肯定了作业带来的思维乐趣。其中，随着年级递增，学生体验到的成就感与思维乐趣都在递减，18.2％的学生完全否定了在作业过程中体验到的思维乐趣。对于作业的其他方面的认识，做作业的体验年限越长，学生对作业的积极作用就越不肯定。具体各年级学生关于作业的成就感与思维乐趣的体验，分别见图 2 和图 3：

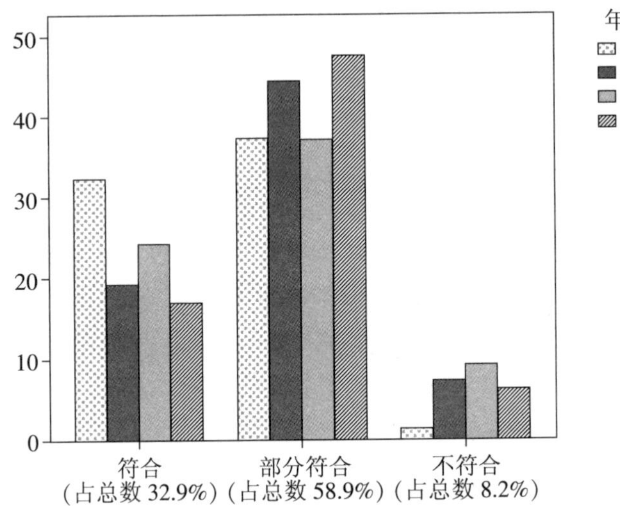

图 2　学生的作业成就感

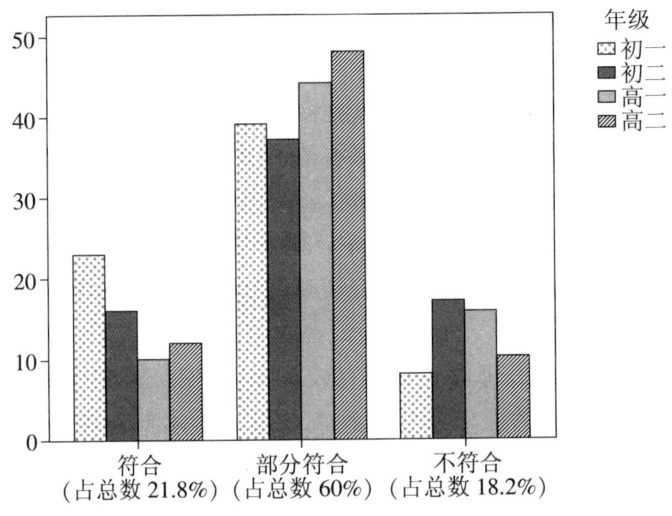

图 3　学生享受作业的思维乐趣

2. 学生的作业习惯分析

此项调查在问卷中的体现如下：

第一，时间管理：第 8、9、10、11 题。这四个题目调查学生主动安排和利用课余时间做作业的情况以及学生能否在规定时间内完成作业的情况。

第二，作业过程管理：第 14、15、16、17、19、21、26 题。这 7 个题目调查学生是否会先复习再做作业；遇到难题的时候，学生是否会努力独立完成，以及向教师、同伴寻求帮助的情况；学生对于“完成作业”本身以及“完成质量”的态度。

第三，影响交作业的因素：第 22、23、24、25 题。这四个题目调查学生对文理科、主副科的认识对作业顺序的影响；科任教师对作业管理的影响，从中可以得出学生主动或被动完成作业的情况。

第四，对教师发回来的作业及评讲作业时学生的应答情况：第 34、36、37、38、39 题。这五个题目调查学生对作业结果的关注方式与程度；学生是否有订正作业的习惯；学生对教师讲评作业的态度。

（1）时间管理

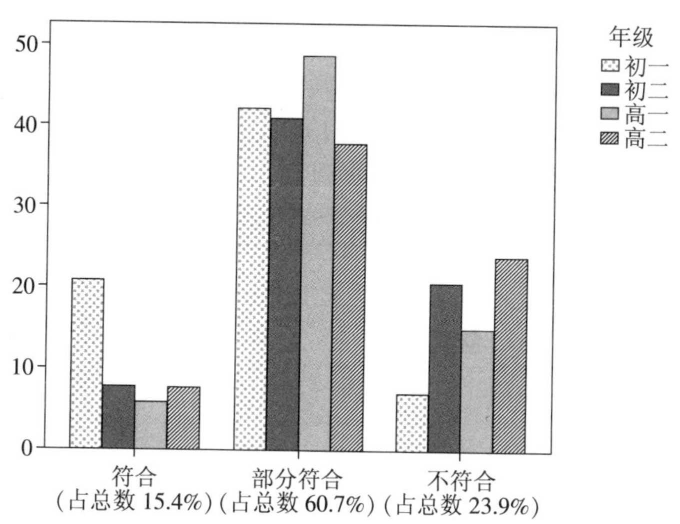

图 4　各年级学生利用课余零碎时间写作业的情况

根据“我会利用可以利用的零碎时间来做作业”的调查结果（见图 4）可知，15.4%的学生明确表示自己善于管理课余时间，能够利用一切可以利用的零碎时间来写作业。其中，初中一年级有更多的学生利用课余时间来完成作业。

表 1　晚自习结束时学生完成作业的情况

选项	年级	初一	初二	高一	高二	合计
未完成	计数	8	8	27	22	65
	占年级总数（%）	11.4	11.4	38.6	31.4	23.2

续表

选项	年级	初一	初二	高一	高二	合计
两可	计数	23	37	28	33	121
	占年级总数（%）	32.9	52.9	40.0	47.1	43.2
已完成	计数	39	25	15	15	94
	占年级总数（%）	55.7	35.7	21.4	21.4	33.6

根据调查（见表1），我校学生做作业的时间大多集中在晚自习时间。根据以上表格可知，在晚自习时间内，更多初一、初二的学生确定能完成作业。而高一、高二的学生，确定不能在规定时间内完成作业的学生群体超过年级总数的33%，只有20%的学生是确定能完成作业的。

学生的作业时间与作业量有直接的关系，下表2是初一、初二学生主观认为平均每天花在各科作业上的时间统计：

表2 初一、初二学生每天各科的作业时间分配情况

人数 / 选项	初一			初二			
	语文	数学	英语	语文	数学	英语	物理
1	22	6	28	22	10	22	27
2	38	38	33	38	36	34	38
3	10	26	9	10	24	14	5
总计人数（名）	70	70	70	70	70	70	70
总计时间(分钟)	128	160	121	128	154	132	118

（注：1为20分钟以内；2为20～40分钟；3为40分钟以上）

将表2中的1、2、3选项分别转换为1、2、3三个单位时间来计算，初一学生语文、数学、英语三科所占用的时间比例为128∶160∶121；初二学生语文、数学、英语、物理四科所占用的时间比例为128∶154∶132∶118。初一、初二学生每天的作业时间分配共性为学生花在数学学科上的时间最多。

表 3　高一学生每天作业的时间分配表

选项	语文	数学	英语	物理	化学	政治	历史	地理	生物
1	57	11	51	26	28	37	53	41	37
2	10	31	16	40	38	23	15	26	29
3	3	17	1	4	4	5	2	3	2
4	0	11	2	0	0	5	0	0	2
总计人数（名）	70	70	70	70	70	70	70	70	70
总计时间(分钟)	86	168	94	118	116	118	85	102	109

表 4　高二学生每天作业的时间分配表

时间	语文	数学	英语	物理	化学	政治	历史	地理	生物
1	45	1	37	28	23	60	59	57	31
2	21	26	28	31	29	8	9	11	33
3	3	25	5	9	11	2	2	2	5
4	1	18	0	2	7	0	0	0	1
总计人数（名）	70	70	70	70	70	70	70	70	70
总计时间(分钟)	100	200	108	165	142	82	83	85	116

（注：选项 1、2、3、4 分别代表 1、2、3、4 个单位时间，每个单位时间约为 30 分钟）

从表 3、表 4 可以看出，总体上，学生花在数学、物理、化学和生物上的时间比其他科目要多，其中以数学居首。另外，高一年级学生做政治作业的时间与做物理、化学作业的时间相当，这是一个显著的现象。

（2）作业过程管理

第一，先复习后作业的习惯。据统计，8.2%的学生会先复习后做作业。其中以初一学生居多，年级越高，有先复习后预习习惯的学生越少。

第二，做作业的过程是否专注。学生常常在做作业的过程中找机会与同学聊天，这样的情形大多发生在初二和高一，每个年级大约有 40%的学生会有这样的情况。然而，初一和高二的学生在做作业时表现得比较专注，每个

年级约有12%的学生肯定自己有这样的习惯。

第三，遇到难题时面对各种选择的表现。学生做作业遇到难题时有三种表现：一是力求独立探索完成；二是向教师求助；三是向同学、同伴求助。据统计，有1/3左右的学生在面对困难时肯定地持积极态度解决，约有13%的学生在面临作业难题时是不做任何努力的。然而，这两部分群体在具体的不同年级内，表现还略有不同，可以解释为随着作业年限的不同，不同年级学生对待作业难题的态度有渐变的过程。分别见图5和图6：

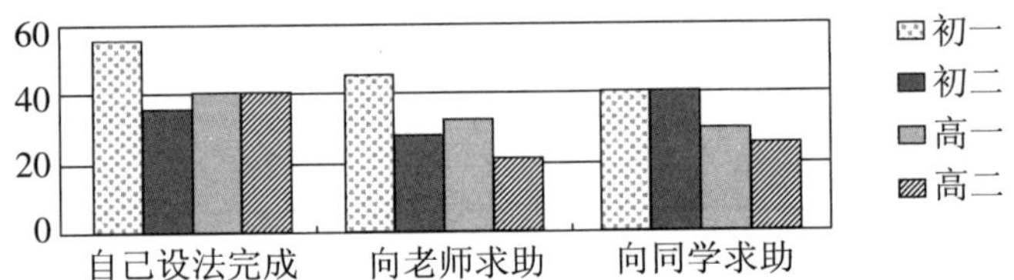

图5　持积极态度解决作业难题的学生情况

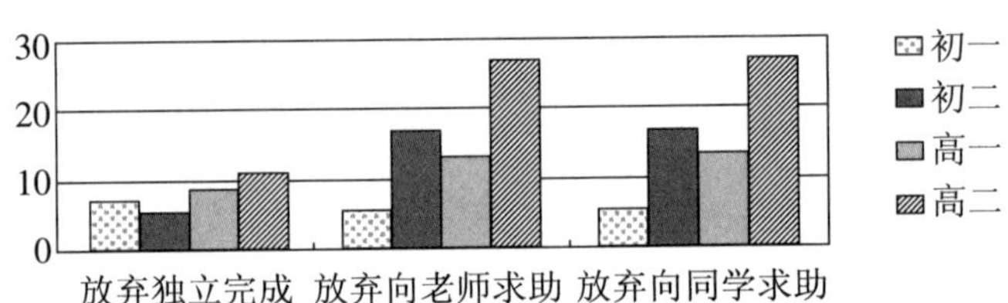

图6　持消极态度解决作业难题的学生情况

由以上两幅图可以看出，做作业的年限越长，持积极态度解决难题的学生比例越低，持消极态度的学生越多。

(3) 影响交作业的因素

第一，文理科观念对于提交作业紧迫性的影响。据调查，有37.9%的学生明确表示会"先做理科的作业，后做文科的作业"。以文理科顺序来做作业的现象在初中一年级并不明显，而随着年级的递增，以理科作业为先的现象越加突出（如图7）。

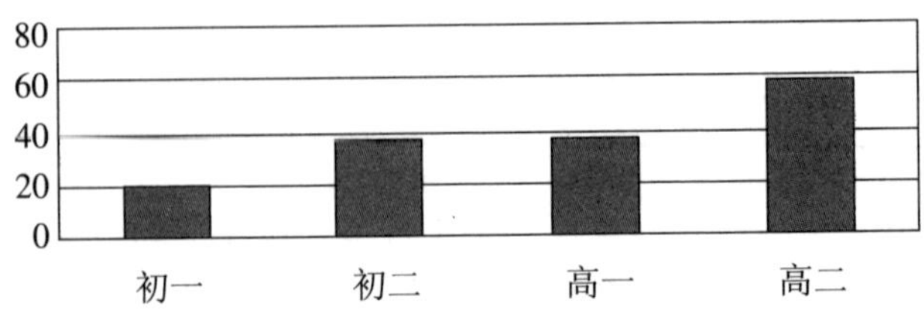

图7　各年级学生"理科作业优先"情况

第二，“主副科”观念对于提交作业紧迫性的影响。根据第 23 题“我总是先完成‘主科’作业，再考虑完成‘副科’作业”的调查显示，初中学生的“主副科”观念明显强于高中学生；高二学生的“主副科”观念强于高一学生。其中一部分原因在于，升学考试科目的确定性决定了学生心目中的“主副科”观念。因此，我们可以说，作业科目是否属于升学考试科目直接影响了学生完成与提交作业的紧迫感（如表 5）。

表 5　主副科因素影响作业提交的情况

<table>
<tr><td rowspan="8">第 23 题：我总是先完成“主科”作业，再考虑完成“副科”作业</td><td rowspan="2">选项</td><td></td><td colspan="4">年级</td><td rowspan="2">合计</td></tr>
<tr><td></td><td>初一</td><td>初二</td><td>高一</td><td>高二</td></tr>
<tr><td rowspan="2">1 符合</td><td>计数</td><td>43</td><td>43</td><td>8</td><td>33</td><td>127</td></tr>
<tr><td>年级中的百分比(%)</td><td>61.4</td><td>61.4</td><td>11.4</td><td>47.1</td><td>45.4</td></tr>
<tr><td rowspan="2">2 部分符合</td><td>计数</td><td>19</td><td>18</td><td>31</td><td>24</td><td>92</td></tr>
<tr><td>年级中的百分比(%)</td><td>27.1</td><td>25.7</td><td>44.3</td><td>34.3</td><td>32.9</td></tr>
<tr><td rowspan="2">3 不符合</td><td>计数</td><td>8</td><td>9</td><td>31</td><td>13</td><td>61</td></tr>
<tr><td>年级中的百分比(%)</td><td>11.4</td><td>12.9</td><td>44.3</td><td>18.6</td><td>21.8</td></tr>
</table>

第三，不交作业的后果对提交作业的影响。

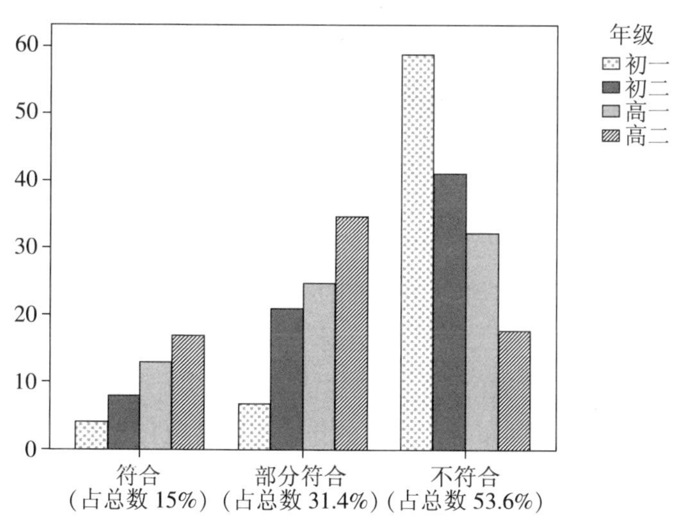

图 8　不交作业的“后果”影响作业提交情况

根据对第 25 题“如果不交作业的后果不严重，我可能会不交作业”的调查（见图 8）可以看出，有 15%的学生明确表示，如果不交作业的利害关系不大，他们会放弃做作业。图中不同选项的学生群体在各年级的人数分布情况表明，年级越高，学生完成作业的积极性、主动性越差。

4. 如何面对作业反馈

第一，对作业结果的关注情况。调查结果表明，36.4%的学生在提交作业后仍关注作业的成效，想知道自己完成得好不好；18.9%的学生表示完全不关注作业的效果。

第二，作业订正情况。约 33%的学生会及时订正作业出错的部分，约 10%的学生没有订正作业的习惯。

第三，面对作业评讲的情况。教师评讲作业时，约有 60%的学生表示会仔细听，找出自己作业出错的原因；5%的学生表示不关注作业评讲。

（三）教师设计、辅导与批改作业情况

此项调查在问卷中的体现如下：

第一，作业设计情况：第 28、30、31、32、33 题。调查作业题目的设计是否经过精选；作业是否富含吸引学生的知识或信息；是否有纸笔以外的作业类型；作业是否是分层布置。

第二，作业辅导情况：第 20 题。调查学生做作业的过程是否能够得到教师的个别辅导。

第三，教师批改作业的情况：第 35、40、41、42 题。调查教师批改回发作业的周期；教师是否在作业上写批语。

1. 作业设计情况

据第 28 题“总的来说，我感觉各科作业题都是经过老师精选的”统计结果表明，约有 29%的学生认为作业的题目是由教师精选出来的，其中一半是初一年级的学生，高二年级学生对“作业是经过精选”的认同最低；15.1%的学生不认为所做的题目是老师精挑细选的（见图 9）。

根据第 30 题“老师布置给我们的作业中常常包含有趣的知识和新鲜事物”和第 32 题“除了纸笔的作业形式，老师还给我们设计了其他类型的作业”及第 32 题“老师布置给学习程度不一样的学生的作业也是不同”的调查数据（分别见图 10、图 11、图 12）表明，学生认为教师并未精心设计作业，体现在：①作业的形式上，主要是纸笔作业，形式单一；②作业的内容上，未能引起学生对学科的学习兴趣，做作业的过程中自己也缺乏思维乐趣的体验；③作业的难度上，作业没有体现出依据不同程度而分层设计作业的特点。

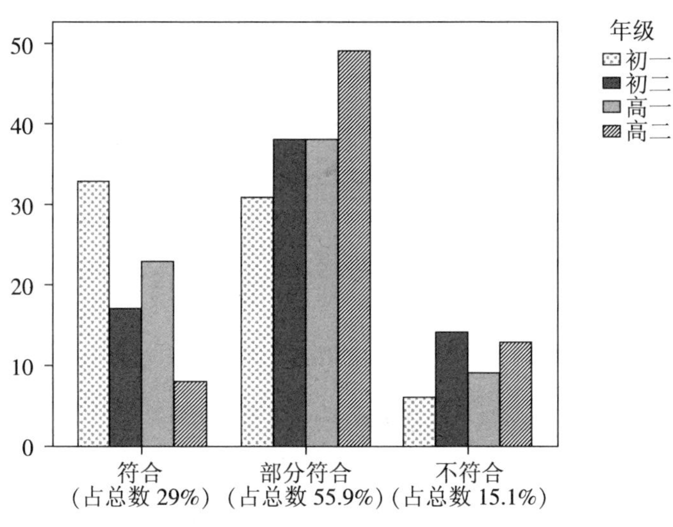

图 9　不同年级学生对于作业是否精选的判断

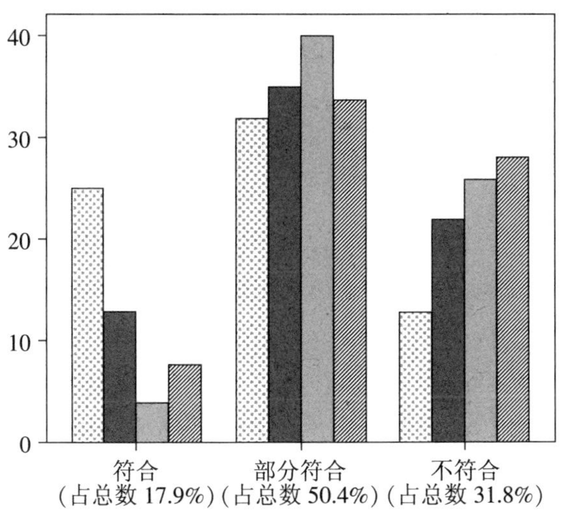

图 10　学生对作业内容的判断

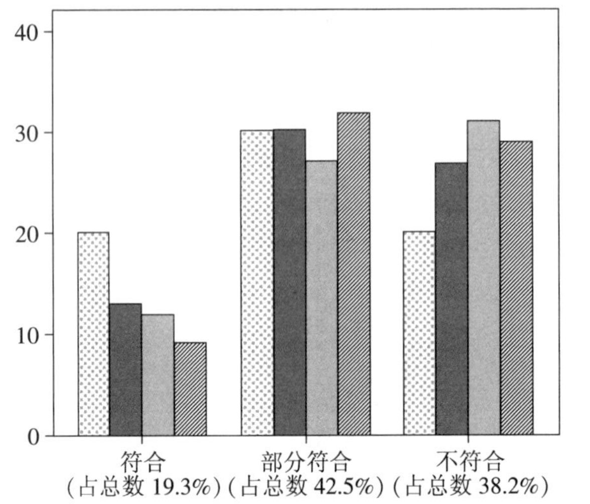

图 11　学生对作业形式的判断

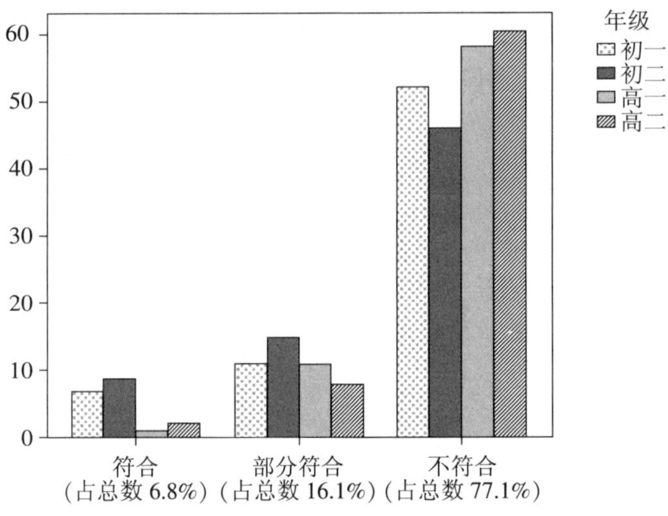

图 12　学生对作业形式的判断

2. 作业辅导情况

据统计，在做作业的过程中，明确表示能获得科任教师个别辅导的学生占 9.6%；明确否定能获得辅导的学生占 60.4%。

3. 教师批改作业的情况

依次对第 35、40、41、42 题的学生选项进行单因素方差分析，即在教师能及时批改作业并发回、对作业评语的认识等问题上，所得出的P值都大于0.05，也就是说，四个年级的学生对教师批改作业情况的判断是没有显著差异的。总体来说，超过一半的学生认为教师会及时批改作业，并且会很快发回来，其中初中一年级学生所占的比例最大。

根据对第41题“我挺在乎老师在我的作业上写什么评语”的调查数据表明，超过一半的学生对作业评语有较高的期待，超过60%的学生认为作业评语是师生交流的一种有效方式。实际上，教师在学生作业上并未表现出其已充分利用了这一沟通方式（如表6）。

表6　对教师作业评语的情况调查

		频率	百分比	有效百分比	累积百分比
有效	1. 符合	154	55.0	55.2	55.2
	2. 部分符合	81	28.9	29.0	84.2
	3. 不符合	44	15.7	15.8	100.0
	合计	279	99.6	100.0	
缺失	系统	1	0.4		
合计		280	100.0	4 分析与讨论	

第一，关注作业有明显困难的学生。美国一些学者质疑当前学校里学生作业的作用，提出“哪怕作业不会降低学生的学习成绩，但是，对于那些学习困难的学生来说，是一点点帮助也没有的”。各项调查均显示，大约有15%的学生存在明显的作业困难。比如，有不良的作业习惯；因作业的难度超出自己的能力，在规定时间内无法完成等。对于这部分学生，当前的日常作业非但对他们的学业成绩没有帮助，反而会产生负面的效果。如学生对学科学习兴趣减退、自我认同感下降等。

第二，关注学生的自主发展空间。问卷中的第12题“我在学校常常阅读自己喜欢的课外书”和第13题“我常常有时间参加课外活动”分别调查学生在课余时间参加课外活动和阅读课外书籍的情况。调查表明，部分学生过着课堂之外无课余活动、教材之外无书籍的校园生活。这对于学生自主发展空间的拓展至少不是一个有利的因素（见图13和图14）。

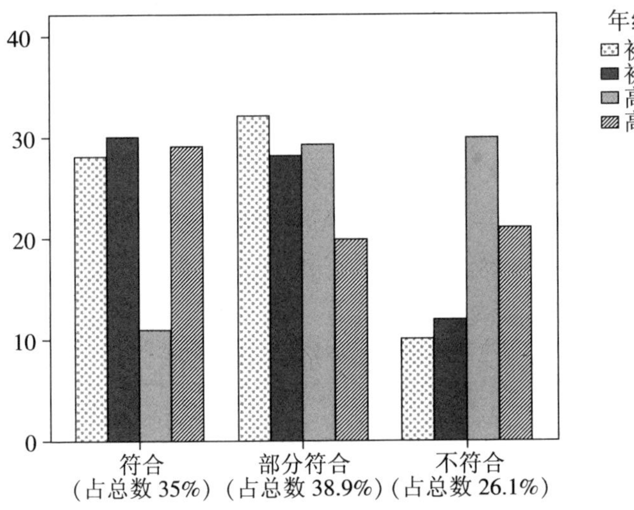

图 13　学生在学校阅读课外书的情况

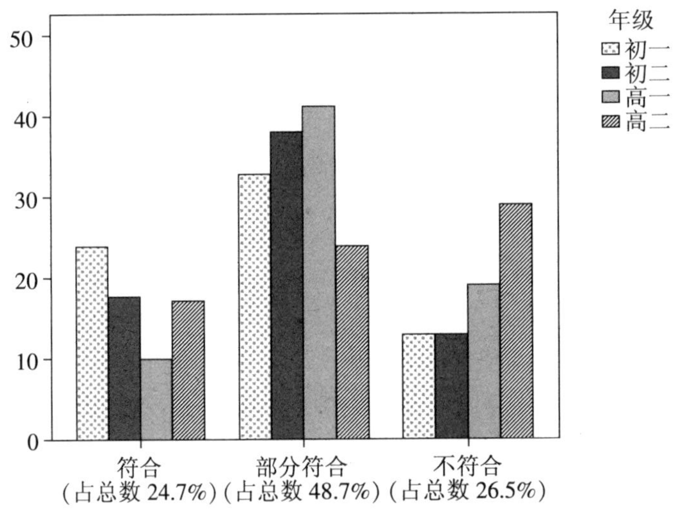

图 14　各年级学生参加课外活动的情况

由上图可知，高一年级有课外阅读活动的学生较少。除此之外，随着年级的递增，高中学生明显比初中学生课外阅读少。学生参加课外活动调查的结论与此类似。

第三，关注学生在公民品质方面的培养。总体来看，有相当一部分学生对做作业缺乏主动性。在学生当中，普遍存在一种“先权衡不做作业的‘后果’再做作业，在规定时间内没完成作业时，采取抄袭作业的方式应付作业”的现象。且不论作业对于学生学业成绩提高的帮助，仅就学校培养公民的优秀品质，如个人责任感、诚信等而言，至少作业这一事件对一部分学生存在着负面的影响。

当我们把解决问题的着眼点放在作业上的时候，我们很清楚，并非靠作业一项就能解决所有的问题。但是，对作业进行质与量的优化管理，包括作业在形式上、内容上、难度上的分层设计，尽可能充分地发挥出作业本身的作用，至少有助于解决此次调查中出现的问题。比如，让更多的学生能主动地独立完成作业；增加自我效能感；激发学科学习的兴趣；培养对自己负责的意识等。

阳光小组 灿烂班级

——班级小组管理模式探索

詹 荣

我班主题为“天天向上”的家长会正处在热火朝天的筹备中。最后一环节——黑板的布置，我班采取了“以组为单位，全员参与设计，而后评选最佳设计方案”的形式。中选的小组将负责第二天家长会时黑板的主题书写和配画。学生都很积极，很快就在下午陆续展示了他们的作品（见下图）。

令我印象最深的是最后那幅设计图，他们小组的彤在介绍设计理念时，指着下面那一排由矮到高的小树，对我说：“詹老师，你看这些小树，它们代表着我们班 42 个同学，在爸爸妈妈和老师的关爱下天天向上，茁壮成长！”尽管和他们相处快两年了，但我仍然觉得很惊讶，毕竟他们只是二年级的学生，在他们设计之前我并没有做任何指导和说明，甚至我只是希望他们能设计得好看一点，没想到他们还会在设计中根据主题，画出一些富有象征意义的画。

望着台下的学生，我再次感到，在班级管理中，只要我们能充分尊重学生，发挥学生的主体作用，就能时时感受到他们强大的自我发展能力。回顾这一年多的班级管理成长历程，一幕幕又浮现在眼前。

一、科学组建小组，组名个性化

2012 年 9 月，我迎接了一群看似懵懂无知的孩子。教学中，我根据“生本”理念推行小组合作教学。在课堂上，根据他们学习能力的不同将他们分成了 10 个小组。在各小组竞争中，在小组成员互助中，学生的课堂学习习惯很快就养成了。而后，小组管理功能，由教学课堂慢慢地延伸到班级管理中。为了方便课堂教学小组合作，也考虑到接下来的班级管理，又将学生重新分组。除了考虑学生学习能力的不同外，还根据每个学生的行为习惯、表现欲望、性格特征、责任心的强弱等各方面因素，让他们构成强弱搭配、性格互补、基本情况相近的同质小组，既使不同层次的学生相互影响、相互帮助、共同进步，又有利于小组间平等地展开竞争。同时，我又引导他们每个小组选取一个组名，创编小组口号。比如，把性格较内向、胆小的宝靖和外向、活泼的惠君同分在“叮当组”——叮当叮当，学习响叮当；把纪律意识缺乏、自我控制力差的凯夫和自制力强的佳杭分在了“小虎组”——小虎小虎，生龙活虎。我的班级小组管理模式，也就在这样一些细小环节中慢慢形成了。

二、实施评比量化，管理竞争化

“少成若天性，习惯如自然。”低年级正是学生培养良好习惯的关键期。成立小组后，我把每月、每周的养成教育点放在小组量化管理中，让学生在组和组之间竞争，组员和组员之间竞争，从而不断强化学生的规则意识，使之形成明确的是非观，提高自我控制能力。

为此，我采用了一个“阳光小组”评比机制。每月由老师和班长分别从作业完成、课堂表现、活动、纪律等多方面对 10 个小组进行评比打星，月末得星最多的一组即为本月的“阳光小组”。同时，在各小组组员中，每周进行一次评比，并制订评分细则表，每周每位同学自动生成 100 分，表现好的同学继续加分，表现不好的同学扣分，由组长负责，每周每小组评比的前两名学生可获得“阳光孩子”的称号，并在后面的评分栏里获得贴纸一张。

令我印象深刻的是一个关于排队的故事。

低年级的学生排队时，总是慢吞吞的。为此，我曾经对学生强化训练过好多次，讲道理、提要求，但一段时间后他们又会忘记。我一直为此头痛不已，直到一次美术公开课的课前排队。

那节课学生需要去美术室上课，因为课堂上需要分小组坐，所以在排队时，我就要求5个小组组长带队站左边，其余5个小组组长带队站右边。“组长负责啊！我们来看看哪一个小组最快、最安静！”说完，我转身去拿口哨。可当我拿完口哨回到教室门口时，发现学生已经安静地站在那里，并且站得很整齐，我忍不住笑了。当我把众多学生分为10个小组时，那么复杂的问题原来可以变得这么简单。后来，我从一本心理学书中找到了答案：当孩子处于一定的小集体，并对小集体有了认同感后，小集体对他们的影响是巨大的。集体的期待、暗示，往往能够成为孩子进步的巨大动力。同时，小集体的荣誉感和集体自尊心，也能够促使孩子努力向前。所以，组员之间会互相提醒，组长会不断鼓励。学生排队难的问题就这样轻而易举地解决了。从此，我班不再按个头高矮排队，而以小组为单位排队。

三、实施动态管理，注重激励化

这是一节班会课，按照惯例，又到了一月一总结的时候。在表扬那些“阳光小组”和“阳光孩子”时，我突然看到了几个没有获奖的学生很不情愿地象征性地拍了几下手。“嘿，还不服气?”我心里暗暗说道。于是下课后，我便跟他们聊了聊，谈话间，一个学生大有“破罐子破摔”的意思，歪着头说：“哎，反正我们小组是评不上‘阳光小组’的!”学生看不见“阳光”的神情让我陷入了沉思。是呀，每次的评比，总是那么几个小组获得奖励，我是不是应该隔一段时间，就要做一次适当调整，让每一个学生都有重新起跑的感觉呢?于是，在后来每一次的“大奖励”后，我都会让各小组适当调整，或重新分组，以继续保持各组的相对同质性。这种动态的构建方式，保证了竞赛的“可比性”，维持了学生参与竞争的积极性和进取心。

后来，我一直坚持根据学生的变化而定期改变小组评比量化管理制度。如一年级下学期，为了加强每个学生的班级管理参与意识，我每周在评比表上留下空白，小组自行确定养成教育点，然后根据这一栏进行评比打分（见下表)。

二年级（4）班“阳光孩子”评比表

第（　　）周　＿＿＿＿＿小组　计分人：＿＿＿＿＿

姓名	时间	课堂作业	集队眼操	个人卫生	晚自习	宿舍纪律	其他	基础分	总分
	周一								
	周二								
	周三							100分	
	周四								
	周五								
	周一								
	周二								
	周三							100分	
	周四								
	周五								
	周一								
	周二								
	周三							100分	
	周四								
	周五								
	周一								
	周二								
	周三							100分	
	周四								
	周五								

（组长互查，相互约束，希望每个学生的生活学习都充满阳光）

利用小组资源，每个学生不断地向自己提出新的目标，形成“自己每取得一点进步，就会有一个新的奋斗目标呈现在面前”的激励机制。

比如，二年级上学期，学生认字、写字能力加强后，我要求每个小组开始写小组周记。每个组员记录一天，最后一天就由扣分最多的同学写出下周努力目标。学生通过这样的文字记录进行反思，慢慢地由他律转为了自律。

又如，二年级下学期，针对班级的个别问题生，各小组自行讨论出了如何帮助他们进步的方案，有提醒法、记录督促法、扣分说明法、汇报家长法等。这些都是组员们自己想出来的，他们享有充分的民主权。记得一次在“关于班里佑铭的行为纠正行动”中，组长跟我说到一点，佑铭的宿舍柜子里总会有很多袜子和内裤，当时我随口说道：“哦，这应该是他妈妈的原因了。”可组长马上反驳道：“怎么会是阿姨的原因呢？肯定是佑铭自己回家没有告诉妈妈他宿舍还有多少袜子和内裤，阿姨才不知道的啊。”我一愣，随即对他们的观点表示赞同。他们并没有因为常理中的“师道尊严”而对我绝对认同。我享受着和学生平等相处的幸福感。

四、实施轮岗制度，注重责任化

以前做班主任时，自己总是处于“老母鸡”状态，天天唠唠叨叨，事事亲力亲为。我总感叹现在的孩子，家庭环境优越、娇宠太多，导致他们纪律散漫、责任缺失。我总为任命的班干部一阵新鲜劲过后却指望不上而生气。

但现在，当我把庞大的班级管理精化为小组管理时，学生的责任心也就得到了充分的培养。我们实行“小组轮岗”制度，每个小组轮流值日一周。值日当周的小组长就是班里的值日班长。从早读管理到课间安全督察，再到课堂纪律、教室卫生、眼保健操、英语跟读检查等，都由这个小组组员自行分工完成。到了周五的散学安排，值日小班长先就本周小组值日情况进行总结，而后全班同学对他们进行评价，最后投票推选出一位最具责任感的优秀值日生。在这样的过程中，我看到的更多的是学生灿烂的笑容，看到的是班集体凝聚的力量。我相信，这责任与信任会让他们一生受用。

前不久看到这样一句话：“告诉我，我会忘掉；给我看，我会记住；让我参与，我会理解。”我想，班级小组管理模式的最大特点就是，让每个学生都参与班级管理的想法变为了现实。学生始终以一个参与者的身份和老师并肩站在一起，教室里充满着尊重、民主、信任和愉悦。有了这样的小组，我们的班级又怎能不灿烂呢？

【参考文献】

[1] 郭思乐．教育走向生本［M］．北京：人民教育出版社，2001.
[2] 魏书生．班主任工作漫谈［M］．桂林：漓江出版社，2008.

第二辑

德育篇

学校对人的培养，绝不只是让学生获得“高分”，更重要的是对学生德性的培养。德育不仅仅关系到学生个人的发展，更关系到整个社会的发展。“先做人，后成长”的育人理念体现了广州市广外外校对学生德育的重视，贯彻了以人为本的思想。在本辑中，教师从学生、班级活动、学校社团等方面，围绕着促进学生成长、培养高素质的人才展开论述，充分体现了该校的育人特色。

站在学生的立场做德育

陈　莲

“站在学生的立场”要求我们关注学生的成长和发展的需要。而站在学生的立场做德育，彰显的是一种对学生人格、尊严的尊重，对学生自信、勇气、能力的培养，对学生创新精神、独特思维积极稳妥的扶植。“生本”理念倡导教育的每一个细节都应该充满着对人的理解、尊重和信任，体现出民主与平等的现代意识。

上面提及的思想与我校创办伊始倡导的办学理念“对每个学生的终身发展负责，培养走向世界的现代人”是一脉相承的。负责德育工作的部门，要思考的是该如何把这种先进理念一点一滴地落实到学生管理、班级管理、年级组管理中去，落实到每一项工作流程、工作制度和方法中去，渗透到班风、级风、校风、学风建设等方方面面中去，形成有思想性、整体性、系统性的德育工作模式，真正地站在学生的立场为学生的成长服务。

一、创设自主管理的舞台

站在学生的立场思考德育，最重要的一条原则就是把“为教师容易管理而设计的管理”改变为“为学生发展而设计的管理”。教师不能把学生作为一个道具，而是要尊重学生的人格，尊重学生的生命需要，依靠学生进行自主管理。只有在没有任何外力影响的情况下，学生能真正地自主了，我们才算是为他们的终身发展负责了。

自主管理是自主意识与能力内化为自导自控行为，达到自我理性成长的活动过程。为了强化过程育人，我们要激发每个学生自主管理的意识，作为学生管理部门，要想方设法为他们搭建更多的自主管理的平台：

1. 改变班干部的设置，人人都有机会当班干部。各班级可成立 3～4 套班委班子，每一套班委班子实行一周至一个月的任期制，人人参与管理。要全面培养学生的自主管理能力，必须定期变换管理角色，为每个学生提供实践的平台。每套班委班子都要利用班会进行施政演说，同时接受全班学生的

监督，任期结束后需要陈述总结，接受全班学生的评价。

2. 以生为本，优化晚自习自主管理制度。为培养学生自我教育、独立、自主的意识，实行晚自习自主管理制度，包括三个阶段：首先，利用晨会和班会大力向学生宣传，激发学生自主管理的欲望与激情。其次，班委提出自主管理的书面申请，经全体学生、班主任签名认可后提交年级，经年级审批、学生处备案后将申请书张贴在教室内。年级安排值周学生、学生会代表、值日教师进行三个层面的检查评价，对于评价优秀的班级，在晨会上授予优秀自主管理奖，并纳入日常考核中，检查评价不过关的班级需要重新整顿，见效后才能有资格重新申请。最后，在年级各班全面实施晚自习自主管理制度，但根据学生自主能力的高低随时进行调整、教育，三个层面的检查结果汇总不理想的班级，取消两周自主管理的资格，恢复时需要班委提出书面申请。经过这三个阶段的操作，在晚自习时，各个班级基本能实行自主管理。所以，站在学生立场的德育管理不是放任，而是放手；不是无目的、无方向的放手，而是有计划、有选择、有调控的放手！

3. 常规管理施行班级主题值周制。每个年级每周安排一个班进行值周，值周包括两个内容：日常管理和主题调研。日常管理就是对各班的一日常规进行督导检查，内容涵盖仪容仪表、晨会纪律、课间活动、教室和宿舍卫生、就餐秩序、就寝纪律等；主题调研就是值周班学生围绕教育、教学、管理、学习、活动、生活等令学生感兴趣的热点问题，确定若干个主题，在学校展开调查研究，并及时向年级、学部汇报，为年级建设、学校发展献计献策，真正让学生参与德育管理。例如，下面是初一某个班级做的主题调研：

发现的问题一：新生对接二连三的活动有一种不适、胆怯的感觉，不知如何去参与。

解决措施：在新生年级，召开新生入学培训会，激发新生参与活动的积极性与自信心。各班级要主动把活动名额分配给新生，班委中的核心领导要让新生占有一定的比例。

发现的问题二：学生希望成立社团，自己组织喜爱的活动，但不知该如何操作。

解决措施：主动与团委合作，取得团委的支持，最后成立几个社团，比如，国画社、书法社、街舞社等。

这种以值周班级为单位的主题调研，既能锻炼学生的统筹能力、协调能力、管理能力，又能增强他们作为主人翁的责任感和自豪感，让他们实实在在地感受到这个学校是他们成长的家园。

二、打造能力培训的平台

学生要实现自主管理、自我发展，要把握以下两点：一是要有信心，相信自己。自信是自主管理的关键，学生需要在自主管理的过程中有自我反省、自我教育、自我激励、自我评价、自我调节的自信，使自主管理成为自己的自觉行为。二是具有三元意识，掌握自主管理的思维要素。自主管理并不是随心所欲，没有方向，没有计划的。在自主管理的过程中必须时时考虑三个基本问题，即三元意识：做什么——自定任务，目标意识；怎么做——自我计划，实现意识；做得怎样——自我检查，总结意识。让学生具备这些能力，就需要从各个层面对学生进行培训指导：

班级层面：定期召开班干部经验交流培训会；重视并指导学生对班级活动和主题班会课的策划、实施、组织，在实践中提升学生的能力；班级内部成立互助合作小组，由小组成员自主选择指导教师，定期召开交流会以取长补短；组织学生观摩其他兄弟班级的文化建设、常规管理、主题班会的策划实施，找出本班管理的不足并加以改善。

年级层面：由班级轮流精心策划两周一次的晨会，让学生参与年级晨会主题的策划、主持、发言、总结等环节；成立年级学生分会，定期组织有经验的教师和校团委学生会的成员开设培训讲座；鼓励学生深入参与年级的常规管理、活动策划、宣传报道。

学生处层面：分层次开办学生干部各级培训班。其中，开设什么内容？谁来开？这一切不是由学校来决定，而是由培训班的学生自己说了算，由他们自主讨论上课的内容。

“我希望能听到如何提高管理能力和团队影响力的课。”

“我希望能听一节与中学生有关的人生规划课。”

“我希望能听到怎样提高演讲水平的课。”

“能不能安排一节活动的策划、组织、实施整套流程的课？”

……

为学生提供更多的能力培训平台，为学生寻找最合适的教育行为，为学生突破成长的瓶颈提供最有利的支撑，从而让每一个生命自由、灵动地生

长，这是每一个管理者最需要思考的着力点，而不仅仅是制订一重又一重细致严密的规章制度。

三、选择尊重学生成长的教育策略

生命健康成长是人自身的一种需要，而不是外在压力的结果，教育的一切行为都应该是为了满足儿童的这种需要，从而使他们内在的生命力和潜能得到充分的发挥。而这个教育策略的选择就是管理者需要思考的着力点。什么样的教育才有利于学生的成长？每个年龄阶段的教育策略的选择依据是什么？这些问题都值得我们思考。

很偶然的一次机会，《南方都市报》、南方电视台、广州电视台、广州少儿电视台等多家媒体在一周之内接连采访报道我校德育管理特色之一——学生“自排座位”的新举措，以下是现场采访的一个小片段。

问：你对你选的座位满意吗？

生1：非常满意，我是个坐不住的人，我挑选了一个比较文静的女生一起坐，她也很羡慕我活泼外向的性格，所以我们一拍即合。

问：你对自选座位怎么看？班主任把权利下放给学生会不会造成混乱？

生2：我觉得老师信任我们，尊重我们的选择，我们也会理性、慎重地对待这份选择权。

生3：为了顺利地完成自选座位，我们召开了多次班委会和班级学生会议，讨论制订每次自选座位的原则，对同学们提出的每一条意见都认真讨论、协商、修改、确定，直到全班同学一致通过。

问：在这个自选座位的过程中，你觉得你最大的收获是什么？

生4：我觉得有一种被尊重的感觉，感觉这个教室的每一寸空间都是我们自己的。以前都是老师让坐哪儿就坐哪儿，哪怕眼睛近视，座位分在后面，看不见也不敢反抗，现在好了，我们可以说出自己的意愿。同时也觉得和老师的距离近了。

生5：我觉得坐在自己心仪的座位上，学习的积极性比以前提高了很多。

生6：我们在制订自选座位原则的过程中，学会了与人沟通，能够倾听、尊重他人的想法，同学之间更团结、更合作了，班级的凝聚力也更强了。

问：你们自选座位大概多久换一次？每次自排座位的原则一样吗？

生7：半个学期吧，也不一定，有时也会是一个月，主要是看同学们的意见。每次自排座位的原则都是不一样的，我们也是根据实际情况不断调适、修改、补充的。感觉我们自己像在制订国家法律一样，很有成就感，嘿嘿。

生 8：我成绩不太好，这次有个成绩不错的同学主动跟我坐，每次他都很积极地帮我梳理知识点，课余时间还指导我学习，他说看到我进步他也很有成就感，我也不再像以前那样对老师给我安排的同桌有所戒备。总之，感觉很轻松。

问：作为班主任，在实施自排座位的过程中有没有遇到来自家长的压力或者同行的怀疑？

师 1：其实一开始我对这种方法是持怀疑态度的，所以刚接班时没有采用这个方法。可是后来在我刚刚排好学生座位的几天里，经常会接到家长的电话，要求我重新给孩子调位置，要求我把他们的孩子排放在成绩好、性格好的学生旁边，要求我将孩子安排到教室中间的最佳位置。今天刚满足了这个家长的要求，明天那个家长又来电话了，并且很多同学的意见也很大，我真的是忙得焦头烂额。后来我没办法了，就来学习年级建议的这种排座位法。现在这些问题都没有了，我感觉很轻松，现在每次换座位我都不用在场，只要审阅一下班委组织全班讨论形成的自选座位原则就行了，其他都是班委协调操作的。

问：作为年级的管理者，你怎么防止这个自排座位的权利被心智还不够成熟的学生滥用？

师 2：我们要转变“学生只是一个被动接受教育的主体”的观念，要相信学生有一个无限发展的可能，我们要学会充分尊重学生的发展权、参与权、选择权，让学生成为自我教育、自我管理的主体。同时学生也是学校一种重要的教育管理资源，只要引导得好，其实他们可以充实学校的管理力量，可以充分展现其在管理中的才华。人有发展的需要，渴望实现自身的价值，这是一个人成长最大的内在动力。

其实，自选座位之前，班主任有很多工作要做，它绝对比班主任直接安排座位的过程要复杂得多，但同时也生动得多。在这个过程中，班主任会享受到学生在这个参与、选择的过程中不断成长的快乐。比如，要采用很多方法跟同学们一起建立班级的共同愿景，一起策划实现这些共同愿景的措施，其中的措施之一就是大家要互相结对辅导，小组合作竞争，共同进步，这就是自选座位的最原始的动机。选择这个教育策略的目的是为了学生的共同成

长，为了每位学生之间的和谐相处，为了建立一个成员相互理解的学习家园，而不是为了让学生去寻找最好的玩伴。

四、构建自主学习的合作小组

自主管理是自主意识与能力内化为自导自控的行为，达到自我理性成长的活动过程，是生本管理的重要途径。

我们的组名叫“四人行”，孔子有云：“三人行，必有我师焉。”我们组取名“四人行”，是希望我们四个人把每个人都当成是自己的老师，互相学习、互相帮助、共同进步。

我们的组名叫“无与伦比”，希望我们的四人组合在各方面的表现都会无与伦比，这是我们共同的梦想，我们会为了这个梦想一起努力。

我们的组名叫“蜗牛”，我们组现在可能毫不起眼，像一只平凡的蜗牛，但我们希望我们每个人都有蜗牛的精神，无论遇到任何困难都能有蜗牛的韧劲和永不停止前进的步伐，哪怕是一步一步地往前挪动。

……

这是某个班自选小组成立后在课堂上阐述自己小组的命名与原因的一个片段。学生自排座位和学生成立自主管理小组是“生本”理念下的自主管理的孪生姐妹。

起始年级各班针对年级学生心理特点、常规养成教育、课堂教学、班级管理等方面的特点，陆续开展小组合作互促管理学习活动。各班对组建小组的原则、小组命名、小组学习流程、小组管理与评价等提出了细致的要求，组建小组需要注意以下几点：

1. 组建小组要均衡、公平。各个小组的学习成绩、日常表现、综合素质、男女同学人数等方面要保持平衡，大体相当。同时考虑学生的性格因素对学习生活的影响，将活泼型和内敛型学生结合起来，以增强小组的活力。在小组组建的过程中，除了保证每组内有一个学习成绩突出的学生（带动全组共同学习、共同进步），还要考虑分配一个管理能力强的学生（进行组内的常规管理）。这种均衡配置有利于每个小组进行充分的讨论，有利于学生之间互相帮助和深入交流，同时有利于各小组之间在同等条件下开展竞赛活动。

2. 选出“领头羊”。分组后，组内至少要培养出两位“领头羊”，即常规管理组长和学习组长。常规管理组长要带领全组成员制订组名、组规、组训及小组目标，还要负责检查各项目标的落实情况，对各项日常管理进行评比；学习组长则负责督促全组成员的学习，负责每个学习任务的落实及每次学习成绩测试的分析评比。两个组长的选定由学生自我推荐、小组同学选举产生。

3. 小组成员适时调整。一个小组确定后，不是一成不变的，一般是中段考后或根据具体情况加以调整，调整时要充分考虑学生的意愿。这种调整包括组员之间的调整、组长的调整，也包括小组名称、组规、组训及小组发展目标等的变化。适时调整，不断补充新鲜血液，不断扩大学生的接触面，同时还有利于防止班内出现不利于班级成长的小团体。

4. 注重自主管理方法的培训。这种培训包括两个方面：一是班主任进行定期培训，每周在固定的时间，班主任要组织组长交流，了解组员动态及组内问题，与大家一起商讨解决问题的办法，推动班集体的共同提高。二是由科任老师进行，主要是科任老师根据教学工作的需要对学生不定期培训，了解小组学习本学科存在的问题，与组长一起探讨解决的办法，指导小组长自主开展小组学习的流程及巩固的办法等。

5. 及时反馈评价。班主任利用每周的班会课对每个小组一周的表现给予反馈、评价，并指出改进的方向，加强小组的目标意识、团队意识和目标的完成意识，建设好交流平台和奖惩平台，以班级文化为主导，培养小组成员的竞争意识和合作意识。同时在小组巩固、建设中及时做好引领工作，使每个小组都朝着正确的方向良性地发展。

如果想要每个小组的成员都能够自主、自觉、自发、自愿地参加小组学习与管理，还有很多工作值得我们探究。比如，激发学习管理合作小组共同愿景的策略是否有效？中下等生的表达平台是否足够？优秀生的组内提升由谁来引领？每个人的积极性如何保持？组内的常规管理的考核反馈如何坚持？这些问题都值得每一位参与的教师去深入研究、思考。

广州市多家媒体先后就自选座位情况采访几个班级，关注的只是话题带来的眼球效应，而我们关注的是如何站在学生的立场来思考德育问题，如何搭建一个实践平台来充分发挥每个学生的潜能，让他们拥有健康的人格和开阔的视野。

五、给学生校园生活的话语权

让学生拥有校园生活的话语权，体现了对人的尊重，对生命的尊重，是站在学生的立场做德育的根本体现。那么何谓话语权？话语权就是“作为一个独立的社会个体，在特定的社会领域中，自主地对现实生活、实践活动进行真实、具体的表白，理性或感性地反映自己的思想、态度、价值的权利”。我们为让学生拥有话语权，在以下几个方面做了努力。

第一，使学生在日常行为的管理制度上拥有话语权。我校中学部的《校园日常行为评价方案》不是行政部门下达的文件，也不是学校德育管理者制订的，而是由学生代表牵头、全校学生参与自己制订出来的，前后历时近两个学期。第一学期，各班班长向每个学生搜集最不能容忍的10项校园违纪行为和他们认为最应该提倡的10条良好的行为习惯，然后每班把搜集上来的行为分门别类进行汇总，递交年级学生会；年级学生会再进行精选归类，剔除重复的内容；年级学生会将本年级的汇总完成后再提交校学生会，由校学生会整理成文，形成初稿，递交学生处。第二学期，学生处审核后把初稿印刷给所有学生，让学生针对初稿提出自己的建议，然后班级、年级学生会再层层把意见归纳提交到校学生会，校学生会再次进行修改最后定稿，定稿后学生处审批存档，形成一项管理制度，并在全校推广。现在学生所有的行为的奖惩都可在这份方案里找到依据。方案来自于学生，服务于学生。

第二，使学生在活动的策划和实施上拥有话语权。班级文化的建设方案都是学生自己说了算，都是学生自己策划、设计。我校的学生社团都是由学生根据兴趣爱好自由策划组织的，包括音乐联盟、日研社、义工社、动漫社、国画社、书法社、化学社等。很多社团还有自己的刊物，在学生当中小有名气。学校负责的主要是提供指导与场地，日常运转全部由学生负责。如校园中秋灯会练摊是学生自己的盛会，每一届毕业的学生中，有很多都是特意从全国各地赶回来参加这场盛会的，整个活动的策划、组织，包括摊位的拍卖、盈利的税收、市场秩序的管理等全部都由学生一手操办。模拟联合国，这一活动能让学生的视野更开阔，从校内到校外，从国内到国外，一届又一届的模联的学生在谈判桌上、在会议室里，连续5个晚上围绕世界范围内的各类主题展开对话和磋商，他们渐渐学会了以国际视野来看待世界，学会了如何捍卫原则和如何妥协，而这一切的背后都来自于学生的努力，偶尔也会有学生特邀的外教来做指导教师。

第三，使学生在民主参政上拥有话语权。为学生创设表达想法的渠道很多，比如，设置意见箱，每学期每个学生都有两次统一在网上提建议的权利。另外，每年一次的学生换届选举后的学代会，是学生民主参政的重要渠道。学代会会从各个班级中搜集学生提案，提案涉及学校管理的方方面面，然后学生代表会对提案进行分类，并评出最务实、最优秀、最有创意的提案进行表彰鼓励。来自学生的提案都会及时递交到学校各个部门，各个部门对提案进行研究落实后召开“恳谈会”，与学生代表面对面地回复提案，学生也可及时对回复内容提出自己的看法，最后当场明确落实提案的具体办法。

站在学生的立场做德育还有更多的空间值得我们去探究，但这也只有在每位教师都深刻领悟了站在学生的立场做德育的精神内涵和实质，自觉养成了对每个学生负责的思维方式后，才会自觉地分析、改进、优化每一项德育管理的制度，每一个工作的流程和每一个教育的细节。教师从事德育管理工作，就应该在德育管理的舞台上站在学生的立场，努力去探寻支撑学生可持续发展的着力点，去整合一切有利于学生发展的多方资源，尽可能为每个学生搭建发挥潜能的平台，同时我们也希望在这个过程中能促进每一个参与者的专业成长。只有不断地学习，不断地阅读专业管理方面的书籍，不断地汲取他人的经验，才能让自己对所从事的工作有一个更清晰的定位、更深刻的认知，才能获得更有效的实践成果！

【参考文献】

［1］柳海民．教育原理［M］．长春：东北师范大学出版社，2006.

［2］柳海民，杨进．尊重的教育：21世纪基础教育的基本理念［J］．社会科学战线，2005，(2)．

为班主任专业化成长搭建平台

——班主任专业化成长系列活动总结

刘文娟

自首都师范大学王海燕教授在 2002 年提出“班主任专业化”的概念后，班主任专业化成长的问题得到越来越多的教师及学校的认同和重视。创建一支具有专业精神和专业能力的班主任队伍，提升班主任的幸福感及其工作的有效度，是小学德育工作的重要追求之一。多年来，我们小学学生处一直致力于引领班主任的专业化成长，并在实践中为教师搭建了一系列的成长平台。

一、活动观摩

活动观摩是班主任专业化成长中最鲜活的学习方式。在小学，开展主题班队会活动是我们最常用、最有效的德育方式之一。因此，在活动观摩方面，我们开展最多的就是主题班队会的观摩活动。

小学部每学年都会组织一次全校性的主题班会或中队队会的展示观摩活动。活动一般以竞赛的方式开展，6 个年级各派一名教师参赛。虽说是比赛，但实际的操作过程远远超出了比赛的内涵。观摩活动以交流和研讨为目的，各年级组都会以班队观摩活动为契机，组织本组所有的班主任进行集体研讨，反复琢磨。无论是主题的选择，还是细节的策划，凝聚的都是团队的智慧。而且，在集体研讨的过程中，教师的德育理念会越来越清晰，德育方式也会越来越丰富。比如，以对话式为特征的教师主导、学生主动参与的主题班会模式；在活动中重视学生的情感体验；学生的品德形成过程是知、情、意、行的培养过程；等等，都是老师在近几年班队会观摩活动中的所悟所得。

当然，在班队会观摩活动中所体现出来的老师对教育素材及教育细节的敏感、对这种主题教育模式的策划能力、娴熟的操作技巧等班主任素养，更是班主任专业能力的一种体现。

因此，我们的班队会观摩活动不仅为参赛的老师搭建了活动展示的舞台，而且带动了其他老师的深入研讨和积极实践。这种观摩研讨、共同进步的方法对提升班主任工作能力十分有效。

二、德育叙事

德育叙事是班主任在日常工作中记录德育事件、呈现德育经验的最佳方式。它要求班主任将德育事件以故事的形式来描述和分析，从而揭示出事件背后的教育思想，发现教育的本质、规律和价值等。这也是我们在引领班主任专业化成长中最常用的一种方法。我们主要开展了案例撰写、案例分享、组稿参赛、教育故事演讲等活动。

在德育叙事中，我们强调“真实的细节”“隐性因素的显性化表达”“教育反思”等理念，以引领老师回归教育生活、唤醒问题意识、反思教育过程、总结教育经验。老师撰写的一个个精彩生动的德育案例，实际上就是他们日常工作的写照，如班主任工作中严与爱的关系、学生逆反心理及处理策略、问题学生的关注与引导、家校沟通的方法与艺术、高年级学生青春期教育等。每一个鲜活的案例，都包含着老师真切的感受和发自内心的领悟，都隐藏着他们的独特思考，都体现出他们的育人理念和教育智慧。此过程，既阐释了德育经验，又指导了德育实践。

通过对德育案件的整理，我们编写了近30万字的小学部德育案例集——《放飞希望》，受到各界好评；我们组织班主任参加“自育论坛”“班主任话细节”“德育年会”“德育成果展”等多次征文活动，多次获奖；我们举行了“班主任教育故事演讲”活动，老师在讲述自己的教育故事中进行教育思想的碰撞和教育技术的交流；我们还定期举办“班主任工作案例分享会”，老师的实践经验和教育智慧在分享中得到交流和提升……所有的这一切，既是对班主任进行德育叙事的肯定和鼓励，也是对班主任专业化成长的一个推进和引领。

三、专业阅读

读书对一个人的影响非常大，这是人人共知的事实。我们也知道，当零散的教育经验与系统的教育理论积淀能够结合起来的时候，老师才会成为优秀的班主任。因此，在引领班主任专业化成长的过程中，我们提倡专业阅读。

专业阅读不是审美性阅读或娱乐性阅读，而是致力于解决专业问题的阅读。我们提倡班主任读专业书籍及人文性较强的书籍，以此提升班主任的专业能力和人文素养，构建班主任的教育对话方式及思维方式。

为此，我们为班主任推荐专业阅读书目，并出资为他们购买相关书籍。推荐的书目中包括教育理论类、实践经验类、案例类、人文类等书籍，让老师的阅读少走弯路，少读一些不值得阅读的书。由此，《民主与教育》《教育的智慧与真情》《中国著名班主任德育思想录》《破解班主任难题》《不做教书匠》等书籍开始频繁地出现在老师们的案头。张万祥、肖川、李镇西、朱永新、班华、任小艾等专家，成为老师经常研究和对话的名师。

把书读完还不算结束。书读过之后，我们还有延伸和深化的活动。比如，写读书心得，开年级和学部的读书交流会等。总之，就是让老师在读的过程中有思考、有感悟、有交流。这样的阅读，因为有了及时的交流和互动，又在一定意义上形成了学习共同体。

专业阅读不仅包括读书籍，还包括读网络。随着信息化的发展，网络已逐渐走进人们的生活，并在不经意间改变着我们的工作和学习方式。在一些优秀的教育网站，如“教育在线”“生命化教育”等，都聚集着一大批热爱教育的同行，其中不乏朱永新、李镇西、张文质等教育名家，也有许多工作在教育一线的优秀班主任。通过网络，我们可以打破时空的界限，及时地交流、学习。

总之，在专业阅读的过程中，老师不仅丰富了专业知识，更新了育人理念，而且提升了人文素养，这正是班主任专业化成长不可或缺的要素。

四、课题研究

课题研究的过程，就其本质来讲就是发现问题、提出问题、分析问题和解决问题的过程。积极参与课题研究，是提高班主任专业素质的重要途径。通过课题，班主任逐步形成一种研究的眼光，这样便于其发现教育中出现的问题并把问题变成自己的课题，在研究中把握教育规律，不断概括、提炼、总结自己的教育经验，从而改进教育实践，提升专业素质。

2002 年，我校小学部开始了“自我发展”课题的研究。历时 6 年的课题研究工作，为我校德育工作注入了活力。其中，受触动最大、改变最多的就是班主任老师。这个课题研究使班主任认识到，受教育者也是教育者，德育应该让学生自己教育自己；教师要学会充分地关心、理解、尊重、信任学生；在班级建设中，要制订班级教育目标，形成班级文化，尊重和促进学生的个性发展等。它也使班主任看到，原来班主任工作还有很多新的方式可以尝试，还有很多新的方法可以使用。因此，我们就有了“四自四导策略”“小队活动策略”“星级评定策略”“快乐例会策略”，就有了快乐例会、光明日记、心理健康等活动课。在课题研究中，老师一起摸索、一起探讨、一起交流、一起分享，在思想的碰撞和行动的切磋中，老师变得更加成熟和理性；在课题研究中，老师学会了观察，学会了分析，学会了反思，学会了总结。因此，课题研究的整个过程就是班主任专业化成长的过程。

目前，在“生本”课题的研究中，班主任老师又尝试着将“生本”的理念运用到学生生活、班级管理、德育活动等领域中，全面构建学生自主管理的教育机制。我相信，这又是一个班主任专业化成长的平台。

五、专题研究

班主任确实是一个有专业化要求的岗位。我们如何从现实中捕捉德育的契机？如何使生活中的点点滴滴整合成德育的体系和资源？如何提高德育事件的控制能力？这些都体现了班主任的专业化能力。然而，班主任的工作又是极其具体、繁杂和琐碎的。那么，班主任的专业能力从何而来？光靠阅读和观摩，或是课题和叙事，肯定是不够的。回到实践，回到日常工作，是我们的必由之路。因此，“专题研究”就成了我们引领班主任专业化成长的又一个平台。

我们所提倡的专题研究，是一种基于日常工作的本位研究，即引领班主任老师经历“德育事件”，对德育细节进行思考和琢磨，从中发现工作中可取与不可取的做法，形成自己对某一问题的深刻认识。为此，我们提倡班主任老师增强问题研究意识，用研究的心态做日常工作，“小题大做”“小题精做”，正所谓“悟到的才是自己的”。

用研究的心态做日常工作，进行专题研究，就意味着在班级管理中事事、处处都需要班主任进行深入思考。这样，被日常杂务包围的班主任才能超越经验积累，超越因循守旧行为，注重现状诊断和问题反思，从日常“应付行为”“经验行为”走向“探究行为”，让自己的管理工作真正成为促进学生发展的“教育行为”，从而提升教育智慧和专业能力。

六、班级建设

班级建设是班主任专业化的重要载体。把班级建设成为优秀的班集体，既反映了班主任专业成长的过程，同时也是班主任专业成熟的重要标志。

班级建设是一项非常复杂的工作。制订班级目标、创建班级文化、组织班级活动、进行家校沟通、培养班队干部、处理突发事件等，都属于班级建设范畴。近年来，在班级建设上，我们主要选取了两个切入点：班级文化建设和班级自主管理。班主任专业化成长的核心是学会精神关怀（以关心、理解、尊重、信任为基本表现），而班级文化建设与班级自主管理无疑是班主任精神关怀体现最集中的两个方面。

因此，我们提倡提升班级“软管理”的效度。也就是在严格班级常规管理的基础上，加强班级文化建设，通过各种有效措施，营建浓厚的班级文化氛围，创建具有灵魂的班集体组织。我们还强调，在班级量化管理和理性管理的同时，要多一些人文关怀，使班级成为一个每个成员能够获得支持和关爱的集体。在班级自主管理方面，我们提倡实施分组管理模式和岗位轮换制，使班级管理工作因为更多学生的参与而落到实处，也通过学生的参与和体验来提高他们的自主管理能力。我们还提倡，在发挥小组行政功能（如收发作业本、打扫卫生等）的基础上，进一步发挥小组的团队功能，使小组成员之间相互启发、帮助与支持，使每个学生都有归属感和价值感，用小组的力量来激励和约束个人，培养责任感。

用班级文化和自主管理的力量来管理班级，会使班主任变得更加轻松，不会被学生反复出现的问题困扰；班主任工作的思路也会更加开阔，方法也会更加灵活多样，工作的效率和效度自然会提高。在这个过程中，班主任的教育理念和教育实践得到有效的整合，专业水平和专业能力都得以提升。

七、师德教育

在班级中，班主任是与学生关系最为密切的“重要他人”。班主任的师德和修养是一种无声的教育力量，班主任的一言一行、一举一动都在深刻地影响着学生的成长与进步。所以，班主任的专业化成长，不仅是专业知识的拓展、专业能力的发展，也包括职业道德的成长。

因此，我们提倡“以爱动其心，以言导其行”，让教师因爱而变得更有魅力和力量。我们提倡教师要用自己的人格和魅力来吸引学生、感染学生，因为真正德性的产生是因为学生的信仰而不是因为教师的约束。

我们还通过问卷、座谈、家长会等途径，听取学生、家长和任课老师对班主任师德表现的反馈，将反馈作为优秀班主任评选的依据，使班主任自觉遵守职业道德。同时，我们也把师德教育渗透于学校的各项活动中，并在教师中开展师德演讲、班主任沙龙、专题讲座等活动，以提高班主任的师德能力。

总之，班主任专业化成长，既是一个追求，也是一个过程。在引领班主任专业化成长的探索和实践中，我们欣喜地发现，很多变化正在悄然发生：老师的心态越来越平和，师生之间的关系越来越民主，学生的笑容越来越灿烂，班级管理的智慧越来越多，家校之间的分歧越来越少……而这一切，也正是我们一直追求的。

活动育人工作的理论与实践研究

姚小平

一、缘起与背景

“活动育人”作为我校显著的特色之一，得到了家长和社会的一致好评。然而遗憾的是，这一育人的特色，却没有人对其进行系统的分析、研究、总结，从而形成可以推广的经验。广外外校发展到现在这样一个阶段，需要找到更好的平台才能得以继续发展。事实证明，没有发展，就意味着停滞不前，就意味着会很快被淘汰。

正确的教育理念和教育策略的选择，源于我们对教育的现状的把握，源于我们对教育的过去和未来的洞悉，源于我们对教育相关元素的认知和统筹。

（一）消费群体需求分析

广外外校的家长群，基本上以商人、公务员为主体。家长有的是文化程度较低的商人，有的是满腹经纶的教授，有的是各行业的高精尖人才。从一定程度上讲，他们是一个时代竞争的胜利者，他们比教师群体更能洞悉社会的需求与发展的方向。而这一点，在某种程度上就决定了，他们把孩子送到广外外校来，定然会有着不一般的要求。

这些家长对于中国教育的弱点有着更清醒的认识。他们中的许多人，尤其是文化程度较低的商人，就是在中国现代教育的体系里得不到承认的那一部分。然而，进入社会之后，他们通过社会实践，不断地学习，不断地尝试，终于获得了比当年得到教育体系承认的那些同学更高的社会地位、更优越的经济基础。他们从自身的经验出发总结出来的对教育的更清醒的认识，让他们决定把孩子送到广外外校来读书，因为这里独特的教育模式吸引着他们，这恰恰是他们的需求所在，恰恰与他们的教育经验不谋而合。

广外外校注重活动育人，让学生在活动中体验、总结经验，提高了学生动手参与的能力，而活动的多元为学生的综合发展奠定了良好的基础。“对每个学生的终身发展负责，培养走向世界的现代人”等教育理念的提出及相应的教育行为正好满足了这些高端教育消费群体的需求。

（二）相对于传统学校广外外校的优势

当下，教育的主要功能是什么呢？基础教育阶段最主要的功能就是完成中考、高考。所谓的基础知识，并不是以生活为基础的，而是以考试的内容为基本出发点的。

在通常情况下，基础教育会把短期内纪律的维持、学生的服从、学生的行为及思想整齐的状态视为管理成功的标志，也会认为这类短期管理对学生的长期发展有益，进而演化为以短期管理效益（如某项评比、升学率）为中心的相关利益原则。这有点像严密的企业管理，强调的是严格控制。但在学校中，这种控制的结果使学生和教师都失去更大的发展空间，当然，更重要的是失去了自由发展的可能。

广外外校要想办成中国最好的基础教育学校，一定要在这些传统的基础之上有所改变。事实上，这种改变已经首先得到了中国高端竞争优胜者的认可，而且在某种程度上得到了中国教育同行的认可。我们应该有这样的一种基本的自信。当然，这自信并不是自满。广外外校把人的培养目标具体定义为“锻炼健强体魄、塑造健全人格、培养综合素质、突出外语特色”。

一系列的活动，班级层面、社团层面、年级组层面、教研组层面、学部层面等立体的针对个体的和整体的活动，让每一个学生都有机会参与，真正把学生综合素质的提高落到了实处，让这些选择了广外外校的家长们看到了孩子的综合能力在不断提升。

广外外校的教育不是“大锅饭”，而是更能适应各种需求的“自助餐”。

（三）活动育人研究的意义

通过“活动育人”的具体研究，我们将广外外校的相关活动进行融合，以期每个活动的开展都能更有效，以期活动的开展能更适合广外外校每一个学生的需求，至少，能让每一个学生都能在这里找到自己感兴趣并真正得到锻炼的活动平台，从而提高学生的综合能力，为他们的终身发展奠定良好的能力基础。

二、活动育人的理论基础

（一）马克思的发展观

马克思在《共产党宣言》中是这样描绘人类未来的理想社会的：“在那

里，每个人的自由发展是一切人的自由发展的条件。”在马克思看来，发展是神圣的，无论就生命个体而言还是就人类整体而言；这种发展是“自由”的，应充分体现社会对个人自由的尊重，并指出这种尊重之于“一切人”的意义；这种发展是相互的，强调个人发展与社会发展的和谐统一。教育必须为个人发展服务，为社会发展服务。二者互为条件，亦互为目的。

（二）邓小平的“三个面向”

1983年10月1日，邓小平同志为北京景山学校题词：“教育要面向现代化，面向世界，面向未来。”该题词标志着我国政府教育政策的重大调整，标志着我国新时期教育方向的确立。

从“三个面向”概念的内涵看，它意味着中国教育将彻底告别夜郎自大、闭关自守的狭隘状态，开始面对教育世界的八面来风；意味着中国教育将广泛汲取包括西方教育在内的一切积极的教育理念和教育策略；意味着中国教育将着眼于国家未来发展，培养能够引领国家步入现代化的高素质人才。从“三个面向”概念的外延看，它指出了中国教育在整个国家迈向现代化过程中的地位与作用；要求我们必须以更开阔的视野思考、定位和推动我们的教育事业；强调中国教育与世界接轨，与时代同步。

（三）西方进步教育理念

1. 建构主义教育思想

建构主义者认为，世界是客观存在的，由于每个人的知识、经验和信念不同，每个人都有自己对世界独特的理解。知识并非是主体对客观现实被动的、镜面式的反映，而是一个主动的建构过程。在建构的过程中，主体已有的认知结构发挥了特别重要的作用，在认识客观世界的过程中，认知结构是不断发展的。学习者对知识的接收只能由自己来建构完成，他们不仅以自己的知识经验为背景，对新知识进行分析、检验和批判，而且要对原有的知识进行再加工和再创造。

2. 斯宾塞的快乐教育思想

“愉快的环境可以让孩子们的潜力得到无穷无尽的展现和发挥”，这是斯宾塞反复强调的观点。斯宾塞认为，学习本身不是独立存在的，它需要很多的因素的支持方可成就，如毅力、定力、领悟力、努力等。学习对孩子来说，并不是那么简单，它需要学校和父母对孩子进行情感、人品、智力、道德及综合能力的培养。在斯宾塞的教育思想中，教育乃是培养一个健全的个人，培养一个富于活动的、均衡的生命。因此，教育要顺应个人身心发展，这种发展，不可因受外力而强制改变。对兴趣、个人天赋能力特别是感官训练，都应给予充分的尊重。

3. 杜威的教育思想

在杜威的哲学词汇中，“经验”是个中心概念。杜威认为，经验是有机体和环境相互作用的连续统一体，认为人的认识是一个不断变动的、未完成的、不确定的和有疑难的经验过程，疑难情境激发人的思维，经验由此而生，并成为改造和指导人的活动的工具。由此出发，他特别强调“一切学习来自经验”，强调教师在教学中提供疑难情境、训练学生解决疑难问题的能力和批判性思维。杜威把儿童看作是和他们的环境相互联系、相互作用的积极而能动的有机体，认为儿童学会适应环境并与社会成功合作的基本途径就是直接参与社会生活的各种活动，这就是教育的基本形式。

（四）郭思乐的“生本教育”理念

“生本”教育强调教育的功能主要是“促进儿童自主发展的管理”，而学校要更好地成为“学习型社会的基础或中心”。学生的主动发展应该始终作为教育设计思考的中心，必须考虑对象的生命活动规律、认知规律、情绪情感、意志态度等。“生本”教育就是以“学生为本体”的“促进儿童的自主发展”的教育。

三、活动育人的模式界定

（一）模式界定

以解放教育观念为前提，以学生发展为根本目的。通过对活动育人理念、活动育人平台、活动育人程序的不断研究与完善，使受教育者具备面向世界与未来的民族素质、价值取向和人格追求，形成既符合社会发展趋势，又符合人自身发展需求的发展能力。

（二）主要特征

1. 拥有世界视野与现代意识

闭塞视听是近代中国落后于西方国家的重要因素，目前，“全球化”已经从学者案头的畅想成为普通百姓的日常话题。今天的中国的学校，必须将自己置身于更为广袤的世界与历史的背景之下，只有使自己成为一个能够持续与外界进行信息与能量交换的开放系统，方可获得经久不息的生命与活力，方可为中华民族的伟大复兴与人类的进步事业作出自己的贡献。

2. 学生是学校教育的服务对象

学生不是学校教育的产品，而是学校教育的服务对象。在基础教育的学生、教师、学校三要素里，作为服务对象的学生居于首要地位。教师是学生成长的帮助者，是学生学习的服务者和引导者；学校则为学生的学习活动和成长发展提供了一个物质和精神的服务平台。学校和教师的一切教育教学活动都必须以学生发展的需求（包括潜在需求）为出发点和归宿。

3. 在重视受教育者当前素质的前提下，强调其未来的发展能力

“可持续发展”思想是当代世界的主流意识之一，对应到学校层面，就意味着我们不应只注重学生的“现时”学业，而应当着眼于未来，为他们的终身发展负责，通过学校教育使他们未来具备良好的发展能力。

4. 活动多元，让每个学生都能找到属于自己的活动平台

每个人的成长背景不同、智能不同，其兴趣也必然存在着巨大的差异。在相关理念指引下，为学生打造适合自己发展的平台、为学生提供多元发展的教育资源、为学生的能力培养设计相对优化的流程，就构成了此课题研究及实施的主要特点之一。

（三）基本原则

1. 整体性原则：面向全体学生。活动设计要着眼于全体学生的发展，即在活动的设计上，尽量做到能为每一个学生的发展提供必要的资源支持。在学校大系统中，处理好相关要素之间的关系，形成一种良性互动的发展态势。

2. 前瞻性原则：在尊重传统教育模式的前提下，注重观念与思路上的超前探索与大胆实践。前瞻是创造的基本姿态，发展地、历史地看待前人的经验和教训，是铺设创造之路的前提。同时，我们将为学生发挥其创新精神提供最佳的舞台和机遇。创新，是一个人不断发展的前提，也是一个国家、一个民族不断发展的动力。

3. 实践性原则：重视每个学生的参与。正确的认识只有来自于实践，并在实践中才能确定其是否是真理；认识的最终目的在于用以指导实践活动，从而改善人们的实践活动。

4. 开放性原则：积极吸收、大胆借鉴国外先进教育思想；学习兄弟学校教育教学的成功模式和经验；尊重所有新的、有价值的创造和补充。任何封闭的体系必然是一个死亡体系，生长着的体系一定是一个开放的体系。将这个思路移植到教育领域，意味着我们的学校及其教育必须是一个具有自我更

新能力的动态开放体系，必须具有从系统外部获得源源不断的能量的能力。只有如此，方可保证我们具备不竭的动力和活力，与时俱进，常变常新。

5. 多元原则：满足不同群体的多元需求，为其提供必要的资源支持。在学校层面、团委学生会层面、年级组层面、教研组层面开展多元活动，针对学科特点，学生的年龄特点、需求特点为学生打造多元能力提升平台。事实证明，“大锅饭”式的活动，通常只能满足部分学生的发展需求，而这必定会造成教育的不公平和教育资源的极大浪费；同时，也不能满足教育者的教育需求。

6. 学生主体原则：活动的设计必须以学生为主体，尊重学生个性与心理的发展规律。学生是学校服务的主体，活动设计必须以学生为主体，以学生综合能力的培养为根本目的。此外，活动的设计也必须遵循学生个性与心理发展的规律，本着以人为本的基本理念展开。在活动具体实施的过程中，教师应充分地相信学生，发挥学生的主观能动性，调动学生自身的积极性。

四、活动育人平台与流程

（一）平台的搭建

广外外校经典品牌活动一览：

1. 学部层面

（1）校本课程体系的构建：文学欣赏课、文化专题课、国际理解课等。

（2）体育节。

（3）艺术节。

（4）读书节。

（5）科技节。

（6）世界文化巡礼。

（7）军训。

（8）校内外综合实践拓展训练。

2. 团委、学生会层面

（1）团委、学生会干部竞选。

（2）校园之星竞选。

（3）DJ 大赛。

（4）中秋灯会。

（5）《星海扬帆》《主流》出刊。

（6）社团活动。

（7）教师节系列活动。

（8）扶贫活动。

（9）中英文辩论赛、模拟联合国。

（10）校际交流及学生干部培训班。

3. 教研组层面

（1）语文教研组：读书节系列活动，如新年新诗会、中学生演讲大赛等。

（2）英语教研组：英语节系列活动，如电影配音大赛、英语技能大赛等。

（3）数学教研组：各种竞赛辅导。

（4）政治教研组：模拟法庭。

（5）历史教研组：历史图片展。

（6）艺术教研组：交响乐团、合唱团、元旦文艺会演、百歌唱中华、中学生戏剧节等。

（7）体育教研组：体育节系列活动，如专项培训、运动会等。

（8）生物教研组：青春期生理健康讲座。

（9）地理教研组：社会实践采风。

（10）物理、化学教研组：科技节、趣味实验。

（二）流程设计

以“广外外校之星”评选为例：

“广外外校之星”竞选程序

第一阶段：准备（中学部团委、学生会）

1. 成立“广外外校之星”评审委员会。

2. 经过学生讨论确定评选条件。广泛征求学生意见，确定“广外外校之星”参选条件如下：

（1）品德优良，在同学、老师中有良好的口碑。

（2）学习成绩排在年级前50%，无不及格的科目。

（3）全面发展并综合评定为优。

（4）有一技之长，并获得区级以上比赛奖项，在此项上实力确实比他人高出许多。

(5) 能积极参加社会实践活动，积极为学生服务。

(6) 年级选票必须过半，班级选票必须超过70%。

3. 宣传。将评选条件、报名时间通知到各班。

第二阶段：基层推荐（各年级）

1. 各班推荐班内适合竞选的候选人到年级会议讨论。

2. 各年级在综合意见基础上推荐更优秀的候选人，向校评审委员会递交推荐名单与推荐意见。

3. 各年级候选人数由委员会根据实际情况确定。

第三阶段：候选人确定（“广外外校之星”评审委员会）

1. “广外外校之星”评审委员会汇总候选人情况，统计后向全校师生公示（5个工作日）。

2. 发放候选人评议表，再一次征求意见。

3. “广外外校之星”评审委员会根据各年级评审意见，确定最终候选人。

4. 候选人为竞选演讲大会作准备：演讲稿、幻灯片、宣传画等。

第四阶段：竞选演讲与投票（中学部团委、学生会、校电视台）（初定）

1. 组织竞选演讲大会，程序如下：

(1) 校领导讲话（广外外校之星评选的意义）。

(2) 主持人上场，宣布开始，介绍嘉宾，并宣布演讲规则，如时间不超过4分钟等。

(3) 竞选演讲开始，按之前抽签顺序进行。

(4) 投票，现场投票与直播时班级投票相结合。

2. 选票统计：

(1) 先由班级统计结果交至年级学生会。

(2) 年级学生会再将年级选票情况做好统计交到“广外外校之星”评审委员会。

(3) 统计出最终结果。

第五阶段：“广外外校之星”产生（评审委员会、中学部团委、学生会、校电视台）

1. 公布新一届“广外外校之星”名单。

2. “广外外校之星”颁奖大会：颁奖者感言、获奖者感言、组织者感言、评审委员会给“广外外校之星”的评语、颁奖等。

程序：

（1）主持人开场白。

（2）颁奖。

①概括介绍该“广外外校之星”。

②看该“广外外校之星”的介绍短片，并在结束时引出该“广外外校之星”。

③“校园之星”获奖感言。

④宣读给该“广外外校之星”的颁奖辞。

⑤颁奖（由当选者自己选定颁奖人，原则上，由对学生发展起到关键影响作用的人给其颁奖）。

⑥颁奖人感言。

注：每个颁奖人都按上面的流程进行。奖品最好由奖杯、荣誉证书、鲜花、书籍构成。也可按分类进行，如综合能力、学习类、特长类等。

（3）主持人结束语。

3. 新一届“广外外校之星”相关宣传：

（1）海报宣传：长 1.2 米，宽 0.9 米，中厅展出。

（2）网络宣传：“广外外校之星”竞选侧记、颁奖典礼活动、“广外外校之星”竞选演讲稿。

（3）电视宣传（校团委、电视台）。

五、展望

立足于学校已有的资源，充分发掘学校的潜在资源，为学生打造发展平台，基于这样的理念与设计的广外外校活动体系，定会促进每一个身处其间的人的全面发展。

作为教育工作者，我们站在时代发展的角度审视当下的教育——这个充满挑战与希望的事业，还是能让人感觉到大有可为的。

习惯，一切源于此

——高一年级养成教育的实施

吕晓波

一、习惯的重要作用

“习惯”是养成教育的结果。美国心理学家威廉·詹姆斯说过这样一句话：“播下一种思想，收获一种行动；播下一种行动，收获一种习惯；播下一个习惯，收获一种性格；播下一种性格，收获一种命运。”我国著名教育家叶圣陶先生也说过：“什么是教育？简单一句话，就是要养成良好的习惯。德育就是要养成良好的行为习惯，智育就是要养成良好的学习习惯，体育就是要养成良好的锻炼身体的习惯。”习惯，对一个人的影响，是潜移默化、深远持久的，小而言之，影响一个人的一生，大而言之，影响一个民族的未来。

对学生而言，习惯主要指学习习惯和行为习惯；对年级而言，习惯就是教学常规和管理常规的落实。先做人，后成才。如果一个人不懂得做人的道理，即使他的头脑再聪明，学到的知识再多，在人生道路上，他终究不会获得成功，甚至会危害社会。有这么一句话，大意是说对社会危害最大的，是有才无德的人。

二、存在的问题

高中学生，特别是高一学生，在高一阶段都会有这样的问题。

1. 学段分析

（1）刚升入高中：学生在初三面临升学考试，精神上有压力，学习上很紧张，所以刚升入高中时，他们的心态比较放松。很多学生有这样一种心理：该好好玩玩了。几乎没有几个学生会想到高考，想到三年的规划，想到自己的未来等。

（2）进入高中第一次月考、期中考试后：学生升入高中后，面临第一次

同步或期中考试，肯定会有担心成绩不好的情况产生，尤其是高中课程较之初中要难一些，一些学生可能会有学习成绩下滑的倾向。

（3）高一下学期：对高中环境从陌生到熟悉，大部分学生能逐渐适应高中生活。也有一些学生的散漫、撒谎、偷窃、旷课等不良习惯日渐显现。

2. 学习情况分析

（1）与初中相比，高中课程的数量显著增多，尤其是高一的课程是高中阶段最多的，因为没有分文理科，仅文化课就9科。另外，从难度上看，难度加大，高中不是义务教育，高考不是升学考试而是选拔性考试，而且知识点不能仅靠记忆，而需要由表及里、由此及彼、融会贯通才可以掌握。绝大多数学生感觉很辛苦、很吃力，听不懂课抑或做不完作业。

（2）学习方法上，因为高中课程的难度增加、数量增多，如果学生不能掌握很好的学习方法，不能突出重点，统筹兼顾，提高效率，就会产生付出很多但得不到相应回报的挫败感。长此以往，产生的后果就是想进步的学生的积极性被严重打击了。特别是文科类学科，如果学生只是考前突击记忆，只是大段大段地背诵，背的是什么内容也不知道，时间又紧，就导致了被动地学习状况的发生。

（3）分科上，高一学习结束后，学生进入高二就要面临文理科的选择问题。一些学生在高一时就设定好自己的文理科选择，结果就容易出现这样的情形：放弃学某些学科。随着高一课程学习的深入，有的学生慢慢发现自己并不能很好地应对某些学科。结果，临时改变学科导致所选学科基础不扎实，高二水平测试学科因为高一时候打下的基础不好，需要更多的精力来应对，从而影响了其他高考科目的学习。

3. 生活分析

（1）时间上，高中增加了晚自习，一些意志力不强的学生感到疲惫、懒散。

（2）生理和心理年龄的逐渐成熟和成人化，学生的胆量也在增大，自主行为越来越多，学生进入第二个叛逆期——隐形叛逆期。男女同学之间的举动可能更亲密，抽烟、喝酒等现象会出现，他们可能更会为自己的错误找理由或者不能接受教师的批评。

4. 家长分析

（1）80%的家长在孩子进入高中后，没有帮助孩子制订高中规划或者人生规划。

(2) 对于一直很优秀的学生，很多家长无法面对孩子成长的变化，只关注孩子的学习成绩，忽视常规习惯的教育和重视，认为那都是小事。

(3) 对于一直在常规学习或生活上做得不好的学生，部分家长持放弃态度或对立态度。

(4) 绝大多数家长对高中学习和生活缺乏了解，无法在孩子面对困难和瓶颈（如高二文理分科、水平测试等）时给予他们帮助。

5. 思想分析

此阶段，学生的人生观、价值观、世界观逐渐形成；对事物的分析仅仅局限于表面；“羊群效应”表现明显。

三、应对措施

（一）常规管理上：情感与制度

自由是相对于法律而言的，权利是相对于义务而言的，民主是相对于专政而言的。所以，我们既要制订严格的管理制度，更要重视情感教育。

1. 制度

良好的行为习惯是靠制度的约束日积月累而养成的。俗话说得好：“人非圣贤，孰能无过。”一个人犯错误并不可怕，可怕的是他不能正确对待错误。一个孩子犯错误，我们不能说是父母的过错，但是如果一个孩子一直以来的行为习惯都非常差，那么他的父母是摆脱不了责任的；一个学生犯错误，我们不能说是班主任的错误，但是如果学生上课迟到抑或卫生不合格等现象经常出现在一个班级里，那么班主任是摆脱不了责任的。因此，我们要有能看得见的制度，让学生知道该做什么，不该做什么，不能做什么。

我们应从以下几方面着手：贯彻落实学校、学部的规章制度和中学生行为规范；制订严格的、细化的年级常规管理制度；制订有特色的符合本班实际的班级管理制度，并随着班级情况的变化而不断调整制度。

我们可以通过年级晨会、班会等形式，让学生了解制度的内容和惩罚的措施以及改正的条件；通过违背制度的处罚（小到罚扫地、擦黑板、写检讨，大到停课、反省、通报、处分），让学生明白制度的严肃性和不可侵犯性；通过对处分学生给予时限让其申请撤销处分决定，让学生感受到严厉中的关爱和宽容；通过班会课的常规总结，让学生知道班级状况，以增强集体荣誉感。

2. 情感

“育人先育心”“亲其师信其道”，世界上最强大的武器是爱。特别是我们教师，面对的是有生命的、有思想的个体，唯有爱、宽容、理解，才能真正走入学生的内心世界，了解他们行为的动机、压力的来源等。我们从三方面展开工作：

首先，全员参与。通过召开年级老师的会议，让老师在思想上达成共识，让老师认同这样一个思想，也就是对学生要有情感的付出。常规的管理和监督，让学生养成良好的行为习惯，不仅仅是年级主任和班主任的工作，更是全体老师共同的责任。一次课堂上回答问题的肯定、一次作业中的表扬、一次课后辅导的耐心讲解、一次课后的谈话都让教师在无形中给予学生亲近感，进而让学生自觉接受老师的批评和建议。

其次，班主任的作用。班主任以日常的管理为主线，以养成教育主题班会课为连接点，以班级为单位，针对班级情况，每周根据一个主题，或感恩、或规划、或自我评价、或集体荣誉感等，精心准备，召开班会。这样的班会要号召全员参与，发挥班干部的作用，发挥班主任的人格魅力，让学生感受到班级的温暖，认同班级的管理。

第三，多个角度的沟通、多种活动的开展。同一班级任课老师之间、任课老师与班主任之间、班主任与年级组长之间、班主任与班主任之间、班主任与家长之间要加强沟通，以便更好地了解每一个学生的阶段性的状况和变化，能够及时地给予学生关怀、帮助和教育。活动育人，学校、班级及年级举办的各项活动，有利于锻炼学生的能力，展示学生的才能，树立学生的信心。如高一（1）班成立了家教联谊会，定期开会，出版会刊，全班学生在老师和家长的带领下，利用寒假去广东省阳春市扶贫，让孩子们心存感恩，珍惜当下；高一（2）班的学生利用假期自发组织到白云山捡垃圾；学校学生会团委的换届选举，让参与的学生懂得承担责任，懂得树立榜样；“广外外校之星”的竞选让学生明白，机遇总是留给那些有准备的人，激发他们的斗志和自我约束的能力。

（二）教学管理上：方法与措施

我们做任何事情，要懂得其规律，明白其方法，就会取得事半功倍的效果。

1. 方法

开学初，我们召开的第一次年级学生大会，就是让学生了解将要面对的困难会有哪些，给学生打好“预防针”。我们还请年级老师讲解不同学科的学习特点；以年级的名义给家长写一封信，让家长了解初高中学习内容的变化并能配合老师的工作。

第一次月考和中段考后，我们可以召开年级老师专门会议和班主任会议，强调各种学习方法的运用。例如，记忆的方法、成绩分析方法（总分与各科比例、班级与年级名次）、听课的方法（文科、理科）、晚自习的方法（怎样提高效率）、做作业的方法（怎样更好地完成作业）、复习的方法（临考前需要做什么）、寻找失败原因的方法（针对自我感觉怎么努力都没有进步的学生）、面对成绩发泄的方法、缓解考试焦虑的方法等。

2. 措施

以日常教学为基点，从课堂效率、晚自习到位情况、作业批改情况等方面，按照学校教务处要求，对年级老师进行严格的教学常规管理；对年级学生，从听课状况、课间迟到次数、旷课次数、晚自习纪律情况、交作业情况、考试成绩波动情况等方面着手，以班级为单位，制订详细的关于教学方面的规章制度，给予学生相应的惩罚和约束，以帮助学生养成良好的学习习惯，使学生能够面对现实，重新定位，找到适合自己的学习方法。

万事开头难，良好的开端是成功的一半。高一年级良好习惯的养成，对学生三年后的成功起着至关重要的作用。

建设有亲情文化的温馨家园

海　晏

班级是一个家，老师是家长，学生之间亲如兄弟姐妹。班级成立之后，我致力于打造班级亲情文化，这是我的班级管理与育人的理念。班级亲情文化是班级文化建设的基石。亲情教育是一切教育的基础，它在很大程度上会影响学生的习惯、情感、人格，影响他们的发展方向和发展水平，关系到学生如何做人，将来做什么人。

班级亲情文化的建设通过一定的物质媒介、具体行为和精神状态，表达一定的价值观念与行为规则，传递不同群体与个人的利益要求和情感倾向。在这种潜移默化的影响下，学生会把班级当作家，人人乐于为家做事，人人甘愿为家奉献，有利于班级的良性发展，有利于提高班级管理的效率。接下来，我谈谈在培育亲情文化方面的一些具体操作办法。

一、“小题大做”宣扬亲情

藏在学生心底深处最可贵的爱心，需要教师加以发现、调动，并善于把小事作为教育契机，大力宣扬，以此来奠定爱与亲情的基调。如我班高雨檬同学主动请缨，为全班同学做必背古诗过塑卡片，还细心地为每一个同学写好了名字。最难能可贵的是，当知道下周要来两个新生的时候，她非常周到地为他们也写好了名字和班级。为学生下发这些过塑好的卡片后，我采访了高雨檬，我问她当时做这件事情时是怎么想的，她说希望新同学一来到班级，就能感受到这个大家庭对他们的关心和友爱。我又问她为什么还多出了几份没有名字的，她回答说怕有些同学中途遗失了，便放在老师这里给他们备用。那天，我深度挖掘这个看似简单的想法背后藏着的深深的爱，用这样“小题大做”唤醒爱的方式，让学生知道，高雨檬同学把自己当成了家的主人，热烈地欢迎新加入这个大家庭的成员，让学生认识到如果大家都像雨檬同学这样去为家人着想，那么，每一个家庭成员都将感受到温暖。

有一天，一位同学摔倒了，她疼痛难忍，哭得很伤心。这时围上了一群学生，有的反复地问她怎么了，有的赶紧去拿纸巾给她擦拭眼泪和血迹，还有的扶她起身，准备送她上医务室。我把观察到的现象做成一道选择题，在班会课上让全班同学选择：如果你是伤者，你希望周围的同学做什么。大家都说，如果自己受伤了，希望有更多的人关心自己，而不是只顾着看热闹或是冷漠地走开。那天，我也趁机给他们讲了小悦悦和 18 个冷漠的路人的故事。通过这次事件，我告诉学生这样一个道理：我们都是普通人，当无助的时候，当深陷困境的时候，都渴望别人的帮助。换位思考，为他人、为自己，请重新点燃心头的关爱之灯吧！勿以善小而不为，拒绝冷漠，传递温暖，除了呼吁，我们还能有所作为。

只要有插班生转进来，我们就会早早地帮他选定生活小帮手和学习小帮手。这样，就会让他们比较快地适应新环境。每到甄选小帮手时，大家都踊跃举手，都认为担任这一“要职”是非常光荣的，因为只有那些有耐心、细心和爱心等品质的同学才能当选。

薛格静同学是学校田径队的成员，她每天早上 6 点钟就起床去跑步，非常辛苦。为了帮薛格静按摩，班里还成立了按摩队，并对队员进行了“专业”分工，有按手的，有捏肩的，还有敲背的。他们给薛格静同学带去了身心的舒适，更给她带去了奔跑的动力，为班争光的动力。

班级里有同学生病回家了，马上会有电话打到家里，问：“身体好了吗？快来吧，我们都想你了！”这让生病的同学感到自己并不孤单，没有被大家遗忘。还有同学帮助他收拾好作业单，用便利贴记下该补做的任务。特别是当学生病愈后返校，抢着为他补课的同学一个接一个。

如果这个集体像家一样，是友好的、温暖的、安全的，那么学生心中情感的种子就会萌芽，学生就会试着去关爱他人、帮助他人。

二、像阳光一样播撒亲情

“你可能只是这个世界上的一个人，但是对某个人来说，你就是全世界。”这句话虽有些夸张，但是我们真的时时可以感觉到孩子对教师的无限依赖。孩子们来到这个陌生的环境，首先接触到的就是教师，接触得最多的也是教师，教师的一个举动，一次命令，一句赞美对他们来说都很重要。所以教师应该有微笑的脸庞、轻盈的步子、自信的神态、动听的言语及不轻易发火的好脾气，最重要的还要有一颗童心，这都是让学生产生安全感的重要因素。教师自身良好、稳定的情绪会感染学生。教师有时也许感到非常疲惫，也许还有烦恼，但

是走进教室，就要成为乐观向上、激情四射的代名词。

有些事情在成人眼中是不值一提的小事，但在孩子的眼中可能就是人生中一道很难过去的坎。如怎样用直尺连线，怎样用橡皮擦掉错字，怎样收拾柜子，怎样叠好一件衣服……都需要教师一步一步讲解，一次一次示范。如果有人帮助了他，就会让他体会到从不会到会的成就感；如果有人训斥他这么简单的事情都不会做，就会让他害怕面对这样的新生活。因此，教师无论是在教学生知识的过程中，还是在教学生生活中的事情的过程中，都应有耐心，这样学生在以后的成长中才会友善地对待他人。

三、选择正确的方式感受亲情

世界上有一种教育叫作爱的教育。理想的教育境界，就是把学校、家庭、社会都建立在感情的基础上。孩子需要爱，需要被接纳，从而产生安全感与价值感。父母、教师对子女表达爱时，除了使孩子体验到被爱的满足之外，也应该使孩子知道自己因何事而被爱，从而让孩子树立正确的是非观。

比较下表中的三种表达方式，哪一种更能让孩子感受到亲情呢？

1	表达方式	你真笨！ 你真懒！	我一直在关注你的进步，这次你让我有点失望。 你的行为让我生气。
	分析	“你信息”令学生感到窘迫，难以接受，甚至产生逆反心理。	“我信息”用表达自己的情感来代替指责，令学生会因为对教师的情感的反应而对自己的行为感到内疚，产生改变的动机。
2	表达方式	你应该……你必须…… 你赶快给我……不然就…… 否则……	如果重来一次，你可以想到其他的办法处理吗？ 这次你觉得不满意，下次该怎么样预防和避免呢？
	分析	教师享受着话语的主导权和优先权，居于话语权的主导位置，习惯于采用上下沟通和单向沟通的方式。教师以命令式的口吻帮助学生总结经验，没有经过学生的反思，对学生也就起不到有效的作用。并且，威胁式的表述方式容易激起学生的防御机制，从而使其拒绝教师的帮助。	当学生已经认识到自己的错误后，教师接着引导其思考更有效或者预防事情再次发生的方法。 平等地、双向地沟通，建立平等的对话关系，激发学生的主动性、创造性，培养学生的民主精神，实现师生间的沟通与融洽。

续表

<table>
<tr><td rowspan="2">3</td><td>表达方式</td><td>和同学个别谈话时，站着，双手背在后面或交叉在胸前。</td><td>和学生眼睛处于同一水平线，有眼神交流，身体前倾、点头。</td></tr>
<tr><td>分析</td><td>学生有犯了错即将要“受训”的感觉，内心开始建立“堡垒”。</td><td>表示对学生的尊重，让学生放松，让学生感觉这不是“训话”，而是平等的沟通，能使学生感受到教师对他特别的关注与爱。</td></tr>
</table>

其实我们这样做，并不是刻意去迎合学生。学生就是一面镜子，如果他们生活在被批评的、被羞辱的环境中，他们就学会了指责、仇恨；如果学生生活在相互尊重、相互认可和友好的环境中，他们就学会了赞扬、关爱。

四、活动育人推进亲情

有一次我问学生：“集体是什么?”他们回答说：“集体是一个家；集体是放长假后最想回的地方；集体是有难处了后最依赖的地方；集体是最能激励自己为它争光的词语；集体是大家一起默默承受失败时的心灵相通的那一瞬间。”我特别重视每一项集体活动，让学生亲身体验师生共同奋斗、共同努力的过程。

例如，我班担任学校读书节闭幕式上的主持和演讲时，我没有图省事发挥“家长制”作风事先指定人选，而是上演了一场全体学生参与的选秀活动。首先，我发动每个学生写一写在读书节的收获，体裁不限，入选的作品就成为本次演讲的素材。接下来，全班 PK 演讲人选，需要主持人两名，“小诗人”“童话大王”“小博士”“小书迷”“古诗王子”各一名，学生可以自选角色，到老师和学生组成的评委团那里面试，胜出者则将获得在这次盛大仪式中演讲的资格。这就像一个家庭遇到了大事情，全家人一起商量、一起出力，而不只是家长说了算。与此同时，学生也从活动中体会到了民主、公平，学会了与他人合作。

再如，跳大绳比赛。由老师和一名学生摇大绳，让同学一个接一个地从绳里鱼贯而入，5 分钟之内，看看哪个班跳的个数最多。自从知道年级活动有这项比赛的消息后，我们从开学第一天就开始练习，从技巧到速度，我们一直在不断摸索。每天我们都练习得满头大汗。每次有学生担心地问我：

“我们能比得过人家吗?”我就大声告诉他们:“我们就是冲着第一名去的!我们一定会得到第一名!”后来在比赛中,我们以328个遥遥领先,获得了冠军!尽管那一段时间,我的右肩膀一直酸软疼痛,但是从师生同甘共苦赢得冠军的过程中,学生学到了坚持、付出。

还有学生的生日会,无论多忙我都会参加。画满祝福的黑板上有学生从不厌倦的主题,烛光里“42+1”张笑脸是从不更换的节目。

绿茵场上的每一场“拼杀”都离不开我们的啦啦队的呐喊。我们一起奔跑,一起跳跃,一起感受脉搏和心脏的跳动,一起洒下拼搏的汗水和高兴的泪水。

学校的活动是丰富多彩的,每一次活动后我都趁热打铁地总结,鼓励学生为集体的发展再添一份柴,再加一把火。激活学生的自尊心,使学生产生荣誉感,让每个学生在集体中找到归属感。有了这份对集体的认同和依恋,有了这份点点滴滴的关爱,这种归属感会化作无穷的动力,使每个学生的内心迸发出为集体奋斗的激情,同时,学生也会接受集体的规范,服从集体的管理。

五、利用一切资源建设亲情

家,是孩子最热爱、最依恋的地方;家,是培养亲情的最佳处所。孩子在学校寄宿,那么我们首先就要让孩子在学校里有家的感觉。花点心思,让氛围不同,那么,心情不同,教育效果就不同,所以我们要让班级的每个地方都洋溢着浓浓的亲情气息,让“四壁说话”,让“每一个角落”都活起来,赋予它们无限的生机,起到“无声胜有声”的感染、教育作用。

1. 班级是我家

快过新年了,家里肯定要挂上红红的灯笼;圣诞节到了,家里肯定少不了挂满礼物的圣诞树,房间里一定有他们最喜欢的米老鼠、史努比等玩具……而家里有的氛围,学生在教室里、宿舍里也都能感受得到。在一些比较重大的节日里,教师不妨和孩子亲自动手布置这个“家”。

教室里的全家福——经常有人驻足流连在这块展板前,他们都会被照片上温馨的亲情深深感染。郁郁寡欢的学生在这里得到满足,闲来逛逛的学生也在这里找到怦然心动的感觉。

班徽——班徽是班级的标志,它放在教室最显眼的位置。我调动全体学生参与设计，班徽设计完成后，在运动会中、升旗典礼上、各项比赛中不断展示，它在班级电子报、黑板报等不断出现，有助于学生对班级产生认同感和自豪感，增强学生对这个“大家庭”的归属感。

班级荣誉墙——金灿灿的荣誉墙记载着班级在各项活动、各项评比中获得的荣誉，给每个学生一份满足、自豪之感，同时又激励学生积极向上。

班级种植养殖区——学生利用窗台、墙角等空间开辟了花卉种植园、花卉观赏区及蚕宝宝养殖区。通过各项活动，学生在照顾动植物的过程中懂得生命的美好，体验到呵护生命的酸甜苦辣，从而珍爱生命，学会感恩，关心他人。

班级图书角——图书角的图书琳琅满目，这里除了学生自己捐的图书，还有每班家委会精心为孩子挑选的书籍。每晚 6 点半到 7 点，是学生每日固定的阅读时间。生活老师不辞辛苦，帮助学生营造一个安静的阅读环境；语文教师就阅读书目、阅读方法、读后感对学生进行专业指导。“阅读点燃智慧，好书引领成长”“营造书香班级，让好书陪伴学生”等有组织的读书活动在悄然无声中进行着。如今，你会发现，班级里多了读书的静谧，少了打闹的喧嚣；学生身上多了浓郁书香，少了浮躁之气。

温馨涂鸦墙——在教室专门开辟的一面墙，让学生信手涂鸦以舒解压力。

温馨小贴士——天气预报或生日祝福等。

百宝箱——放药、纸巾、针线等。

情感走廊——座位编排与众不同，教室中独辟出一条“H”型过道，1、4 两组不变，2、3 两组的前两排前移，后两排后撤，中间留出一条走廊，可以方便教师自如地行走到教室的各个角落，可以随时和学生接触。通过眼神、表情、举止，教师将对学生的关注和期望传递给学生，与学生在心理上产生情感共鸣，让教师的爱辐射到全班里的每一位学生的身上。

“桃李不言，下自成蹊”，优美的班级环境能使学生在不知不觉中、自然而然地受到熏陶和感染，为他们增添无穷的学习和生活乐趣，同时也给他们带来希望和活力。

2. 节日活动

妇女节、母亲节、父亲节、中秋节、教师节等节日，我们都会组织一些活动，让学生给自己的父母、老师、同学亲手做一张卡片，写一份祝福。“妈妈，你就是黑暗中的火把，让迷路的孩子找到了家。”这句祝福曾让家长

泪流满面。

3. 网络平台——电子报

家校之间大量的信息需要互换，这就需要一个信息载体，而亲情的培育也需要一座沟通的桥梁。我们在校园网络上开通了论坛，还制作了每周一期的电子报，以醒目的班徽和班级口号作为刊头。以下是电子报的主要板块：我爱我家、我爱我班、榜上有名、教子有方、温馨提示、共享成长……

有了电子报，家长和孩子有了更多的共同话题。过去，很多家长发现，孩子回家之后不会主动和家长沟通，这是一个危险的信号。寄宿制学生和家长本来在一起的时间就少，如果还不重视假期时间的沟通，那么亲情就会变淡，家长无法走进孩子的世界，孩子也不会愉快地接受家长的教育引导。有了电子报，家长就占了主动地位，孩子一回到家，家长主动和他们谈论班级开展了哪些活动、孩子获得哪些奖励等，孩子一定会很惊喜：原来父母也是与时俱进，对我们的校园生活非常了解的。家长是主动的、热情的，掌握信息量是足够的，这种亲子沟通就是有效的。

六、和家长共同维护亲情

（一）劳动体验

现在很多父母对孩子只是“给予”，不图“回报”，这种畸形教育方式往往会使孩子认为父母关心自己是理所当然的事，不知道自己也应该关心父母，于是，就会变得没有家庭责任感，不知关心别人。“家庭小岗位”——在家设一个或多个固定的小岗位，让学生体验各个岗位的工作。“今日我当家”——让学生从经济管理、家务料理、接待客人等方面完全自己当家做主。这样，孩子从洗碗、扫地、洗手帕等这些微不足道的事中，用心体验了平时常为自己所忽略的爱，从劳动体验中体验家长的辛苦和关爱，促使他们用实际行动表达感恩之情。

（二）双休日——亲情培养日

寄宿制学生的家长日益认识到和孩子共同度过双休日的重要性。所以，在家长会上老师发出倡议之后，很多家长都对双休日进行了重新规划，周一至周五会努力工作，尽量把双休日的时间挪出来，不再出差或加班，而是留给自己和孩子。双休日，就是亲情培养日。这个日子很宝贵，家长可以和孩子一起探望老人、整理居室、家庭聚餐、踏青登山等，从放松中体会亲子活动的快乐，让家长与孩子有更多的空间和时间培养亲情。

（三）家委会

素质教育和寄宿制教育模式决定了现代年轻的父母面临着与自己以往完全不同的教育方式，他们需要不断学习怎样更好地做合格的父母。因此，积极配合学校教育改革的家委会的成立和工作日益变得重要。孩子在学校和家里有不少学习压力，而儿童的好奇心强，爱玩，潜在的负面情绪需要一个释放的空间，家委会便定期在户外组织游玩活动，有力地促进儿童身心的健康发展。家长在教育子女问题上有不少的困惑，家委会 QQ 群、定期的聚会都能为家长之间提供互相交流、学习的机会，提高家长与孩子共处的能力，为孩子的健康成长创造更好的家庭环境。家委会还参与学校各项集体活动，如运动会、各类演出、校外公益活动等。有了家长的参与，这个集体变成了一个温暖的大家庭。家长身上体现出来的对班级的责任感和主人翁精神潜移默化地影响着孩子。家长对集体的关注度也直接感染了孩子，让孩子体会到这是一个和谐友好的团队，一个有共同目标的团队，一个有强大凝聚力的团队。在他们的生活中，有那么多人关爱祝福着他们，有那么多人关心着他们的成长，给他们注入了前进的力量。

总而言之，班级亲情文化是对人性的自我唤醒，学生增强了归属感，把自己视作班级大家庭的主体，努力改变被动者的角色，积极主动地参与班级管理。班级亲情化管理的含义概括起来就是：依靠学生——全新的班级管理理念；尊重学生——班级管理行为的最低标准；凝聚学生——班级管理有效运转的重要保证；发展学生——班级管理的最终目标。

让学生在“岗位”中成长

——班级“小岗位”实践研究报告

黄建华　张小会

常言道，能做元帅就不做将军。我们都希望成为“元帅”式的班主任，运筹帷幄，睿智地调动学生的积极性，让学生成为奋勇争先的“将军”，而不需要事必躬亲、亲力亲为，就能使班级井然有序，生机勃勃。

美德是习惯的结果；习惯是规训的结果，是濡染的结果，也是引领的结果。现代教育要求教师要关注学生的终身发展，也就是要让学生养成受益终生的习惯，尤其是要教给他们做事的方法。

一、学习传统，遭遇瓶颈

引导学生自我管理，让学生真正成为班级的主人，一直都是班主任老师努力达到的目标，但是收效却不尽如人意。在班主任的实际工作中，普遍存在以下一些现象：

1. 班主任工作千头万绪，经常发生的随机事件往往打乱班主任的工作计划，使得原本计划好的工作被拆得七零八落，让班主任烦恼。

2. 学生的自我管理能力不同，没有养成好习惯的学生随时都有出乱子的可能，经常是“按下葫芦起了瓢”。

3. 学生干部有强烈的管理欲望，但是大多数都缺乏有效的管理技能，管理手段简单，效果不尽如人意。

[案例 1]

我班第一次安排的岗位职责，是按照“设置岗位—民主选举—制订岗位职责”三步进行的。即先根据班级实际情况，由学生确定所需要的岗位，然后由学生自由报名，通过演讲、投票竞争上岗。再由各岗位负责人初步确定岗位职责，学生再提出意见和建议，并进行修改，最后制订出岗位职责。

班长：协助班主任管理班级工作，指导班委会工作。

副班长：协助班长管理班级工作，指导班委会工作。

学习委员：配合任课老师，帮助学生学习，反映教室学习情况。

纪律委员：管理学习生活纪律，做好记录并予以适当处理。

生活委员：协助生活老师管理寝室卫生和纪律。

卫生委员：管理教室的卫生和值日安排，做好记录并予以适当处理。

宣传委员：组织宣传与办报小组，负责板报工作，组织宣传投稿。

体育委员：协助组织晨练、课间操、体育课、校运会和集会。

文娱委员：负责组织各项文娱活动，协助音乐老师进行教学管理。

语文科代表：协助语文老师的工作，及时收发并登记作业，主持晚读。

数学科代表：协助数学老师的工作，及时收发并登记作业，辅导同学学习。

英语科代表：协助英语老师的工作，及时收发并登记作业，主持早晚读。

这样的岗位设计将任务管理具体到人，从表面上看，好像是事事都有人做，但是经过一个月的实践，出现了不少问题。常常会有学生向我反映："班长王××太凶了，老是对我们指手画脚。""纪律委员肖××包庇好朋友。""卫生委员李××自己不做，老是让我们几个人做。"……

这些在岗位实践过程中学生的真实写照，是问题，也是资源，班主任要做有心人，在尊重学生发展差异的同时进行分类指导。分析小岗位管理上出现这些问题的原因，归纳起来主要有两点：一是受个人能力差别的制约；二是缺少了做事的基本标准，即这件事怎么做，做到什么程度才是合格的。

二、革新观念，寻找突破

以群体理论为依据，我们通过班级小岗位的建设和管理，为班级自主管理找到了一条有效的途径。

群体是指两个或两个以上的人，为了达到共同的目标，以一定的方式联系在一起进行活动的人群。群体有其自身的特点：成员有共同的目标；成员对群体有认同感和归属感；群体内有结构；成员有共同的价值观等。群体的价值和力量源自其成员思想和行为上的一致性，而这种一致性取决于群体规范的特殊性和标准化的程度。群体规范具有维持群体、评价和导向成员思想和行为及限制成员思想和行为的功能。群体规范对个体行为的制约表现为服从和从众。群体规范通过"内化—外化"的机制影响个体思想和行为的变化，是在管理上通过建立和维持良好的群体规范，培养师生健康思想、良好

品德的心理依据。

根据群体理论的核心思想，我们从群体的角度来看待班级，提出了一些观念，为班级“小岗位”的设立进行观念引领。具体如下：

1. “切入点”观念。每一个学生只有在群体中才能发挥自身的作用，个体才能成为群体的有机组成部分。班主任通过引导、设计和安排，让学生意识到自己在群体中有价值、有作用、受关注，与每位成员有密切联系，就需要有为他人服务的岗位。

2. 分工合作意识。群体事务需要分工与合作，以“人人有事做，事事有人做”的理念建立小岗位制度，将每一位学生都纳入“服务”体系，使“群体成员之一”的概念逐步深入到学生心里。

3. 归属认识。每个个体通过小岗位做一件为群体服务的事，得到群体其他成员的认同，体验归属感。

4. 系统设计，分类操作。通过设计小岗位体系，将班级日常的卫生、纪律、规范等各方面内容纳入到此体系中来，形成群体互相监督的机制；同时也能降低随机事件发生的概率。

通过学习和思考，我们对“干部管理”的理念进行了改革，把“管理岗位”转变为“服务岗位”，强调服务功能，由此重新设立了“岗位表”（见表1）。

表1　小岗位分工表

岗位	姓名	工作职责
红领巾保管员	男：×××	保管红领巾，周一早上按时收发红领巾。
	女：×××	
集会路队长	男：×××	负责大课间和集会的路队管理。
	女：×××	
手册管理员	×××	每周日晚7：00收齐手册《放飞希望》，检查内容是否填写完整，做好登记工作，7：30上交班主任。
班会书写员	×××	负责每次班会主题的书写。
图书管理员	×××	负责每天整理图书角两次：大课间、晚自习后。
电视管理员	×××	每晚7：00负责按时开关电视。
讲台管理员	×××	每晚7：00清洁多媒体讲台、黑板，摆放粉笔等。

续表

岗位	姓名	工作职责
电脑管理员	×××	负责及时打开和关闭电脑、投影仪。
纸篓管理员	×××	负责每天三次清空纸篓：课间餐后、上午和下午放学后。
工具管理员	×××	负责每天三次整理劳动工具：上午和下午放学后、晚7：00。
课间餐管理员	×××	负责分发课间餐，把同学未吃完的食物送回保安处。
牛奶管理员	×××	负责课间餐的秩序，把学生未喝完的牛奶放到老师办公室保管。
窗户管理员	×××	每天进入教室时，负责开窗通风；放学时，关闭窗户。
灯扇管理员	×××	负责每天打开电灯、电扇；当同学们离开教室时，负责关闭电灯、电扇。
……	……	……

这个措施实施下来，效果比之前好了很多，学生的积极性很高，对自己的“小岗位”也很尽心尽责。但是，随着时间的推移，问题又渐渐暴露出来，主要有以下两方面：

1. 一部分学生缺乏恒心，有时做，有时不做，导致其他同学意见大。

2. 有些学生做事比较随意，今天按照这个标准，明天又按照另一个标准，让人无所适从。

针对小岗位管理的实践过程，我们进行了反思，进一步理清了思路，主要包括以下三方面：

1. 要有培训和指导的标准，学生服务的能力需要培养。笼统的、原理性的服务要求，往往不能让学生很好地完成任务，标准化、流程化的培训是必要的，也是高效的。

2. 岗位工作时间、内容、操作方法、操作程序都要明确细化，只有这样，学生的岗位意识才能强化。

3. 学生的服务愿望强烈，但是服务意识参差不齐，需要班主任提示、评价、持续鼓励才能到位。

三、科学论证，细致操作

为了使小岗位工作具有时效性，我们必须对小岗位管理进行变革。

我们依据流程管理的“做什么、谁做、怎么做、做成什么样”这四个基本要素，重新对小岗位进行了设计（见表2）：

表2　小岗位流程管理表

做什么	谁做	怎么做	做成什么样	评价人
岗位名称	姓名	岗位标准	岗位效果	评价人

这是变革后的小岗位管理表（见表3）：

表3　小岗位管理表

岗位名称	姓名	岗位标准	岗位效果	评价人
红领巾保管员	男：××× 女：×××	保管红领巾，每周一早上按时收发红领巾。	每周一升旗全班都带齐红领巾。	×××
集会路队长	男：××× 女：×××	负责大课间和集会的路队管理。	路队站得快，队伍站得直。	×××
手册管理员	×××	每周日晚7：00收齐手册《放飞希望》，检查内容是否填写完整，做好登记工作，8：10上交班主任。	及时收齐并上交；对没有填写或内容填写不完整的学生，督促其填写。	班主任
班会书写员	×××	负责每次班会主题的书写。	认真记录，书写规范。	×××
图书管理员	×××	负责每天整理图书角两次：大课间、晚自习后。	图书按照编目整理整齐，书柜干净。	×××
电视管理员	×××	晚7：00～7：25负责按时开关电视。	按时开关电视。	×××

续表

岗位名称	姓名	岗位标准	岗位效果	评价人
讲台管理员	×××	每晚 7：00 负责清洁多媒体讲台、黑板，摆放粉笔等。	多媒体讲台、黑板干净，粉笔摆放在指定位置。	×××
电脑管理员	×××	负责及时打开和关闭电脑、投影仪。	及时打开和关闭电脑、投影仪。	×××
纸篓管理员	×××	负责每天三次清空纸篓：课间餐后、上午和下午放学后。	课间餐后、上午和下午放学后清空纸篓。	×××

小岗位的设置容易，其管理、评价却较难。但是，只要我们真正做好了这两项工作，就能促进学生自觉服务意识和习惯的养成，也有利于良好生生关系的形成。所以，我们在设计“小岗位”时增加了“上岗培训、指导—监督管理—及时评价”这三个环节。

1. 上岗培训、指导。学生新接手一个岗位的工作，会因为自身能力、个性和岗位间的差异等呈现出不同的工作状态。班主任除了耐心等待学生的实践、体验与感悟之外，还需要时时给予他们帮助、引领和指导。班主任不能因为岗位竞聘结束，班级管理事务有学生做，就一放到底、不闻不问，而是要及时给予培训、指导。

[案例 2]

行李箱管理员韦嘉志，他第一次上岗时，很认真负责。周五早上，他早早地就来到教室，负责把学生行李箱摆放整齐。他按学生来的先后顺序摆放，先来先摆放。

当他摆完后，我评价说：“韦嘉志，你很认真负责，行李箱摆放得确实很整齐，但不够美观。你能发现哪里需要改进吗?”他看了一会儿说：“行李箱大小不一，所以看起来不美观。”接着，他把拉杆箱全部竖着摆放在一起，小的旅行包横着摆放在一起，经过这样调整之后，行李箱看起来就很美观了，他自己也很满意，开心地笑了。

周五下午放学后，第一批学生先拿走了行李箱，结果剩下的行李箱七零八落地堆在那里，看起来不太整齐。我又找到韦嘉志，问他：“你现在看看行李箱，你还满意吗?”他有些不好意思地说：“我本来摆放得很好，是因为刚刚走的同学拿乱了。”我启发他：“那你有办法解决这个问题吗？回去想一想，看看下周五能否有所改善。”到了下个周五，他真的想到了办法。他把前后两批走的学生的行李包分开放，先走的放在左边，后走的放在右边。这样，先走的学生拿走行李箱时不影响后走的学生的行李包的摆放。

现在，韦嘉志的小岗位工作做得非常出色，得到了学生的肯定，他的自信心也因此得以增强。

2. 监督管理。有一句话说：“抓在细微处，落在实效中。”班主任工作只有落在细微处，才能使班级管理见成效。

根据班级的实际情况，我在班级设立了一个独立的监督部门，成员由学生轮流担任，主要是监督小岗位的工作，让小岗位在行使班级的管理权利时，感到一种责任、一种制约、一种监督，从而不断完善自己的工作。我们还要求每个岗位的值日人员做好工作记录，这样，即使班主任不去班里，但只要打开岗位记录本，就可以对班里的事情了如指掌。更重要的是，这样做让每个学生都有了独立的机会，让他们学会了管理，也培养了学生独立工作的能力和高度的责任感。

3. 及时评价。实践证明，无论开展什么活动，如果我们不进行及时、合理的评价，效果就会大打折扣。所以，从这一点上来看，我们要重视对活动结果的评价。我在教室张贴了评比表，把每个同学的表现纳入星级评比中，加强了学生的合作和团结互助意识，也起到了相互督促的作用。我还利用每周的班会课对班内学生的小岗位情况进行小结，及时表扬表现优异的学生，鼓励那些还存在不足的学生继续努力，坚持不懈。我每天对小岗位管理效果进行一次公布，每周进行一次总结、评比，对最佳小岗位进行奖励。

四、跟踪反馈，持续优化

学生通过小岗位为他人服务，体会到“工作”的成就感，也享受到其他小岗位给自己的服务，体会到“有付出也有回报”的道理，以积极的态度参与班级管理。通过岗位建设促进学生的主动健康发展，学生能力得到提高，初步实现让班主任成为“元帅”的理想状态。

在平稳运行了两个多月后，岗位工作成效的差别开始显现：每周、每天的常规小岗位操作虽然运转正常，具体的、事务性的岗位，如牛奶筐的放与收、课间餐的发放、清洁卫生等执行情况良好，但是标准比较有原则性的、有弹性的，如监督眼保健操、晚自习、早读等管理岗位的执行效果不够好。通过观察比较，我们分析原因，发现了症结所在：岗位工作效果好是因为标准清晰，操作性流程明确；标准有弹性的、操作流程不明确的工作岗位，执行效果就比较差。根据“5S 管理”方法，我们确定了解决办法，即“一定标准、二定流程、三常督察”，以解决学生岗位操作受阻的症结。以卫生岗位为例，说明如下：

卫生岗位管理规范

要做好卫生管理，不能希望一蹴而就，实际上也不可能寄希望于学生自觉。只有通过长期规训，强化学生的条件反射，让他们形成良好的习惯，才能保持良好的公共卫生。

程序上设计原则：定时、定人。

执行的程序：定时清理—定时清扫—定时清洁。形成长期习惯，要做到以下两点：

1. 操作定时到位。

2. 监督定时（记录）：对前面操作岗位进行监督评价的岗位。

下面是管理表格样表：

五（　　）第（　　）周班卫生常规小岗位

（4 个岗位：（1）督促清理岗位；（2）清倒垃圾岗位；（3）巡查地面岗位；（4）监督前 3 个岗位的监督员）

值日情况及评价记录表

星期	（1）督促清理岗 10：25～10：30	（2）清倒垃圾值日岗 10：25～10：30	（3）保洁巡查岗 （每次课间）	（4）评价等级	评价员
一	好　差	完成　未做	1、2、3、4、5、6	好　差	×××
二	好　差	完成　未做	1、2、3、4、5、6	好　差	×××
三	好　差	完成　未做	1、2、3、4、5、6	好　差	×××
四	好　差	完成　未做	1、2、3、4、5、6	好　差	×××
五	好　差	完成　未做	1、2、3、4、5、6	好　差	×××

系统设计优化后，先前的岗位管理的弊端逐渐消除，总体效果明显改观。坚持一段时间后，学生的习惯已经固定下来，整个班级的各个岗位都能

井然有序。在岗位轮换后，每个岗位上的新成员都能很快地转换意识，按照该岗位的规范进行操作，达到“标准化、流程化、自动化”的水平。“岗位工作”训练实际上也训练了学生的“职业化”意识，提升了他们的能力。

五、下一步还需要思考的问题

学生的个性千差万别。部分学生在承担某些需要较强责任心的岗位的时候，有时不能很好地坚持下来，这也影响到其他岗位的运转。另外，教师在岗位指导中要达到什么程度，也是要在今后的实践中进行研究和改善的问题。

【参考文献】

［1］杨志联．在班级管理中引入5S活动［J］．教育与探索.2009，(4)．

［2］王端清．借鉴企业管理理念，提升班级管理水平［J］．中小学教育，2010，(11)．

我就喜欢

——有趣的学生心理

冯　艳

一、烧掉分数——震撼

每逢新生入学时，学生初来乍到，便急不可耐地在公榜名单中寻找自己的名字和同班同学的名字。“哦，你的在这里。前面呢!”——充满了羡慕。“你的在后面。”——似乎暗含奚落。不时有学生在名单前面和后面的名字上指指点点。发现自己排在前面的学生喜笑颜开，排在后面的学生自然一脸沮丧。看到这个情景，我暗自思忖，从小学低段升入高段，学生站在新的人生起点，他们一定都有一个美好的愿望：要好好学习，要让同学、老师、家长都喜欢自己，今后还要出人头地。于是，我决定抓住这个契机来设计第一次主题班会——站在新的起跑线上。

班会一开始，我用大屏幕展示了我校一个已经毕业了的班级的两份成绩单：一份是四年级分班考试的成绩单，一份是小升初考试的成绩单。我请学生观察、比较。分数、排名差异之大，令学生一脸愕然，他们在下面议论纷纷，都有话要说。于是，我请几个同学上台谈谈自己的感想，特别请了排在前面和后面的学生。他们有所启发，一致认为，新学期，新起点。初考成绩不论好与差，都只代表过去，关键在于把握现在，放眼未来。从今天开始，大家是在同一起跑线上重新起步。

这时，我觉得时机到了，就拿出同学们的初考分数单，问：“你们认为这个初考分数单有参考价值吗？有保留的意义吗?”

随着学生的回答，“哧”的一声，我用打火机点燃了这叠纸。教室里一片寂静。一团红色的火苗渐渐熄灭，只留下满室纸香和焦煳交织的气味伴着大家沉思。这把火烧掉的是骄傲和沮丧，点亮的是谦逊和希望。即使是学习一时有困难的学生，也只是因为他们学习习惯不好或缺乏自信心而已，他们也有很强的上进心。而成绩单的对比与分数单的烧毁恰好抹去了分数给他们心理上造成的阴影。每个学生当即订下自己今后 1 年、3 年、6 年和 10 年的

学习与奋斗目标，并当众封存于信封，相约到期再启封展示，到时定要：煮酒论英雄，畅叙同窗情！

有的家长至今还在称道，孩子的进步就始于这次班会。

二、自选座位——期待

每学期初的编排座位一事，真叫我这个班主任犯难。按高矮顺序排吧，近视的高个儿同学不高兴了；按成绩搭配吧，成绩好的同学又多半不乐意；让学生自己找好朋友，交头接耳就方便了；硬性安排，虽然可行，但不时有学生抗议："我能不能调得离某某远一点?"甚至有家长也来请求："我的孩子能不能和某某坐?"整个学期，班里总有点"动荡不安"。我得想办法解决这个难题，让学生和家长都满意。

学生对座位的要求、对同桌的选择，归根到底，无非是想有个满意的学习环境，对自己的学习有利。如果在编排座位上满足他们的要求，说不定就会促进他们的学习。广外外校一贯注重"以生为本，快乐学习"，好，我就来个彻底的民主，让他们自己选同桌、挑座位，看看他们的思想动态，也以此作为教育学生的一个契机。

听到我说学生可以自己选择座位，他们简直不敢相信自己的耳朵。他们抱着试探的心理给我交来了写有要求的小纸条。我一一展开来看：

我想和某某坐一起；我不想坐第一排；最好和理科成绩好的某某坐一起；尽量坐后排，但不想和成绩差的某某坐一起……

这些要求不过分，理由还算正当。那些平时调皮的学生这时也毫不含糊，都想坐在能帮助自己学习的同学旁边。我看到他们期盼自己进步的真诚心愿，由衷地感动，于是说话算数，满足了每一个学生的愿望。全班皆大欢喜。

后来的情况，果然不出我所料，学生学习起来劲头十足，班风、学风大有好转。

半学期过去了，按照惯例又该换座位了。同学们充满了期待，多数同学早就在私底下计划好了自己的"宝座"，大有"山雨欲来风满楼"之势。这次，我仍然请他们递上自己的书面愿望。兴许是第一次尝到了甜头，他们这次毫不犹豫地对我敞开了心扉：

不坐第一排；不和打扰我听课的同学坐一起；和平时能帮助我学习的同

学坐一起；不跟坐过的同学坐一起。

我不要跟某某和某某坐，他们不要出现在我的九格之内（如下图）。

□	□	□
□	我	□
□	□	□

不要坐在第一排，最好第二、三排；不要让吴某某、朱某某坐在附近；希望数学好的同学坐在我的前后左右。

希望和安静的同学坐一起；不要跟坐过的同学坐一起；跟上进的同学坐一起；不坐第一排。

希望和黄某某坐一起；位置最好能靠前一些；周围最好都是比较安静、爱学习的人。

后　　面	
X	Y
陈	廖
陈	梁
黎	成绩相当，安静的同学
Z	A
前　　面	

说明：池某某在位置 X 或 Y 中，Z、A 为两位较安静的同学。

……

等全部看完，真有点让我不知说什么好了。没想到，和上次比，同学们的要求提高了好几档，几乎人人都列出了好几条，真有点“得寸进尺”呢！有的同学意欲安插“左卫右侍”，把自己的位置弄得跟“皇帝的行宫”似的！还有一些同学的要求是相互矛盾的。优秀的同学人人抢着要，成绩、习惯不好的同学都不要。四周靠边的座位都是空的，尤其是第一排，更是没人坐了。

我在班上介绍完他们提的要求后问：“同学们，面对你们的诸多要求，这个座位我无法编排下去了，因为我不能满足你们所有人的愿望。有哪位同学可以帮我编排?”这时，同学们原本喜气洋洋、充满期待的神情一下子变得黯然起来，没有一个人吭声。

“为什么你们也没法编排下去?”学生都很聪明，略一思索，他们立刻领悟到了：

“我们都只顾自己，没想到他人。”

“我很贪心，老师第一次满足了我的要求，我就想老师满足我更多的要求。”

“我很自私，不想帮助成绩差的同学。”

“我没有集体观念。”

我很欣慰地看到同学们的认识渐渐地清晰起来：人人为己的班集体如一盘散沙，是没有凝聚力和战斗力的。只有顾全大局、互帮互助、善于包容的人，才会真正地进步。否则，自己也不可能得到发展。

我接着问：“请你们再想想，应该提怎样的要求比较合理呢?”

眼见过于自我的想法在现实面前行不通，学生内心出现了激烈的冲突。人生观、价值观、集体观、与人相处的艺术……他们在思索着，选择着。是啊，当我们在评价别人的时候，别人也同样在评价我们。“己所不欲，勿施于人”，于是，他们主动降低了要求。再看他们递来的纸条：

我想和安静、爱帮助人的同学同桌；希望能和数学较好的人坐一起；我希望与某某坐，因为她能指导我的数学和英语，至于坐第几排无所谓；最好不要坐第一、第二、第三排，因为会挡着别人的视线；为了能达到互动的效果，我希望能和某某同桌；尽量坐后排，不和成绩差的同学坐一起；随便老师安排……

当然，面对学生这样的正当要求，甘愿委屈自己的度量，成全他人的诚意，我又一次轻轻松松地解决了这个难题，让个个都满意。

后来每次到排座位的时候了，学生都会追问我，什么时候大换位。那副急不可耐的样子，好像马上要去自助餐厅一样。

三、网上竞赛——刺激

2008年暑假，借助于互联网，我创建了网上数学竞赛板块。这个消息传出后，一传十，十传百，网站点击率激升，没有灌水，只有解答和交流。下面是某日交流的趣题记录。

无论你是否是数学爱好者，请先思考以下几个问题，相信你多少会有一些想法，权当是我普及数学知识吧!

1. 你的年龄我知道

请按照如下操作，大约需要花费你 15 秒钟，我就可以猜中你的年龄。你知道为什么吗?

首先，请任意挑 0～7 之中你喜欢的一个数字，先把这个数字乘以 2，然后加上 5，再将结果乘以 50。如果你今年的生日已经过了，把得到的数加上 1759；如果生日还没过，请加上 1758。最后一个步骤，用这个数减去你出生的那一年（公元），现在你会有一个三位数的数字，其中后面的两位数就是你的年龄！（如果你没有算错，请承认。这个操作只在 2008 年有效）真的就是如此！

2. 三人行，必有我师焉

我国古代大思想家孔子曰："三人行，必有我师焉。"假设这句话是真命题，即"三人行，必有我师"对任意同行的三个人都是成立的，那么在我们学校 1188 人中，最多有几人"不为人师"? 解完此题后，你一定会有所感悟的！

3. 同学的生日

在一个 37 人的班级里，至少有几个人的生日是同月的? 同时告诉你一个秘密，在一个 37 人的班级里，对于"至少有两个人的生日相同"，（生日相同可以不同年，如 1993 年 9 月 8 日与 1992 年 9 月 8 日视为生日相同）这个结论，我有八成的把握判断其正确。你相信吗?

4. 巧算"24 点"

你可能玩过用扑克牌"算 24 点"的游戏，即随意抽出四张扑克牌，看谁能先根据其点数用加减乘除及括号算出结果为 24。假如，我给你 1、2、3、4 四个数，相信你很快就能解决；再给你 1、5、5、5 四个数，相信你也会有办法得出结果。现在，我给你下面的三组数：3、3、7、7 或者 4、4、7、7 或者 3、3、8、8，如果你也能解决其中之一，那我就佩服你了。

5. 地球村，六人行

世界上任意的 6 个人，是不是一定存在 3 个人互相认识或者互相不认识的情况?

6. 只用一个三角板画出 15 度角

你会用一个 30 度、60 度、90 度的三角板和一支铅笔画出一个 15 度的角吗?

7. 经过六点画直线

我们都知道，经过平面上的两点有且只有一条直线，经过平面上三点中

的两点最多有三条直线，那么经过同一平面上六点中的两点最多有几条直线？如果改为经过空间六点中的两点呢？

8. 漂亮的6个点

你能否在平面上找到6个点，使得其中任何3个点都成为等腰三角形的3个顶点？若无，请证明之；若有，请画出图形。

9. 将图形面积分割

你应该会用无刻度的直尺和圆规作一条直线，将一个三角形或者平行四边形分割成面积相等的两部分吧！但是，你如何用无刻度的直尺和圆规作一条直线，将一个梯形分割成面积相等的两部分呢？试一试吧！

在分发课间餐中引导学生自我发展

吴　宏

“孔融让梨”的故事可谓众所周知，然而，现代家庭中的孩子，尤其是独生子女，一方面物质资源比较丰富，另一方面又自觉或不自觉地以家庭的“中心人物”自居。试想，这样一群孩子聚集在一起，在同一个班级，每天都要面对一次分发课间餐的机会，那将会怎样？

学生在一、二年级时，我做了两年的“课间餐发放员”，分发课间餐就像摸牌一样，抓到哪张算哪张，学生倒也相安无事。到了三年级，我想我该“下岗”了，应该让学生自己来分发课间餐了。

一、学生分发课间餐的尝试

为了体现“学生自主”精神，我在班级发表了慷慨激昂的讲话：“同学们！我们不再是一、二年级的学生了，现在是三年级的学生了，长大了，我们不再需要老师为我们分发课间餐了，我们要发扬先人后己、相互谦让的精神……”就这样，我每天把课间餐放在讲台上，由学生排队自行取课间餐，我做起了“神仙班主任”。

结果：开始几天还好，后来几乎每天都有同学向我报告说，没有吃到当天的课间餐；再后来有学生报告说，有人插队甚至还抢课间餐。

分析：当老师不在的时候，学生自私的一面就暴露出来了。由于每天的课间餐袋里的课间餐种类多，“好吃”的食品数量有限，学生大多对于数量最多而又平常的面包不是很喜欢，所以轮到他（她）取课间餐时总是要挑来挑去，导致后面排队等候的学生不满声一片。前面挑选的学生备受指责，动作一慌，食品袋中的蛋糕经不住折腾就碎了，甚至还会有同学将蛋糕不小心掉在地上。每天谁都想排在前面，要争！挑和不准挑，要争！学生争抢过后，讲台上就留下了一个“烂摊子”。

引导：针对这样的情况，我让学生讨论了以下话题。

1. 学校给我们发课间餐的目的是什么？

2. 你对现在分发课间餐的情况满意吗?

3. 你认为是什么原因造成了现在这样的情况?

我的发问让学生陷入了沉思。通过讨论交流，学生知道了吃课间餐的目的是补充成长所需要的营养。同时，我出具了一份权威的营养成分报告，报告显示，面包的营养成分远比同学争抢的油条、大饼、火腿肠等科学、均衡得多。至于同学们都不满意课间餐发放现状的原因，有同学认为课间餐不一样造成了争抢，还举例说明为什么牛奶没有人争抢；有的学生认为人人只想着拿到自己最喜欢吃的食物而不顾别人才造成了争抢；有的学生认为因为没有老师在场造成了争抢……同学们说得不无道理！关键是怎么解决这个问题呢?

二、学生分发课间餐的定向

通过总结第一次发放课间餐失败的教训，我引导学生以“这样分发课间餐好”为题，先进行小组讨论，再进行大组交流。在讨论之前，我问他们是否知道“孔融让梨”的故事，学生都说知道。我请其中一个学生为全班讲了这个故事。故事讲完之后，我问大家：“这个故事告诉我们什么道理?”学生异口同声地说：“谦让。”我提示他们：“道理人人都知道，有时候却做不到，这就叫惰性。你们要充分考虑这一点。”

通过交流，学生达成了以下共识：

1. 有秩序是文明的表现。

2. 谦让，从我做起。

3. 吃课间餐营养第一，不偏食。

4. 每个人都有惰性，要有人监督。

我们最后决定，由生活委员担任监督员，全班仍然按先后顺序排队自己拿课间餐，不许挑三拣四，如发现挑三拣四的情况上报班主任。为了体现班级的民主，我专门对全班同学进行了动员，由自主报名和民主推荐产生了生活委员候选人，并让候选人当场进行了选举演说，然后现场投票，再经过唱票、计票等一系列程序，产生了生活委员。我宣布，生活委员将负责监督大家取课间餐，每天为大家服务。

三、学生分发课间餐的运作

经过全体同学的认真讨论而得出来的方案，执行效果真的很好。同样是学生自行运作，前后对比，效果却大相径庭：学生取课间餐的队伍非常有秩序，取课间餐也很快，没有学生吃不到课间餐的。课间餐分完后，由生活委员将塑料袋回收用来装垃圾，讲台每天抹得干干净净。我又做起了“神仙班主任”。可是好景不长，又出现了新的问题。

生活委员的家长向我投诉，孩子每天都吃最后一份课间餐，一调查发现，他每天都当“孔融”。有的学生向我反映，虽然没有人插队，但每天排队那可是竞争激烈呀，都想先排先拿，营养固然重要，但换口味的诱惑依然难以抵挡。据说，有的学生为了先排队居然不洗手，而是等拿到了食物再洗手，甚至干脆不洗手。还有学生向我反映，生活委员的几个要好的伙伴拿面包时挑拣，他却没有上报。

分析：一味强调班干部“先人后己”好像不切实际。每个学生的动作有快有慢，难道动作慢的学生就该后拿课间餐吗？由此发展到为了争先拿到食物而不洗手的地步可谓是制度的问题了。生活委员的不公平监督问题除了内因以外，还有外因——完全没有监督必然会导致腐败。

引导：私下里我找了生活委员，肯定和表扬了他前段时间为班级课间餐发放工作作出的成绩和贡献，并对他的谦让精神表示钦佩。然后，我严肃地批评指正了他工作中不能公平地对待每一个同学的错误。

在班上我再次表扬了生活委员的成绩，并让学生讨论：

1. 生活委员每天为大家服务，我们却让他最后一个拿课间餐，这公平吗？
2. 为了先排队而后洗手甚至不洗手，会产生什么危害？
3. 你觉得怎样排队好？
4. 有什么好办法让监督更公平？

四、学生分发课间餐的调节

通过引导，全班同学又一次修改了发放课间餐的方案：

按学号来排队取课间餐，并每天轮换（如今天1号先，第二天1号排最后，2号先，第三天2号又排最后，3号先……），每天安排一名学生做值日监督，和生活委员一起为全班服务（从43号同学开始，每个学生都有机会），生活委员和值日监督不排队，但和其他同学一样按学号拿课间餐。除了插队的和挑三拣四的同学受到处罚以外，对不洗手排队拿课间餐的同学也进行处罚。每周评选课间餐文明生，奖惩纳入“自我发展之星”和“最佳小

组”评选。任何同学发现生活委员或值日监督不公平，都有权直接向班主任汇报。

这个方案很快实施了，学生分发课间餐的情况与以前相比，又有了许多变化：洗手很自觉，生活委员服务时不再眉头紧锁而是脸上挂着微笑，值日监督的热情更高，整体分发过程效率很高，可以说是又快又好。

随着外部条件的变化，同学们又一次次地调整分发课间餐的运作。比如，期中以后，第二节课下课后，学生要出课间操了，回到教室到下一节上课的时间不那么充裕了。因此，同学们又对课间餐发放作了调整——分组来发放课间餐；比如，第三节课，学生不在教室上课，可将课间餐移至第一节课下课后或者第三节课下课后发放；比如第三节课和第四节课学生都不在教室里，由生活委员和值日监督将课间餐拿到上课地点发放；比如，有同学生病了，其他同学认为应该为他（她）破例挑一下课间餐；有同学请假没有来，其他同学认为应该把多出来的课间餐送给老师吃或者生活委员吃……

五、学生分发课间餐的激励

孙云晓说：“没有惩罚的教育是不完整的教育。”不过，真正的教育应该是自我教育。

自从学生分发课间餐以来，班级曾经有 3 人次因为挑拣课间餐、5 人次插队和 4 人次不洗手受到班主任老师的批评，并让大家来评价他们错在什么地方。一个生活委员因为监督不力被批评教育，而前后已经评选出 36 人次课间餐文明生。到现在，因为课间餐而受批评的学生没有了，课间餐文明生越来越多。是老师教育的魔力？不是！这是所有的学生自我激励教育的结果。

学生的智慧是无穷的，在分发课间餐方面制订出这些具体实施方案，其合理性和可操作性都很强，就其创造性而言，不亚于《汉谟拉比法典》。不过，我觉得难能可贵的是得出这个方案的过程，是学生认识自我、反省自我的过程，是学生发现问题、解决问题，再发现问题、再解决问题的过程。所以，作为教育者，让我们多发掘学生的自我教育的智慧吧！我想，这也许就是“引导学生自我发展”的真谛！

天机云锦用在我，剪裁妙处非刀尺

——寄宿制学校低年级学生龚文哲“自主发展”案例

王　鑫

“自我发展教育，主要是根据学生的内在成长要求，强化积极的、正确的自我意识，努力创设适宜的条件，在定向运作和调节中，促进学生个体自主自觉的发展……一旦教育能真正激发学生生命内在对理想的热情追求，并逐步成为一种自觉，从而能自动地、反思地学习，这才是教育的真正理想状态。”这几句话描述的理想状态，正是我们进行自我发展教育所追求的境界。然而，培养和提升学生自我发展能力，引导学生自我发现、自我成长、自我发展，需要经历一个漫长的、反复的过程。本文以寄宿制学校二年级学生龚文哲的自我发展过程为案例，谈谈怎样在低年级德育工作中进行学生的自我发展教育。

师：你为什么要去爬窗户？

生：是×××要我去爬的。

师：你为什么未经别人允许拿别人的东西？

生：还有×××也拿了。

师：是谁把这张废纸扔到地上的？

生1：不是我扔的。

生2：不是我。

……

这样的场景，你是不是经常见到？

我们班的龚文哲同学每次犯了错误都会这样说，他回答的话发问者几乎都能背出来。他不断受到老师和学生的投诉。怎么办呢？

苏霍姆林斯基说：“只有促进自我教育的教育才是真正的教育。”根据柯尔伯格道德发展阶段论，我觉得应该引导学生“自我进入社会，扮演社会角色，个体关注其他人赞成或反对的态度，保持与周围社会角色的和谐一致”，给学生一个努力要做“好学生”的期待，引导学生“对一个行为进行道德判断，是根据这个行为对人际关系所带来的后果，包括尊重、感谢和互惠”。

因此，我们在教育教学过程中，努力引导学生进行自我发展教育，培养他们的自我教育能力，帮助他们在学习生活中自我总结、自我反思、自我调控。在寄宿制学校，小学二年级的学生已经具有自我发展的意识，他们能在教师的指导下给自己制订目标，并朝着目标努力。在前进的过程中，一旦遇到问题，他们也已经在学着进行自我反思，并调整自己的前进步伐。

作为一名寄宿制学校小学低年级班主任，在平时的教育中，我很注重学生的自我教育、自我发展。下面就龚文哲同学的转变谈谈自我教育对学生产生的强大动力。

在寄宿制学校一周 5 天时间里，与学生相处时间最多的就是班主任老师。因此，学生的自我发展更需要班主任的科学引导。前文提到的龚文哲同学责任意识不强，即使他的作业未完成，也从不着急；自己的东西总是随便乱放，常常是丢了西瓜拣芝麻；看到别人做坏事就会上前凑热闹，别人一教唆，他就会犯更大的错误……为了培养他的自律意识，自觉收拾好自己的柜子，同时让他逐渐形成道德是非判断能力，我决定运用自我发展教育的“四导”“四自”理念引导他尽快走到学习生活的良性轨道上来。

一、学非探其花，要自拔其根——自定向

自我发展教育就是要培养和发展学生的自我意识，不仅要使学生认识“我是一个怎样的人”，而且还要使学生思考“我应该成为怎样的人”。因此，我首先要让龚文哲做到正确认识自我，帮助他为自己制订一个发展目标。

目标是行动的指南，是一个人前进的方向和动力。学生自己确定努力的目标，有利于学生明确前进的方向，增强学生学习的自觉性，确保学生主体地位的落实。自发的学习是最持久的，也是最深入的。在教育学生的过程中，教师可以让学生给自己制订目标，明确努力方向，他们就会以极大的热情为实现这个目标而努力奋斗，即使是遇到困难和挫折，也能够坚持不懈。同时，这样做能更有效地调动各种感官相互协作，朝着目标迈进，并能不断地反馈、检查、矫正、调整、优化探索过程。否则，学生只能被教师“牵着鼻子走”，被动参与。受智力和心理发展的客观因素制约，让二年级的学生自己制订努力目标，相对来说是一件比较困难的事，所以教师的引导就显得尤为重要。

“自定向”就是要让学生在教师的引导下，自己制订一个目标并为之奋

斗。我决定变“质问”为“引导”：

师：文哲，你觉得爬窗户这件事你做得对吗?

哲：不对。

师：那你告诉我爬窗户有什么害处?

哲：不安全，影响不好。

师：哦，是吗?原来你知道爬窗户有这么多害处啊。那请你告诉我，以后还会去爬吗?

哲：不会了。老师，我知道还有陈聪也爬了窗户。我是看他爬窗户才去爬的。

师：嗯，我知道了。那老师交给你一个光荣的任务，你像老师一样去告诉陈聪爬窗户的害处，并且告诉他以后不要再爬了，可以吗?

哲：好。

师：同时，我也想告诉你一句话，也是我经常给大家讲的，那就是："我有我的行为准则并奉行不悖!"以后看到别人做不合适的事，你要先想一想这件事情做的是对还是错。你觉得是不是这样的?

哲：是的。

师：那这样吧。老师想请你做一件事，来考验一下你，你愿不愿意帮助老师?

哲：愿意。

师：我想请你给大家发牛奶，并且管理好牛奶筐。你来填写一个表格，老师和同学们一同来督促你，好不好?

哲：好。

以下是我给他打印好的表格，由龚文哲自己对应画出笑脸或是哭脸：

时间 目标及完成情况	周一	周二	周三	周四	周五
不爬窗户					
不做危险活动					
发放牛奶和收拾好牛奶筐					

我把这张表格贴在我们的家校联系手册《放飞希望》上，并联系其家长，共同关注此事。

与此同时，我还给他安排了一个非常有能力的同桌监督他，帮助他。我

告诉他，牛奶不能放在地上，要放在专用的筐子里。这个筐子要在周一、三、五早读之前拿出去并在用完后回收到教室里。如果完不成，就会扣发他当天的牛奶。他如果完成得好，一周都能按时做到，就奖励他一颗星，累计在他个人的成绩榜上。

从以上对话中可以看出，如果我用命令的口吻要龚文哲去做发牛奶这件事，他就会觉得我在惩罚他，而我在和他讲通了道理之后，再来“请”他帮助我做事，那他就会认为这是一件光荣的事，这样他行动起来的内驱力就更大了！

就目标而言，教师首先要让学生自己制订一个目标，其次目标不能太大、太多，否则不容易实现，反倒让学生产生厌倦心理。就龚文哲而言，我只让他做到三条：“不爬窗户”——针对他所犯的错误，让他改正错误；“不做危险活动”——对他提出更高的要求，不再做类似的危险活动；“发放牛奶和收拾牛奶筐”——让他形成为班级服务的意识，同时承担责任并为之付出努力。在整个自定向的过程中，教师只进行“导向”，学生认识错误、确定目标都是发自内心的。

接下来就是在教师的“导运作、导激励、导评价”中，让学生学会“自运作、自激励、自评价”，最终达到自我发展的目的。

二、天机云锦用在我，剪裁妙处非刀尺——运作与激励、评价

自定向、自运作、自评价三者构成了自我发展的过程。在这三个阶段中，自激励是一种动力。而小学生常常是通过与他人的比较来认识自我、体现自我，从而来激励自我的。所以，发动家长和小组成员来评价学生、激励学生，能收到良好的效果。

1. 随风潜入夜，润物细无声——教师监督引导

自我发展模式的内涵是：在教师多角度的引导下，学生学会自我选择，确定学习的方向、目标、计划、方法并加以实施。教师的引导应该是“引而不发，助人自助”。教师要善于启发，但不能包办。正是基于此，我在龚文哲的目标确定后的运作过程中，总是密切地关注着他的自运作情况。

10 月 9 日，周三，这是分配给龚文哲任务后，他第二次要拿出牛奶专用筐。第一次，他已经按时拿出来了。但是，这一次，我在早读下课时去检查，发现他并没有按时把牛奶专用筐拿出来。我走到教室，他看到我来了，

立刻发觉自己还有一件事没有做，就马上去把筐子拿出去放好了。但是，我没有原谅他，因为一次宽容就会招致以后更多的放纵。我找了他谈话。

师：文哲，你今天为什么忘了拿牛奶筐？

哲：因为英语老师要我背单词。

师：早读之前，你一到教室就在背单词吗？

哲：没有。

师：我要求你什么时间必须把牛奶筐拿出来？

哲：早读之前。

师：那你觉得这件事，应该怎样处理？

（龚文哲沉默不语）

师：你告诉老师，我对你的奖惩是怎样的？

哲：如果完不成就会扣发牛奶。如果完成得好会奖励我一颗星。

师：你现在是应该得星呢？还是要扣发牛奶呢？

哲：扣发牛奶。

师：你同意这个惩罚吗？

哲：同意。

师：如果下次你按时把牛奶筐拿出来并回收好。这瓶牛奶还会物归原主的。你能用你的行动收回这瓶牛奶吗？

（龚文哲点头）

师：我看你的行动了！男子汉大丈夫，一言九鼎，你要记住，答应过别人的事就要做到。

哲：是。

大课间，我看到他很耐心地等着同学们吃完课间餐，然后他便将剩下的牛奶和面包收拾好，把筐子送回教室放好。我高兴地拍了拍他的肩膀，说："坚持下去哦！"他笑眯眯地点头答应了。后来，我还把这件事告诉了龚文哲的妈妈，希望家长也关注此事，并能给孩子及时鼓励和引导。龚文哲的妈妈在《放飞希望》上也专门提到了此事，她说："文哲能够自己说出自己做的事情的对错两个方面，知道要扬长避短，同时还愿意将自己的错误写成反思，这真是给了我们一个巨大的惊喜……"

学生的成长过程就是一个犯错与改错不断交替的过程。学生做任何一件事，都不可能是一帆风顺的，更何况是一个常犯错误的学生呢。所以，教师既要在运作过程中常常督促学生，及时鼓励他们，给予他们正面的评价，又要让学生学会自我反思、自我评价、自我激励。以上片段中，我们看到，在“不断唤醒学生自知”的过程中，教师帮助学生制订了奖惩措施以激励其实施并不断坚持。教师的密切关注使得学生及时改正自己的行为偏差之处。

2. 一个篱笆三个桩，一个好汉三个帮——小组监督评价

每周的班会上，我都会让学生进行小组自评和互评。在小组自我调节的过程中，学生扬长补短，不断地进行自我设计、自我发展、自我实现、自我升华。龚文哲是个自制力很差的学生，针对他的情况，我不仅让他的同桌监督他、帮助他，还充分利用小组的监督、评价的力量帮助他。

现摘录一次班会中，学生互评时对龚文哲的评价。

龚文哲自评：这周，王老师安排我为大家摆放牛奶筐。我在周一做到了，可是周三我没做到。周三早读的时候，我因为贪玩忘记了把筐子拿出去。王老师批评了我，并且说：“男子汉大丈夫，一言九鼎，答应过别人的事就要做到。”王老师还说：“如果你三天都做到了，一个星期会奖励你三颗星星。”我想，我以后一定要做好这件事。因为做不到这件事会扣班分，我可不想因为我扣班级的分。希望大家监督我、提醒我。

李诚：虽然你有时候会忘记拿牛奶筐，但是你发牛奶时，组织大家站好队，收拾课间餐很迅速，这一点也很好啊。

张骏鹏：我觉得龚文哲最大的优点是声音响亮，朗读课文时很积极、很认真。而且，龚文哲还很爱帮助别人，这也是他的一个优点。但我还是想给你提一个建议，请你以后讲话使用文明语言，你经常说脏话，对人很不礼貌。

黄一凡：我是龚文哲的同桌，我知道他是个很善良的人。虽然他下课总是爱跑爱动的，有时候还爬窗户，做一些很危险的游戏。但是，这几个星期以来，他已经改了好多了，下课不乱打乱闹了，课余时间也爱看课外书了，《绿野仙踪》他都看完了，还画出来好多的好词好句呢。

在“四导”“四自”的运作过程中，教师一定要关注学生的自律，教育他们要学会控制自己的注意力、情绪。自调节包括对照标准的自我评价，评价后学生要反思自己的品德人格、学习内容、策略运作、情感态度等方面的长短优劣，提出调整的措施。反馈后学生应当回到自定向，调节原计划和目的。从以上例子中，我们看到，小组成员的评价既有肯定又有批评，同时，这种评价必将激励学生协调关系，扬长补短。小队的凝聚力和团结向上的感召力，使得龚文哲在自我发展的道路上又向前迈进了一步。其中小组内的自

调节、自激励功不可没。

正是在集体力量的感召下，龚文哲的自我发展正一步步从自知、自律、自主，走向一个稳定上升的自觉阶段。

3. 见贤思齐焉，见不贤而内自省也——个人反思

陶行知说过："强迫不如说服，命令不如志愿，被动不如自动。"龚文哲逐渐养成了习惯，每到周一、三、五，他就第一时间把牛奶筐拿出来。我也实现了当初给他的诺言，奖励他牛奶、星星。他做得更起劲了。

从这件事的成功坚持开始，我引导龚文哲收拾好学习用品，每周收拾柜子 3 次，上课举手发言，定期进行课外阅读等。同样采用表格的形式记录他的成长历程。

再后来，我就给龚文哲提了一个建议，每周给自己制订一个目标，为之而奋斗，并及时写出自我反思（以下表格是龚文哲一周的记录）：

第__10__周

时间	周一	周二	周三	周四	周五
本周目标：<u>坚持按时完成各个学科的作业</u>	☺	☺	☺	☺	☺
自我反思	今天，我按时上交了语文作业，感觉很轻松，玩起来也开心了许多。	今天下午，我的英语作业没按时上交，是因为我又偷懒了。组长陪着我一起做，我坚持在课间时间完成了。王老师表扬了我。我很开心。	我今天把全部的作业都按时上交了，王老师奖励我一个贴纸，还夸我好棒！	今天我又完成了作业，王老师打电话给妈妈，她表扬我啦！	今天我能全部按时上交作业！

虽然龚文哲还是二年级的小学生，很多字不会写，只能用拼音代替，甚至有时候他的拼音也是错的，但在批改这些自我反思的时候，我还是很感动，感动于他的认真、执着。从这些自我反思可以看得出，"不断唤醒学生自知—不断提醒学生自律—逐渐放手让学生自主"的方法已经初见成效了。

同时，我还欣喜地发现，龚文哲不仅能用目标约束自己，同时遇到事情

也开始学会自我反省了。以下是他某一天的反思日记：

11月9日

今天，陈聪在下课时间偷偷跑过来要我陪他去植物园捉草蜢，这样夜晚睡觉时可以吓（唬）卢子康。我很想去捉草蜢，但是又想到王老师说过，不能随便去植物园捉草蜢，我也不想吓得卢子康睡不着觉。所以，我就对陈聪说，我不去。陈聪说他自己一个人去。我对他说老师不让去，你要去我就告诉老师。结果陈聪也没去。王老师知道了这件事，表扬了我，说我“有自己的行为准则并奉行不背（悖）”。我可高兴了。这句话王老师经常只对班长、组长说，今天也用来表扬我了，我很高兴。

在龚文哲的成长过程中，我们看到了，“情自激—行自动—理自明”这样一个过程。帮助学生制订目标是加强学生的责任感，“不断唤醒学生的自知”，是“以人为本”的自定向；及时跟踪、教育，引导学生对自己所做的事情进行反思，“不断提醒学生自律”，是为了保证他们以后不会再犯同样的错误，也是学生自我激励的一个方面，更是以自我管理为目的的自运作、自调节。教师的信息反馈和及时奖励是学生前进的动力，也是自激励的一种表现。

“天机云锦用在我，剪裁妙处非刀尺。”自我发展教育在寄宿制学校低年级德育工作中起着重要的作用。教师在引导孩子朝着“自主发展”的方向前进的过程中起着举足轻重的作用。冰心说：“爱在左，而情在右，走在生命的两旁，随时撒种，随时开花。”当我们在学生的心中种下自律自主的种子，他们就会盛开自我发展的花朵。

【参考文献】

[1] 黄利，冯国文．让我自己走路吧：自我发展学会学习初探［M］．广州：华南理工大学出版社，2007.

增强班级凝聚力的做法

陆剑虹

凝聚力是指群体成员之间为实现群体活动目标而实施团结协作的程度，其外在表现为人们的个体动机行为对群体目标任务所具有的信赖性、依从性乃至服从性。班级作为一个集体，其凝聚力首先来自于学生个体对班集体整体特征的认同感，如对班级称号的自豪感、对班级荣誉的共同追求、对班集体发展的目标意识、对班级各项规章制度的认可态度等。其次，班级凝聚力还来自于个体之间的亲密关系和情感依赖，包括学生之间的互助、合作、友爱等行为或情感关系。班级凝聚力是一种无形的力量，会促使班集体的每位成员保持积极向上的良好态度，并把个体成员的行动规范到一个统一的方向，使其为达成班集体共同目标而努力。因此，班主任无一例外地都会在增强班级的凝聚力上下功夫。

如何增强班级的凝聚力，我认为可以从以下几个方面入手。

一、树立合理的班级目标

班级目标是班级成员对班集体所期望的成果，也是一定时间内班级建设所指向的终点。一个合理的班级目标，会增强学生对目标的认同感以及为实现目标而努力的信念，一个不合理的班级目标则会引起学生对目标的冷漠甚至是反感。

我认为，班级目标是班级文化的核心组成部分，它的存在以及深入人心，对每一个班级成员都会产生较大的约束力和激励作用，从而让他们感受到来自班集体的强大的辐射力和力量感。

我曾任教的2009级五班，在初一入学第一天，我就在黑板上写下新班级的集体目标："五班—吾班—我们班"——不凡的集体，独特的你我！

对这个班级的目标，我们是这样解读的：班级是一个集体，我是这个集体的一部分。对于这个集体，作为部分的我，有着一份不可推卸的责任和义务。"我们"每个人的心中要增加"他人"和"集体"的成分，在此，所有

人都要有所收敛，有所妥协和包容。“我们班”的荣与耻、进与退和“我”是紧密相连、不可分割的。

“不凡的集体，独特的你我”，是对这个新组建的集体的一个积极的心理暗示。

“不凡的集体”——尽管任何班级都只是一个学生共同体而已，但是如激起初中学生的心中一份对班集体的自豪感，学生站在起跑线上时就心存一种希冀。心有多大，路就可能有多远，一种创造卓越的心理预期，很可能就会成为学生以后进步的一股力量。

“独特的你我”——任何以集体的名义压制甚至扼杀健康个性的教育都是伪教育。在一个“不凡的集体”里，一定要有足够的空间让每一个学生自由成长。没有完全一样的学生，没有固定模式的人才，每一个学生的成长都在沿着各自独特的轨迹进行。所以，一个中学班级里，教师需要提供给每一个不同的学生成长的阳光、气候、土壤，让每一个个体都能按照自由的成长规律健康发展。

在第一个学期里，我们通过班会和每周一次的反馈单《吾班园地》，引导学生和家长参与到实现这一目标的各项活动中。这些活动让这群活泼好动的学生，逐渐爱上了这个班级。

进入初一下学期，我们在开学第一次班会课上分析班级的状况，然后在每周一次的师生、家长互动的平台《吾班园地》上给学生提出了以下几个问题：(1) 请你给吾班制订一个学期总体目标。(2) 说句心里话，吾班的好坏与你个人的关系大吗？(3) 你认为吾班的优点有哪些？(4) 你认为吾班目前与别班的差距有哪些？(5) 就目前状况而言，你本人能为吾班做些什么？

在全体同学的思考和参与的基础上，我们一起制订了初一下学期的班级目标：做最好的自己，做优秀的班级。

初一结束时，我们实现了自己的目标，被评为学校的优秀班集体和自主管理特色班级。

进入初二之后，五班的团结认真、积极上进的班级风气已基本形成。这时，班委会经过讨论，确定了初二阶段的班级目标：让优秀成为习惯。

初二第一期《吾班园地》中对“让优秀成为习惯”这个班级目标的解读是：吾班的同学不会被小小的成就所征服，我们是“野心勃勃”的一群学生！

同时提出了吾班的班训是：“自尊，理性，稳健”。

自尊——自尊是一切尊严的根本。让我们一起大声说：地球因有了吾班的你我，一定会不同于从前！

理性——理性是学习和认知的基本思维基础。处事要理智，交往要冷静，凡事看长远，凡事讲道理。

稳健——稳健和理性在心理品质上有点重合，但这里的稳健主要是指前进的步伐。让我们不断超越，在人生征途上稳健地前行！

的确，进入初二，五班一直在稳步向前。

到了初二下学期，五班的目标更上了一个台阶——从优秀到卓越。

第一周的《吾班园地》，我给学生留下了这样的话：

过完寒假，吾班进入了她发展历程的后半场。如果说，前半场我们主要的任务是奠基、蓄力、整合的话，那么这后半场应该是发力、收获的阶段了。吾班，由形成时一个比较散乱的群体，如今已经连续两学期被评为先进班集体，这是吾班全体成员（包括同学、家长、老师）的骄傲，也是我们共同努力的结果。新的学期里我们的班级目标应该怎样？如何更上一个台阶？“从优秀到卓越”是吾班提出的新目标！

然后，班委会在老师的指导下对这个目标作出了这样的解读：

优秀是年级评出来的，是别人眼中的东西，而我们必须在内心中真正认识到，吾班的每个成员都是卓尔不凡的，我们以后一定能在各自的领域里取得卓越的成就。当然，任何成绩都是在大量积累的基础上取得的，所以，本学期我们仍然要耐心积累各种精神资源和知识财富，为未来更大的收获打下牢固的基础。

进入初三，学习是学生最主要的任务，成绩是每个学生必须面对的内容。“用勤奋打造品牌，用自信铸造辉煌”，成为毕业班的吾班的新学期目标，“打造品牌班级，中考中取得辉煌成绩”是我们的现在进行时。

总之，制订班级目标应考虑以下几个方面：(1) 班集体的实际。过高或过低的目标往往不能激发学生追求或努力的动力。目标过高，学生会认为这个目标是做样子，不会真正实行或实现；而目标过低，学生则会认为太简单而不屑去实现。(2) 班级成员的个体目标。即要使班级成员的个体目标在班级的整体目标中得以体现。这样，学生就会对班级目标更加关注，因为班级目标的实现关系到他们个体目标的实现。(3) 班级成员各自目标或任务的关联性。学生的目标或任务相互交叉或相互依赖，就会增加互动机会，在交往和合作之中追求班级目标的实现，这样会更有利于班级凝聚力的提升。(4) 随着学生的成长，不同学段的班级目标要逐级递进。

二、采取民主的管理形式——自主管理

班主任一言堂，不顾学生的理解力和接受度而去管理班级，这种专制式的班级管理，尽管有时会有立竿见影的效果，但必然会导致师生疏离，使学生在被压制、被剥夺中滋生对班集体的反感，班级自然也会比较涣散。

班级是学生的班级，班级的事务理所当然归学生自己处理。所以，我们2009级五班，从初一开始就树立了自主管理的理念。

班集体形成阶段，我给学生展现自我的机会，同时，让班级问题充分暴露出来。如此一来，学生在各种问题中度过开学的第一个月。面对各种问题，有一些同学开始反思，并且开始产生要求改善的愿望。此时，我不断强化并调动这种力量，给予勇气，指导方法，让他们敢于管理，善于管理。仅仅半个学期，在良好的班级舆论中，在共同目标的激励下，班级的自主管理就初见成效。初一下学期，五班成为学校的"自主管理特色班级"。

每个学期，学生都自己组稿、编辑、制作班刊，班刊《听花开的声音》和《我们的下午茶》都凝聚了他们自主管理的成果。初二下学期，班委同学又配合学校电视台，自己撰稿、配音，录制了介绍五班的专题节目《自主管理特色班级》，在学校的新闻节目时间向全校播出。

从吾班班刊第三期《听花开的声音》的刊首语"班委的话"中，五班的自主管理模式一目了然。节选如下：

五班的成立

2009年8月29日，是五班成立的日子，从这时起，我们开始了一段新的旅程。临时班委会也在成立后第三天组建起来。在临时班委会的第一次会议上，陆老师对我们说："这次的'开门红'活动，我们势在必得。""开门红"活动是开学的第一个活动，持续两周，评比各班级在刚开学时的纪律、状态，也为了使同学们尽快从放假的状态进入学习状态。

不幸的"开门红"

我们"势在必得"的"开门红"失败了。回想起来，这个结果是必然的。这是五班第一次参加"开门红"，不仅没有成功，反而在年级里的排名是倒数。这次"开门红"的结果透露出了吾班最大的问题：散漫！

"开门红"评比结束后，老师并没有责怪我们，而是对我们说："落后不可怕，我们可以进步。但是，我给你们的目标是'期中得达到中上等，期末进入年级前列’。”冲着这个目标，五班的临时班委会带领着同学们一起努力，一起进步。

第一届班委会

期中后，吾班同学进行了民主投票，选出了第一届五班班委会的成员。第一届班委会正式成立!

班委会成员是积极的、能干的，在班委会组建后不久，他们便对班级的现状（包括生活、学习、活动等）进行研究和分析，并听取了同学和老师的建议和意见。班委们经过讨论，制订出了一套较完善的班规，并创造了一种处罚形式——罚单，即如同国家交通部门开的罚单一样，由班委发给违反纪律的同学。同时，班委及核心班委分别以两倍和三倍的“升级”受罚。这套班规的优势在于：使作为班委会成员同学意识到自己的责任，起到模范带头作用。

班规宗旨：带领吾班进入年级前列。

但是，目标似乎遥不可及。

转眼，下学期……

自主管理，是用民主的管理形式，由师生共同参与管理班级的事务，部分事务在班主任的引导和监督下由学生自己决定，这会使学生增强班级主人翁的意识，使每个人都能感觉到班集体是“我”的班集体，班级的管理与“我”息息相关，“我”也是班级的管理者。这样，学生就会对班级更加关心，为班级的管理出谋划策。这样一来，这个班级的凝聚力就一定会大大提高。

三、创建和培养优秀的班级干部队伍

班级干部队伍是一个班级的精神主导力量。健康的班级干部队伍及其良好的精神风貌，不仅会使班级的各项管理井井有条，也会带领全班同学团结协作，锐意进取，与班级各种歪风邪气作斗争，对良好班风的形成、班级凝聚力的提升至关重要。

什么样的班干部队伍才是一支健全的队伍？是不是只要成绩好的学生就可以做班干部？事实并非如此。班干部应具有较高的影响力，也就是说，他们的言行要能在全体班级成员身上产生相应的心理效应。这种影响力要归于他们所具备的品格、才能、知识、情感等因素。良好的品格使学生对他们产生敬爱之情；较高的才能使同学们对他们敬佩；而知识的因素使学生对他们信赖；感情因素会使学生对他们有亲切感。由这样的人所组成的班级干部队伍，才会吸引学生团结在他们的周围，更加增强班级的凝聚力。当然，班干部的能力、学识也不是与生俱来的，五班的班委成员，经过了多种不同方式的激励和培养。

我在培养班级干部方面，主要采取以下办法：（1）自荐和竞选相结合；（2）建立监督机制，同时强化个人自省力；（3）班级干部轮流上岗；（4）激发班干部的成就感和优越感，并对此加以正确引导；（5）表面充分放手，背后不断给力；（6）极力推荐学生参加学校的各种培训，鼓励学生参与各级学生会和学生社团工作。

四、创设和谐的班级人际关系

人际关系的和谐就是人与人之间相互交流、相互喜爱的心理情感关系。和谐的师生关系、同学关系是一个班集体向心力的重要源泉。这就要求在全体师生之间开展真诚、平等、宽容、互助等原则的教育，并在这些原则的基础上合作，建立和谐的人际关系。

进入初三，五班的仲曦彤同学在期中考试后的《吾班园地》第65期上，这样表达了对五班的深情和眷恋：

结束了期中考试，初三的我们即将迎来初三学年最轻松的一周——三年的初中生活的最后一次校运会，也是吾班最后的狂欢周。或许，这将是我们数年后回忆起广外外校生活中最具特色的活动了。没有作业，只有每天晚上的狂欢，抱在一起看恐怖片，调皮的男生骗女生说“我刚刚看到贞子在你背后”或者“哇，厕所有楚人美”。所有平凡的生活碎片拼凑出我们不平凡的快乐，我们不平凡的吾班。这将会是最后一次了，我们大家一起开心地笑，挥洒我们的汗水。晚上一起尖叫，一起看僵尸电影，最后一次了。

两年前的这个时候，我在悼念犹如散沙一般过去的六年级五班，眨眼间时光飞逝，这竟然是与五班在一起的最后一年了，不知道一年后的今天我们会在哪里，不知道那里还有没有“吾班园地”，不知道那时候我是否还会悼念过去的时间了。

这三年来，我们一起疯过、吵过、闹过，甚至针锋相对过，但却无法改变我们是统一的、相依相存的集体这个事实。吾班是我呆过的最好的班级，在这里，我们有了自己新的绰号，发现了崭新的自己，我们就像一家人。我们陪伴着彼此走过最难熬、最脆弱的青春期。

曾经，看着自己掉下去上不来的成绩，看着自己上的去下不来的体重，看着自己不上不下的身高，我们一起号啕大哭，一起撒丫子奔跑，一起在宿舍里折磨那可怜的体重秤，下决心要减肥却马上打开薯片包装袋……这就是一直相依相存的我们。

这一切歌颂着我们青春的旋律，歌颂着我们乖戾的青春。

伴随着教育社会化的不断深入，班级教学已经成为不可改变的基本教育模式。如何处理好集体与个体的关系，如何创设一个良好的集体，在这样的集体中，怎样让每一个个体都能够得到应有的重视，其成长潜能够得到充分发挥，这是我们每一个严肃的教育者不可回避的话题。

杜威说，学校即社会。在基础教育阶段，学校的重要呈现方式就是班级。我们需要认真思考班级管理的内涵和基本规律，深入研究班级管理中的各种因素，使其为每一个学生的发展充分发挥积极正面的作用。

集体既是教育的目的又是教育的手段。良好的班集体不仅对提高学生的成绩有很大的帮助，而且对促进学生的心理发展也有许多积极的影响。每位班主任在工作中，如果能够关注到对学生的集体荣誉感、责任感、主动精神的激发，对学生奋发向上的积极情绪和待人处世的正确方式的培养，努力提高学生自我管理能力等，那么，我认为，班级的凝聚力就一定会相应增强。如此一来，我们的学生就会在一个更有活力、更为积极健康的环境中成长，在这里，他们的个人发展潜能，在班集体健康发展的基础上，必将得到良性的、有效的发挥。

培养小学生班干部的案例报告

余绍书

俗话说："火车跑得快，全靠车头带。"一个班级，如果一切都是班主任一个人来管理，他往往会顾此失彼。所以，班干部的选拔与培养就显得尤为重要。班长对于小学四年级的新集体工作至关重要（我校为寄宿学校，在小学四年级时重新分班），是老师和学生进行沟通的最重要的桥梁。

一、教人，成人之长，去人之短

开学前拿到学生档案后，一个叫小蔚的小男孩的档案映入我的眼帘：小蔚，学习平平，不太自信，但做事又比较仔细，肯吃苦，关心集体。前任班主任也推荐让他试着做班长，那我先要对他考察一番。第一周，我把他单独叫到了办公室，他有一些不安，不敢看我的眼睛。我问："有什么打算吗?"他这才抬起头来，很不好意思地说："老师，我要好好学习了。""哦?"我故意表示惊讶。他接着说："我以前贪玩，成绩不是很好，现在觉得很对不起爸爸妈妈。""好啊，长大了。老师也觉得你看起来很懂事了，以前的老师和同学都夸你特别关心集体，我想让你来做副班长，和班长一起管理班级的工作。"话音未落，他很惊讶，马上摇头："不行，我不行。""没试过怎么知道不行? 老师信任你，我觉得你能做好，行吗?"这下子他的表情更复杂了。沉默了一会儿，他好像说服了自己，说："好吧，我试试。"就这样，我把小蔚推到了副班长的位子上。

一开始，小蔚不敢也不愿意做副班长，是因为他感觉自己不行，因学习平平而不够自信。要想彻底改变不自信的他，只有从思想上入手，让他放下包袱，树立信心，从而昂起头来，向前看。于是，我跟他说，老师觉得你能做好。有了老师的信任，才能激发他的潜能，自内而外地改变自己。

心理学研究表明，自信心是一个人在不断的成功体验中慢慢建立起来的，这是一个漫长的过程，也是一个长期的、艰巨的任务。这就要求我们在教育教学过程中，要尽可能多地为学生创造获得成功的机会。在这期间，教师对学生的期望、看法，一个眼神，一个动作，都可能对他们的自信心的培养起到极为重要的作用。

这个案例给我以下几方面的启示：

1. 善于观察，发现学生的闪光点，并及时进行放大，力求在学生的心里产生影响。

2. 通过活动，为学生创造成功的机会，使他们有成功的体验，这样才能让他们不断树立“我能行”的意识，这对学生未来的发展极为重要。

3. 充分利用心理学上的“皮格马利翁效应”，给予学生适当的期望。

4. 引导学生正确地认识自我、评价自我。让学生既要看到自己的缺点，同时也要看到自己的优势，这样才能在成长过程中慢慢树立起自信心。

二、教育贵于薰习，风气赖于浸染

在开学的前两周，我们要对学生进行常规教育。当然，对于我来说，培养班干部工作任重而道远。班干部是同学们行为的准绳、学习的榜样、老师的助手。小蔚以前上课爱说话，下课喜欢疯跑打闹，学习成绩平平。但是，他曾担任过一段时间的生活委员，劳动态度好，不怕脏，不怕累，不怕吃亏。所以，我把班级的劳动卫生工作交给他负责。他非常有信心地答应了。头两个星期，我都身先士卒和他一起打扫，并传授给他一些经验。他很认真地听，也想出一些办法来解决实际问题，对此，我都给予了肯定。我们班的卫生检查也都是优秀，似乎一切都很顺利。可是，过了一段时间，我发现，空荡荡的教室里经常只剩下他一个人在擦黑板槽，倒垃圾，打扫教室里的角落。我连续观察了几天，发现原来值日组的同学做完卫生叫生活委员小睿检查，但有些男生敷衍了事，不等检查完就先溜走，生活委员小睿又抓不住他们，为了不给班里扣分，小蔚和小睿经常在最后做扫尾工作。后来，小蔚担心影响生活委员小睿上课，就让他先走，剩下的活都是他自己做。我担心这样下去，不仅小蔚身体受不了，同学们也会被惯坏。

随着人们物质生活水平的不断提高，家庭条件的改善，学生有了比较优越的学习和生活条件，而参加劳动和锻炼独立生活能力的机会也相对减少了。班级里面总有一些学生劳动观念淡薄，不是忘了自己的劳动时间，就是借故开溜。为了不影响班级扣分，不给班级抹黑，小蔚总是一个人留在最后做扫尾工作，此精神难能可贵！可总这样也不是个办法，我们也得保护我们

的班干部，让全体同学都要受到教育。

通过这件事我认识到，在班级管理教育中，不能也不可能让班干部代替所有的同学。经过反思，我总结了以下几方面的启示：

1. 教育学生树立劳动光荣的思想。在班级这个群体里，他人通过辛苦的劳动为大家创造整洁的环境，有利于我们的学习，我们每个人都要努力用自己的双手为他人创造美好的环境。人人为我服务，我为人人服务，从而使学生树立劳动光荣的思想观念。

2. 激发学生的劳动兴趣。首先，学生参加劳动是具有选择性的，往往以兴趣为主导，在分工时可提前定好项目。其次，积极鼓励他们参加劳动，对学生在劳动中取得的成绩应给予肯定和表扬，如果劳动结果不令人满意，要善意地帮助学生分析并找出不足的原因，使学生获得劳动成功的快乐，这将会极大地提高他们的劳动兴趣。

3. 培养学生自觉劳动的习惯。劳动习惯的养成能有效地促进学生独立生活能力的提高。首先，组织学生参加学校安排的具体劳动，做到团结互助，不怕脏、不怕累。其次，让学生从小学会料理自己的生活，自己的事情自己做。最后，教育学生体贴父母，帮助父母做家务劳动，做好长辈的小帮手。

三、真正的教育与其说是言辞，毋宁说是实践

有一天放学后，我发现又是小蔚一个人在收拾角柜。我走进教室，蹲下来和他一起干。他赶紧说："老师您别管了，有我在，您放心，肯定不扣分！"我笑了笑，心里很感激他的这份责任感。但是，总这样也不是个办法……我停下来，然后让他也停下。"放着吧，别管了，回头赶快让值日的同学来补做。""老师，那会扣分的！"他很着急地说。但我坚持没让他继续做。后来，由于补做不及时，那天我们班果然被扣了分。第二天早上，黑板上写着：角柜扣 0.5 分。教室里，学生议论纷纷。我想到了教育大家的时候了。我说："本来这一周我们都保持得很好，可是昨天扣了分，咱们获得'红旗'的计划泡汤了。"同学们都很失望，同时也愤愤然起来。我接着问："昨天是哪一组做值日？组长是谁？"马上有 5 名学生站了起来。显然，他们都已经意识到问题的严重性，低着头不敢看我。我问组长："谁负责角柜？"组长支支吾吾说不知道，平时大家扫完把扫帚丢到角柜旁边就跑了。我让他们坐下，然后征求全班的意见。"大家说怎么办？罚他们组扫一周，还要做

好事弥补……好，就照大家说的办。但是，劳动委员小蔚监督不力也要罚。”我看见小蔚委屈地看了我一眼，欲言又止。课后，我把他单独叫了出来。“说吧，有什么要申诉的吗?”“老师，昨天你硬不要我收拾了，现在扣了分又来怪我。”我笑着说：“老师今天罚你并不是因为你没有收拾角柜，而是因为你没有完成你的任务——监督、指导。为什么每天都有同学不经过检查就跑掉？为什么总有那么多的‘尾巴’等着你和生活委员来收拾？现在你负责班级的劳动卫生，同学们跑了你帮着做，那么如果以后老师让你去分管学习，难道同学们完不成的作业你也去帮他们写吗?”他似乎有所领悟。“那我应该怎么监督呢?”“咱们的班集体就是一个家庭，每个成员都有自己的分工，比如，爸爸妈妈辛苦工作挣钱供你读书学本领，虽然辛苦，但你现在能不能去替他们工作，他们能不能来学校帮你上学呢?”“老师，我明白了，就是说，我们应该把任务具体到每一个人。这样无论教室里座位如何变动，每个同学的职责都是明确不变的，我们检查的时候就可以落实到每个人了。”我摸了摸他的头，肯定地点了点头。第二天早上一来，一份清晰的《包干责任值日表》就躺在我的桌上了，上面每个人、每个组均有具体明确的分工。从那以后，我没有再为班级卫生操过心，偶尔有扣分的情况，小蔚就会根据扣分的位置直接找到那个同学，不需要狡辩，也没有狡辩的可能。几次下来，同学们也增强了责任感，而且也更加爱惜自己的劳动成果。我们班在每日的卫生检查中都一直名列前茅，整洁的学习环境给同学和老师带来更多好心情，而那张值日表也将会一直沿用到学生六年级毕业。

一枝独放不是春，百花齐放才能春满园！授之以渔，才能帮助学生真正走出困境。作为班主任，我们既不能“包办代替”，也不能“撒手不管”，要让学生养成做任何事都有条理性和计划性的好习惯，这也正是我们的教育追求。教育小学生，好比带着他们走一条路。目的固然重要，但是没有方法，往往不能达到目的。倘若我们在教育方面能有效地启发诱导他们，我想，学生发挥出的“潜能”会大大超出我们的想象。

通过这件事情，我感受到，学生的潜能是巨大的，需要我们有效引导。经过反思，我总结了以下两个方面的启示：

1. 事事养成计划性。教育每一个学生不管做什么事，都应有一个周密的计划，先做什么，后做什么，事前做哪些准备，如何开始等。教师要及时对其进行正确引导，提示学生如何才能把事情做好，由于马虎会造成什么损失。引导的目的在于使学生养成在做任何事时都认真细致、思考在前的好习

惯。这样，学生就会在思想上重视自己做事的成功率。由于事前思考和重视结果，学生就会调动自身的内在潜能，改掉他们做事马虎、丢三落四的坏习惯。

2. 放手让学生独立。教师帮助和引导后，要充分相信学生，让学生独立完成某一件事，其间他们可能会碰到各种困难，那就让学生去面对并想办法解决。要知道，对学生来说，自己的教训是最好的教训，自己亲身体验的经验才是最好的经验。

四、欲穷大地三千界，须上高峰八百盘

过了两个学期，班长谢钰然荣升为少先队大队部大队长，于是小蔚就转正为班长了，班级工作也一直有条不紊地进行着。可是好景不长，我就陆续接到同学们的投诉了：小蔚管纪律时不公正，偏向跟他关系好的同学；他自己上课都说话，还能管我们？他太独断了，什么都得听他的……一天，生活老师过来和我反映，最近班里的男同学吃零食的比较多，今天明令禁止，明天又有人偷偷地在暗地里吃，这几周总是屡禁不止，很是头痛。经过调查，原来是小蔚这几周周日返校的时候从家里带来许多零食，分给同学们吃，有时还把零食低价卖给同学，有个别家长得知此事后打电话过来询问，负面影响很大。这还了得？身为班长，竟然带头违反校规校纪！我赶忙把他找来谈话。他低着头支支吾吾地说："老师，对不起！我不该带零食到学校，还把零食分给大家吃，我知道这影响不好，给班里抹了黑。"我问道："你明知道学校不允许带零食，怎么还带呢？"他回答："我觉得有些同学暗地里说我，认为我不该当班长，我就偷偷地给大家带零食，这样，他们就会对我好。"

听了他的话，我明白，他的思想有点偏离了正轨。这时，一定要拽他一把，好让他尽快进入角色。于是，我对他说："你的工作成效如何，不止关系到个人能力，更影响班集体的战斗力，领军人物的责任重大啊！老师送你一句话——'欲穷大地三千界，须上高峰八百盘'！"他被点醒了，点点头，知道该怎么做了。

从这件事中，可以看得出小蔚对自己的班长这个管理角色自信心尚显不足，在执行管理时，不够公正，偏袒自己的朋友，不能以身作则。为了让大家认可他的班长地位，他不惜从家里带来零食分给大家吃，甚至通过低价卖给同学零食来笼络人心。作为班干部，这种侥幸的心态是万万要不得的，这

样做只能带坏整个班级的风气。教师必要的辅助工作要及时展开，要及时帮他一把，让他从误区中走出来，认真公正地管理班级，而不是靠一时的侥幸，这样他方能赢得同学们的肯定，我们的这个集体的凝聚力才能更进一步增强。

从这件零食事件中，我们可以看出在班干部队伍中，或多或少地都会出现小蔚这样的孩子。他们的自我管理较松懈，不能严于律己、宽以待人，甚至会带头违反纪律，此时就需要我们班主任及时地去教育引导，使其工作常态化、自动化。根据小蔚与我对话的主要内容，就他对自己的反思，我简要地整理为以下几个方面，亦可作为今后教师对学生干部的要求：

1. 严格要求自己，提高威信。
2. 多鼓励表扬同学，少指责批评。
3. 班级工作既要有分工，也要有合作。
4. 创新工作方法，让同学满意。

五、赠人玫瑰，手留余香

随着时间的推移，小蔚的学习成绩以及在同学们中的威望都逐渐提高到了一个新的水平。我觉得我也应该在新的高度上引导他取得更大的进步。第一个学期期末考试临近，我在班里发起了“一帮一，共同进步”的活动，小蔚积极响应我的号召，主动要求帮助纪律和成绩都比较落后的同学。

在活动期间，经常有同学想请教他，因而占用他大量的课余时间。我察觉到他对自己期末考试的一丝担忧，因而及时和他进行了一次谈话。谈话中，我先对他乐于助人的行为给予了肯定，为了打消他的顾虑，我给他讲了一些生活的哲理。“只有我们学习生活的这个小集体共同进步了，集体中的你才能有更好的环境，才能取得更大的进步。帮助他人是做人的一种境界。”他懂事地点了点头。在考试前的一段时间里，在老师的激励下，他继续坚持帮助同学，同时也没有放松对自己的要求，他期末考试的成绩依然是稳居全班前十名，而且经他帮助的几位同学也取得了较大的进步。

乐于助人是中华民族的传统美德，是一种高尚的情操。由于学生年龄的局限性，学习的持续力较弱，特别是一些过于落后的学生，学习的习惯就更不好了。“一帮一”助学活动占用了他大量的课余时间，开始时他还非常有劲头，可时间一长，难免有一丝担忧。此时，我及时地和他进行谈话，肯定他的行为，给他讲道理，打消他的顾虑。当他看到自己帮助的同学进步了，感到自己的付出和努力没有白费，自己也感到非常快乐！这正是“赠人玫瑰，手留余香”。

我在班上肯定了小蔚的这种乐于助人的行为。榜样的力量是无穷的，于是，很多同学纷纷效仿他，主动帮助暂时落后的同学，这样一来，帮助同学的同学对集体就起着“以点带面”和“以面带面”的作用。我们班的“一帮一”助学活动也就此固定下来了，同学们乐学上进的学习态度获得任课老师的赞赏。班级领军人物的培养过程，也正是班集体良好班风形成的黄金时期。

记得一位教育专家曾说过，播撒一种思想，收获一种行为；播撒一种行为，收获一种习惯；播撒一种习惯，收获一种性格；播撒一种性格，收获一种命运。我想，播撒一种榜样，就会收获一个奋斗目标。

在班级管理教育中，教师重视和加强对班干部的培养，有助于形成一支组织管理的能力强、责任心强的班干部队伍，带动和促进良好班风的形成，促进学生集体荣誉感与竞争意识逐步增强，从而进一步提高学生的整体素质。

【参考文献】

[1] 郑立平，陈玉宏．做一个聪明的班主任——对常见七类学生的教育艺术［M］．北京：中国轻工业出版社，2011.

[2] 张万祥．班主任专业成长的途径［M］．上海：华东师范大学出版社，2008.

[3] 季正泉．中小学个案教育［M］．南京：南京师范大学出版社，2002.

[4] ［苏］B. A. 苏霍姆林斯基著．杜殿坤译．给教师的建议［M］．北京：教育科学出版社，2005.

[5] 王晓春．教育智慧从哪里来［M］．上海：华东师范大学出版社，2009.

[6] 方明主．陶行知教育名篇［M］．北京：教育科学出版社，2005.

低幼儿童如何更好地适应寄宿生活

严珊红

随着经济的不断发展，人们物质生活水平的不断提高，家长对孩子的教育越来越重视。随着生活节奏的加快以及家长培养孩子独立生活能力意识的加强，选择读寄宿制学校的家长也越来越多。从幼儿园到小学，从每天在父母身边到一周见父母一次，孩子的生活方式、活动范围和人际交往等各方面都将发生很大的变化。如何让孩子迈好入学第一步、更好地适应寄宿环境，这是每一位寄宿制孩子的家长和老师不断思考、研究、探索的话题。

一、家长的准备工作

（一）选择

走读与寄宿，哪种方式更合适孩子？

在为孩子选择什么样的小学这个问题上，家长们有不同的看法。大部分家长为孩子选择了走读制的学校，也有越来越多的家长选择寄宿制学校，他们考虑的重点各有不同。选择走读制学校的家长考虑到孩子在成长期需要父母陪伴在身边，这样方便父母关注孩子的变化，又可以增进亲子感情。而选择寄宿制学校的家长想培养孩子的自主能力和独立生活能力。让孩子到寄宿制学校还是到走读制学校上学？培养孩子的自主能力重要还是亲子感情重要？家长们在两种学校之间再三权衡。

1. 走读学校的优势

走读学生在家庭教育和亲子互动这两方面要比寄宿学生更具有完整性。走读学生在家庭中能够更多地接受到来自父母的感染和温暖，他们与父母有更多沟通和交流的机会，这对他们形成家庭观念和亲子观念是很重要的。有些家长可能没有意识到家庭观念和亲子互动对孩子成长发展的重要性，因为这种影响是潜移默化的，孩子在童年的幸福程度对其将来经营人生、组建家庭都有重要意义。有些孩子虽然在寄宿制学校里得到各方面能力的培养，但他们与家长的关系却变得疏远，性格上也可能有些古怪，这是由父母无法在

孩子身边关注他们的成长和细微的情绪变化而造成的。

2. 寄宿制学校的优势

首先，寄宿制学校有助于学生养成良好的生活习惯和学习习惯。学生生活在学校里，作息时间都是固定的，由学校作出合理的安排。学习时间、娱乐时间、休息时间都井井有条，长此以往，学生就明白了什么时候该做什么事，他们的生活就会变得十分有规律。其次，寄宿在学校里，学生学习时所受到的干扰和诱惑大大减少，寝室里没有电视和电脑，这样更易于学生养成良好的学习习惯。最后，学生寄宿在学校中，就是生活在集体中，这也为学生提高交往能力和自主能力创造了良好的条件。现在的学生大部分是独生子女，部分家长喜欢替孩子包办所有的事，这就造成了孩子的依赖性较强。在寄宿制学校中，学生遇到问题，可以向老师和同学寻求帮助，但他们先要自己思考解决的方法。这样不仅培养了学生独立自主的能力，也教会了他们在必要的时候求助他人或帮助他人。

哪些情况的家庭较适合选择寄宿制学校?

有的家长工作很忙，家里只能进行隔代教育，两代人的教育观念和教育方法有一定程度的分歧，教育结果不甚理想。这样的情况，家长可以考虑把孩子送去寄宿制学校，通过学校及老师的帮助来培养孩子的自理、独立、语言表达等能力。有些家长想尽早培养孩子在生活方面的独立自理能力，从小培养孩子的综合素质，也可以选择寄宿制学校。

寄宿制学校实际上适合大部分学生，除了个别性格十分内向、依赖性过强或者患有多动症和梦游症等疾病的学生。

(二）准备

读寄宿制学校的学生在入学前的各项准备是很重要的。

1. 心理适应是关键

孩子在进入小学之前，家长应尽量先带孩子到学校实地参观一下，熟悉教室、课桌、操场等环境，让孩子对学校生活做好心理准备，减轻孩子刚入学时的陌生感。入学前，家长一定要明确地告诉孩子寄宿制学校的性质，让孩子对学校有大致的了解，确定孩子自己是否愿意到寄宿制学校就读，要和孩子进行充分的交流沟通，尊重孩子自己的意见。把自己的教养思想转变为学校式的教育思想，改“宠、哄、养”为“教、学、育”。然后，再逐步给孩子灌输校园生活意识，通过不断提醒的方式，让孩子慢慢接受并习惯于有作业的生活，有“分量”的课堂等。孩子入学前心理上要放松，家长不要给孩子施加太大的压力，而要让孩子觉得上小学很光荣，很开心。要多鼓励孩子，让孩子意识到成为一名小学生并不是一件可怕的事情，相反是他们长大的一种表现，让孩子对入学有一种憧憬和期待，减少孩子对新环境的畏惧。

2. 知识准备是前提

虽然现在的小学教材难度下降，但学校要求却普遍提高，如果孩子“一张白纸”上学，可能就会跟不上学习的进度，进而打击孩子的自信心，让孩子失去学习兴趣。入学前的知识准备不在于孩子学会几个汉字或会几道算术题，重要的是激发孩子的学习兴趣，让孩子知道将要学的是什么，这样，孩子在心理上就会减少对学习的畏难情绪。在知识准备上，家长没有必要让孩子学习记忆、技巧类的东西，重要的是要让孩子养成动脑筋的思维习惯，把孩子当成“小大人”，多和他们聊各种话题。一般的寄宿制学校都会进行入学测试，并综合学生的表达能力、学习能力、环境适应能力等方面进行择优录取。如让学生进行自我介绍，曾经参加过哪些活动，是否喜欢交朋友等。这样一来，一方面对学生的身体状况进行了解，另一方面大致预测一下孩子的智力水平是否正常、行为习惯怎么样，以便用来考查学生是否适应寄宿制生活。对此，家长要让孩子做好心理准备。

3. 规范准备是必需

从幼儿园到小学，孩子的行为规范要经历一个转变。行为习惯方面，要让孩子学会做人的基本道理，良好的习惯可以让孩子终生受益。家长还应该了解孩子的需要，要帮他们一把，例如，要早起上学，家长最好能以身作则，给孩子树立好榜样，这样，孩子更容易适应学校的制度和学习氛围。再如，在学校里，“坐”要有符合学校的“坐相”，“站”要有“站相”等，家长要在日常生活中对孩子予以引导，不要让孩子在进入学校时感到非常突然。

4. 物质准备要适当

寄宿制学校一般都会为学生统一发放校服、床上用品、旅行袋等用品，而学生的学习用品和日常用品是家长需要准备的。家长不要盲目攀比，购买所谓的高级文具，购买的文具用品都应简单实用，不可过分花哨，以免分散孩子的学习注意力。其实，这些“花花绿绿”的文具不仅对于孩子的学习起不到很大的作用，反而可能因为其“多功能”而分散孩子的注意力。家长还应教会孩子使用日常用品及文具等。

5. 作息习惯须调整

在入学前的几个月，家长可以按照学校的时间表为孩子列出一份作息计

划，根据学校的作息时间，为孩子制订一周的作息考评表，让孩子自己根据完成情况打五角星或打叉，根据表现决定周末的活动安排。例如，入学前的一段时间，家长看报时，也让孩子看他们喜欢的书。从 7 月份开始，可以逐渐安排孩子午睡，在家中最好也为他们提供独立空间，准备书桌。在家的时候，家长可以培养孩子专心致志地做一件事的习惯，无论是玩耍，还是看书。一开始也许会比较难，家长可以花 5 分钟、10 分钟、15 分钟的时间陪伴孩子，慢慢让孩子养成好习惯。

（三）调整

孩子刚进入寄宿制学校，有不适应的感觉是很正常的，家长也会很担心，孩子在学校会不会哭，不会自己吃饭怎么办，晚上睡觉没有家长陪伴他们怎么睡，等等。既然已经想到了，我们不妨想得深入一点。比如，我的孩子可能有什么样的反应？针对这些反应我该怎么办？家长想得越细、越多，各种情况都考虑到了，那么状况出现时，就不会手忙脚乱，反而能做到胸有成竹。

常用的应对方法有以下几种：

1. 调整好自己（家人）的情绪

开学初，有些家长可能会比孩子哭得更厉害，特别是奶奶、妈妈。因为她们一直在照顾孩子，付出的越多，这种不可割舍的感情就越深；另外，在照顾孩子的过程中，她们过得很充实，一旦孩子上寄宿制学校，家长自己可能也会不适应。这种情绪最好不要在孩子面前表现出来，如果家长间有分歧，也不能让孩子看出来。

2. 建立孩子的自信

家长要多夸奖孩子能干，不要太担心孩子洗澡、吃饭、内务整理等事情，在学校里，老师也会给孩子一些指导，一般来说，孩子一两周之内就能学会做这些事。不要对孩子说“你要表现不好就要留校”这类的话（这种做法是在潜意识里告诉孩子，学校是个惩罚人的地方）。

家长要多给孩子一些爱，不要让孩子产生“你们大人没空，不要我，我是负担，你们就把我送去寄宿制学校”的想法。第一个月，家长尽可能地接送孩子，周末尽量在家安排一些以孩子为中心的家庭活动。

让孩子适当地带一些课外书、棋类到学校，带一个抱着睡的公仔等，这样能转移他们的注意力，也能让他们在入睡时有熟悉感、安全感。

3. 不做原则性退让

哭，也是一种情绪的调整方式，有些时候哭出来反而就好了。

要让孩子知道，不管怎么哭闹，学是一定要上的，学习任务是一定要完成的。孩子在入学初有哭闹情绪时，家长要保持思想统一，千万不能一方严厉，一方心疼而打退堂鼓。家长的矛盾持续得越久，孩子的情绪问题就会持续得越久。

二、教师的工作

为了让寄宿制学校更好地生存和发展，学校和老师要把握好的原则是：凸显寄宿制学校的优势，尽可能地弥补人们观念中存在的寄宿制学校的缺陷（如亲情的缺失、孩子的分离焦虑、寄宿生活的视野狭小、寄宿生活的活动范围有限等）。为了弥补以上不足，寄宿制学校的老师经过长时间的研究与实践，探索出了一套行之有效的方法。

1. 学生入学前的准备

为了让学生更好地适应寄宿生活，学校的工作应做在学生来校之前。在给学生寄出录取通知的同时，也要寄出家长在孩子入学前应该做哪些准备工作建议。

学生还没到校时，教师可以通过查看学生入学考试的报名表，熟记学生的姓名、相貌，了解他们的兴趣爱好和特长以及缺点和不足。在学生入学的第一天，教师如能亲切地叫出学生的名字，就会一下子拉近与学生的距离。

对新班级的建设提前作好规划，对如何培养班干部，如何开展活动，如何指导学生养成良好习惯等，教师要做到心中有数。

2. 开好第一次家长会

第一次家长会非常重要。学生入学的第一天，教师就应该及时召开家长会，详细介绍学校各方面的情况以及需要家长配合的事项等。

教师要指导家长做好一些细节上的工作，如下：

（1）每周接孩子回家的时候检查他（她）的书本是否摆放整齐，要带回家的物品是否都已收齐。如果有问题，家长不要只求自己收拾好就行，或者家长觉得孩子收拾得很慢，便忍不住地想帮他们，而是要带着孩子一起完成。慢慢地，家长就会发现，孩子能做的事就会越来越多，家长越做越少，最高境界是家长不做。

（2）孩子回到家，应该是独立完成作业。家长要给孩子提供安静、独立的学习空间，提出完成作业的时间上的要求，如上闹钟，提出奖惩的措施。

如果孩子说有不会的问题，可以留到最后来问，就跟考试一样，会做的题先做，在没有到规定的时间以前，应该是自己再思考不会做的题。如果孩子一会儿问题、一会儿喝水、一会儿上厕所，既不利于他养成专注做事的习惯，也不利于他进行深入的思考。

（3）如果孩子的确坐不住，可能在开始的一段时间里家长要陪做作业。关于陪做作业，家长要注意，不是“家长读一题，孩子做一题；家长讲一题，孩子写一题”，这样就又犯了上面说的错误，既不利于孩子养成专注的习惯，也不能帮助孩子进行深入的思考。在这里，我们建议：家长拿本书、拿份报纸来读，甚至是继续做要完成的工作，安安静静地做家长的事情。这样的好处是家长为孩子树立了一个榜样，也为孩子营造了一种氛围。

（4）孩子在回校之前，要自己收拾自己的物品。开始时他们可能做不好，家长可以帮孩子列一个清单，收拾好一样打一个勾。如果家长让孩子自己收拾，收拾完之后家长要检查。

能否把学生课余生活安排得丰富多彩是衡量一个寄宿制学校质量的重要标准。第一次家长会上或家长给孩子报名时，教师可给家长提供一天的具体作息时间表，让家长做到心中有数。

教师要请家长填写好表格中的每个项目，如家长通讯录、校车登记、孩子以往病史，包括是否对药物过敏，晚上是否要小便、有何特长等，以便后面工作的有序进行。

3. 教师工作细致到位

实施小班化教育，全面关注每一个孩子。每一个孩子在其家长眼里都是全部，班里有几十个孩子，他们每个人只是班级的几十分之一，但是老师都应该对每一个孩子投入百分之百的关注，关注每一个孩子的情绪，关注每一个孩子的思想状态，关注每一个孩子的生活情况，关注每一个孩子的课堂表现……

对个别一时无法适应寄宿生活的孩子，教师要给予更多的关心和照顾。如对于哭闹的孩子，给他们擦擦眼泪，抱抱他们，给他们讲故事，陪他们做游戏，指定学生和他们交朋友等。对周末不愿按时返校的孩子，教师可以给他们提出一些小目标，达到目标后给予鼓励和表扬；给他们分配一些班级工作，培养他们的责任心，分散他们的注意力。

一年级孩子年龄小，大多在家比较娇气，因此，他们大多缺乏自我管理能力。生活老师应该利用群体学习的优势逐步培养学生的生活自理能力，如指导孩子学会自己叠衣服、学会自己清洗内衣（寄宿制学校一般有洗衣房，外套由洗衣房统一清洗）、学会自己洗澡、学会自己吃饭等。可以采用“示范—学习—指点—鼓励—实践”的方式进行训练。住宿方面，教师可把男生和女生分别安排在两个大宿舍，由生活老师和保育员陪伴入睡，这样能照顾到个别夜间会蹬被子或者要上厕所的学生；睡前可让学生听听录音故事或由老师、同学轮流讲故事，缓解学生想家的心情。

4. 成立家长委员会

为了让家长也成为学校的一份子，为学校的发展出谋划策，并能全面了解孩子在学校的成长，可以成立一个家长委员会，让家长们也意识到，我是班级家长的一分子，我有为班级建设工作的权利和义务。对学校工作的一些意见和建议，家委会的成员可以收集上报；对一些个别家长不支持的工作，家委会成员可以作一些说明解释工作；对于班级的一些活动，家长可以到现场加油助威，拍摄录像并做成光碟以便大家保存；家委会成员还可以提供一些校外资源进行参观访问……

5. 开展丰富多彩的活动

（1）入学周进行趣味体育比赛。孩子来到一个陌生的环境，对周围的同学有一种疏离感。为了增强集体凝聚力，学校可以在第一周举行“趣味体育比赛”，如接力赛、跳绳比赛、绕障碍物跑等。体育比赛是最能让人投入和放松的，在运动中，在欢笑中，学生自然能够融入集体，为自己是班级一员而感到骄傲和自豪。

（2）进行班干部竞选活动。这样做可以培养学生的主人翁意识，让他们体会到自己是学校的主人，让学生意识到“自己是班级一份子，我愿意为班级服务，我有权利和义务为班级工作”，知道自己有什么样的能力，可以做什么样的工作，可以把竞选当成一次活动来做，而不是传统意义上的竞选——要比个输赢，能否选得上。不管学生最后参加竞选与否，或者说能否竞选上，都不是最主要的，要带着学生经历、体会，培养学生的参与意识才是主要的。

（3）实施活动育人的活动策划原则，提倡人人参与。活动前充分准备，活动中积极参与求体验，活动后合理评价促提高。校园活动可以系列化，如合唱比赛、校园卡拉 OK 比赛、元旦晚会、诗歌朗诵比赛、运动会、秋游活动、中秋赏月、“三八”感恩、教师节献礼、读书节等。年级活动可以做得更细一些，如“小习惯，大未来”“文明礼仪伴我行”“我长大了”“我和植

物同成长”“养成阅读好习惯”等，热闹的集体生活会让学生变得更合群和健康，让他们在活动中体验，在活动中成长。

(4) 开发“第二课堂”。学生每天的第二课堂可以成为少年宫式的素质培养基地，多元的课程能让学生“营养均衡”。为了让寄宿制学校的学生人人都能参与兴趣班的学习，除了校内老师开设的课外阅读、体育培训、奥数培训、美术、书法、英语口语训练、舞蹈表演等兴趣课外，还可以邀请校外的专业团体在某些时间段进驻学校，进行专业化的钢琴、合唱、小主持、专业舞蹈、各种球类与棋类的培训。同时，在课外活动时间开放学校阅览室、图书馆、体育场馆，让学生选择自己喜爱的活动，放松身心。这样学生选择的余地就会非常大，学生的课余生活也就会很丰富，弥补了封闭式学习的局限，拓宽了学生的视野，解除了家长的后顾之忧。

(5) 把握好班会时机。寄宿制学校的学生一般是周末下午返校，当天晚上没有学习任务，是班主任召开班会的好时机。教师可以每周定一个主题，如“养成好习惯”“文明礼仪、孝敬父母、热爱学习”等，教导学生如何保护自己，如何与人交往，怎样处理问题等，让学生在生动活泼的班会中受到教育，得到熏陶。

(6) 记录学生的点点滴滴。有条件的寄宿制学校可以通过校园电视拍摄学生自己的生活，如《校园新闻》记录一周校园大事；《校园实拍》对好人好事进行表扬，对不文明行为进行善意提醒；《学生乐园》可以节选学生爱看的动画片；《好书推荐》可以让学生推荐自己喜欢看的一些好书；《故事大王比赛》让喜欢讲故事的同学跟大家一起分享生动有趣的故事……

6. 做好家校沟通

(1) 寄宿制学校的学生一周才回家一次，家长对孩子在校的情况无法全面了解，寄宿制学校可以开设每周完成一项口头作业的内容，即孩子每周向家长详细汇报在校的学习、活动情况。

(2) 设置家校沟通手册。教师在手册上反馈学生在校的学习、思想表现，家长也可以通过手册反馈孩子在家的情况、需要老师关注和解决的问题等。

(3) 每周给家长写一封家长信。信的内容可分为本周新闻、温馨提示、周末作业、家教资讯等部分，让家长了解孩子的学校生活，督促孩子完成周末作业，学习家庭教育的相关知识。

(4) 有条件的寄宿制学校可以开设网络版的家校论坛，发布公共信息，探讨共同面临的问题，展示班集体的成就。可以通过文字、图片、视频等形式第一时间向家长反馈孩子的校园生活情况，可以把孩子在学校完成的课堂作业、习作练笔、美术作品等放在论坛上和家长共同分享，也便于孩子周末时通过网络互相学习。

（5）向家长公开各任课教师的电话，保证沟通的便利与畅通。

三、具体事件应对方法

对多种不良反应该如何对症下药？

不良反应1：有些孩子不愿意上学，每次进校门前都要抱着妈妈大哭一场，拉着妈妈的衣角不愿放手。还有孩子找借口，说这里痛，那里不舒服。

生活中，有的家长喜欢拿老师吓唬孩子，经常可以听到这样的话：“再不听话，就让老师把你给关起来。”其实，这样很不利于孩子进步。

要让孩子热爱学校和老师，激发孩子对小学生活的向往。一般而言，孩子向往小学生活仅停留在表象：背新书包，穿校服，戴红领巾等。这种入学的愿望虽幼稚但很可贵。家长应当保护孩子的这种积极性，因势利导，让孩子感到上学是一件光荣的、值得骄傲的事。

不良反应2：面对一大群陌生的孩子，孩子成了“闷葫芦”。害怕和其他孩子玩耍逗乐，完全是个“独行侠”。每周在学校，孩子最热衷的是放学，接近放学时，眼睛盯住门口，下课铃一响就冲出去找父母。上学已有一两个星期，在班上还是一个朋友都没有。

现在的家庭大部分为独门独户，孩子回到家大门一关，就与外界“鸡犬相闻，不相往来”。父母忙于工作，给孩子创造的社交活动的机会很少，这样一来，孩子与其他小朋友的接触大受限制。他们进入小学的集体环境中，面对的同学和老师都是陌生人，难免会产生一种孤独感。

为了让孩子尽快适应新环境，家长要鼓励他们在住宅区内和其他小朋友交往，多带他们参加集体活动，教给他们交往的本领。目前，有些家长存在教育误区，把孩子困在家里学这学那，这是一种消极的做法。家长要把孩子放出“牢笼”，让他们和邻居的小孩多交往。

不良反应3：孩子上课注意力不集中，有些孩子会在上课时站起来，在教室后面走一圈，或者在自己的座位上玩书包。

幼儿园“以教养为主，以游戏为主”的学习形式，到了小学后被正规课

程代替，以学习为主。每节课的时间也不一样，幼儿园一般是20分钟一节课，小学则是40分钟一节课。孩子再也不能像在幼儿园那样，想干什么就干什么，必须老老实实地坐着。

入学前家长可以训练孩子安静地坐一段时间，时间的长度可以从20分钟慢慢过渡到40分钟。在这段时间内，家长可以让他们看书、画画，也可以给他们讲故事等，让孩子习惯倾听，这对提高他们的学习能力至关重要。

不良反应4：上课的时候，不积极主动发言，不愿出声，不举手，老师提问也不回答。老师讲什么就听什么。

这是孩子思维懒惰的一种表现，不勤于思考。还有些孩子即使会思考，也怕回答错误，怕出丑，不敢回答。

家长在日常生活中，要经常给孩子提些“开放性问题”（即答案不唯一的问题），激发孩子去思考。同时，家长也应积极鼓励孩子主动提出问题，提出一个问题比解决一个问题的思维过程更复杂，更有难度，长期如此，可以提高孩子的思维能力。但要注意提的问题应符合孩子的生活经验。

不良反应5：孩子一开始对功课有好奇心，可是好奇心过后，就会觉得作业是一种负担，要么不想做，要么很磨蹭，在并不困难的功课上花费大量时间。有些孩子对自己要求过高，如写一个字，如果觉得不满意，会反复擦掉重写。

幼儿园老师很少给孩子布置作业，即使布置作业，也很少是关于学习的。而进入小学后，学生就要习惯每天有功课的生活。

这也需要一个适应的过程，一开始就给孩子提供一个固定的、安静的区域，让他们做功课。应该保证让孩子在他们同意的时间和地点做功课。一段时间后，观察一下孩子做功课的习惯，看看有什么问题，并及时进行调整，找到能让孩子更安心做作业的时间、地点和方式。

不良反应6：记不住老师布置的作业，周末忘记带书本回家。

小学老师的语速普遍要比幼儿园老师快，而且对于作业的布置，不会一遍遍地重复，因此，注意力不够集中的孩子经常会漏记老师布置的作业。并且，小学每个班的人数较多，老师对孩子的关注肯定不如幼儿园老师，而且不再像幼儿园里大家围成半圆坐，师生之间有一定的距离。

家长和孩子说话时要注意语速，不能太慢，也不能太快，要循序渐进地提高讲话的速度，可以训练孩子用笔记一些东西，比如，早上起来给孩子布置任务的时候，可以让他记下来。另外，要使孩子养成善于提问题的习惯。

不良反应7：离异家庭的孩子性格孤僻，认为爸爸妈妈不要自己才把自己送到寄宿学校。

孩子年龄比较小，缺乏应有的判断力，对父母的离异原因不能进行正确归纳，会认为是因为自己不乖才造成父母离异，爸爸妈妈都不喜欢自己、不要自己、不希望见到自己，所以自己才被送到寄宿制学校。

家长应坦诚地告诉孩子，爸爸妈妈是因为自己的原因才分开的，把孩子送到寄宿制学校一方面是想早日培养他们的独立意识，另一方面确实是因为爸爸或妈妈一个人照顾不过来，为了孩子的安全及不受委屈各方面的考虑，才宁愿花更多的钱把他们送到寄宿学校。

不良反应8：不经过别的同学的同意就动同学的东西，把同学的玩具带回家。

在幼儿园，玩具大家一起玩，孩子没有形成自我意识，不知道上小学后每个人都有自己的独立空间：自己的书本、自己的文具、自己的玩具、自己的书桌等。没有觉得动别人的东西有什么不对。

在家里，家长要尽量为孩子创造独立的空间，书桌、玩具、衣物另外摆放。告诉孩子，爸爸妈妈的物品也是另外放的，要经过允许才能动爸爸妈妈的物品。同样，学校里每个同学都有自己的私人物品，不能把它们带回家，那是一种不受人欢迎的行为。

每一个孩子都是家庭的希望，是祖国的未来，让我们每一位家长、每一个教师秉承“对每个学生的终身发展负责”的理念，从大处着眼、小处着手，让寄宿制学校的孩子健康快乐成长。

班级管理中“人”的教育

朱秀丽

曾经，我在广外外校家校论坛上用了这样一段文字作签名：“我的生活在这个夏天拐了一个弯，春天变成了过去，秋天变成开始。”

在广外外校任班主任工作之初，我留给自己这句话：“我的生命在今年8月生日那天迎来了39个学生，带着喜悦，带着忐忑，也带来沉甸甸的责任。”

如今，回顾多年的班主任工作，我知道，与那些已经毕业的和现在的学生之间的感情都让人无法割舍。在辛苦、劳累、琐碎、与学生“斗智斗勇”的班主任工作中，我获得的是对这份工作的深入思考和自身的成长。学生们帮助我完成了对自我的挑战，也让我与他们共同成长。

我一直在思考：班主任的角色定位是什么？作为教师，我能够给我的学生带来些什么？班级的主流文化气质是什么？在这个集体中的学生，其人格、气质、精神是怎样的？这些内容很抽象，但正如广外外校所倡导的“先做人，后成才”理念，人格的塑造、精神世界的构建应该是教育的核心，尤其是班主任工作的核心。

一、以“人”为核心，构建班级文化

制订班规是班级工作的开始。曾经的十班，班规是这样的：

做一个会珍惜时间的人；

做一个会学习的人；

做一个高度自律的人；

做一个有公德心的人；

做一个有责任心的人；

做一个有爱心的人；

做一个文明文雅的人；

做一个有书香气的人；

多读书、读好书、有选择性地读书；

确定自己的周读书计划、学期读书计划，保证每天15至20分钟的阅读、思考时间；

常动笔，将读书领悟变成文字，沉淀思想；

尽自己所能帮助有需要的人，传递一份爱心获得一份给予的幸福；

关心身边处于困境的人，一句鼓励的话语就能使别人鼓起奋起的风帆；

做一个乐于给予的人，给予的快乐远远大于索取。

在班规的制订中，我有意识地避免了“禁止”“不准”“惩罚”等这样的字眼。尊严是人最宝贵的东西，人为预测的“错误”“罪行”以及由此衍生的“惩罚”是扼杀尊严最锋利的武器。班主任制订班规时，习惯用诸如“几不准”“几禁止”等词语以达到警醒学生的目的，我们不能说没有作用，但我不认同这种做法，我认为这种方式首先灌输给学生的是恶而非善，是对立而非信任。外界强制力（不论是思想上的还是行动上的）对人产生的作用远不如人自身的内省与自律。去掉一些恶狠狠的字眼，给学生一个善的目标，并与他们一起努力，对学生的影响、教育的效果应该更为长远。

二、以“家”为核心，构建和谐集体

我们常谈到这样的一个现象：现在的孩子，个人意识强、与他人合作意识差，独生子女自私、娇惯，不会关心他人、从别人的角度考虑问题。而一个全寄宿制的学校，往往容易衍生更多的矛盾与冲突。那么，一个班集体应该具备什么样的氛围？

“家”是我有意识输送给学生的第一个集体概念。这种概念没有具体的条条框框，没有达标与否的考核，也没有具体的要求来硬性规定与强化，更多的是细节的处理和平日的“絮叨”。

卫生出了问题，我会说“家里太脏了”；

寝室出了问题，“小家长”和“大家长”“家庭成员”一起商讨、解决；

同学闹矛盾，那就一起谈谈“我的兄弟姐妹”；

……

我在很多时候、很多场合提“家”的概念，即集体的概念，强调家庭的荣誉、集体的荣誉。我和学生一起把班级当作我们共同的、新建的一个“家”。

学生也给了我他们的“感动十班”。

事件1：一个女生生病，叶、李两位同学轮流背着她去医务室。为回班级拿药，李同学在大冬天跑得满头大汗。回来的路上，一路上都有同学对她嘘寒问暖。从学生的举手投足中，我看到的是自然流露的真诚、关心。

事件2：班级“水痘”流行期间，先后有3位同学回家养病。学习委员赵同学把所有上课的课件、作业、练习等无一遗漏的发在班级论坛上。只因我和她说了个“发愁”的事：“他们生病在家，学习怎么办?”而后来，我发现，大家把学习委员尊称为“汩姐”，“汩姐”悄然流行。

事件3：纪律委员生病回家，前任纪律委员主动承担起纪律管理工作，并要求我不要在班里说。他说：“没有纪律委员管理，有同学会迟到。我做自己的事就行了，老师不用宣布。”说着说着，他流露出满脸的不好意思。

……

三、魔鬼住在天使隔壁——“人性本善”的教育

一开学，学生就把一堆麻烦摆在了我的面前，似乎在看我如何解决。其中，最让我头疼的莫过于女生。小D同学是班里很特别的一个女孩子。从小与奶奶在徐闻小镇生活，她来到广外外校后，陷入了极大的自卑与自我封闭中。上课、放学、吃饭、课间活动，我经常看到她孤单的身影。几乎每次遇到一点小小的困难，比如，使用电脑时不会开机，她便会哭着来找我，说：“我要退学。”她因为一些生活习惯以及自卑心理带来的敏感，言辞偶尔尖刻，使得别的学生都开始有意识地疏离她，甚至笑话她。

在感到心疼的同时，我也在思考如何把握好这一次的教育机会。我始终相信，学生本质上是善良的，只是他们不知道什么样的行为、举动会伤害到别人。这需要教育工作者给予他们帮助和指引。

我从班干部着手，从班级里有影响力、有号召力的同学着手，我相信只要做通他们的工作，便解决了一个核心的问题。班长李同学、副班长马同学、心地善良的邓同学、极具号召力的萧同学是我谈话的首选对象。听了他们对小D同学的感觉和评价，我问他们：“我们能选择出身吗？我们能选择自己小时候的成长环境吗？如果我们自己按她的生活轨迹走一遍，我们能确保自己依然如此骄傲吗?”我和他们聊了小说《简·爱》，聊了简对罗切斯特说的那句话：“上帝面前我们是平等的。”思维敏捷的萧同学反驳了我的观

点：“既然我们都是平等的，为什么我们要主动与她交往，迁就她的一些不好的习惯呢?”我把这个问题交给了班长李同学和心地善良的邓同学，他们思考后说：“每个人都有需要他人帮助的时候，每个人都有自己强或弱的一面。我们不应该让她感到孤独、孤立。”达成共识后，我们就一同想帮助她的办法。我和同学们一起又找了班里另外一些女生，安排她们在上形体课、体育课、口语课等需要伙伴的课程时，轮流主动与她合作，安排同学轮流与她一起吃饭。经过大家商量，我调整了班级的座位，在小D同学的旁边安排了一些性格温和、与她交往较多的同学。我没有在班里公开宣讲这件事，因为我觉得那样会伤害到这位女生本已敏感的心。我选择和她、和同学们进行单独交流，交流一个想法：自立与善良。每个人的心里都有两个房间：一个住着“善”，一个住着“恶”。如果我们把“善”的窗户打开，“恶”就只能蜷缩起来，这时我们的心里就会充满阳光，我们与我们身边的人就是幸福的。我想告诉学生的是：“不以善小而不为，不以恶小而为之。”魔鬼住在天使隔壁，不要因为自己的无心之举伤害到身边无辜的人。一个集体中或一个家里出现孤单的人，出现排斥与对立，是我们集体的失误、集体的过错。

小D同学的状况后来有所改善，她的笑容逐渐多了起来，和同学间的沟通也多了。但她依然习惯独来独往。当我问她：“现在这样快乐吗?心里安静吗?”她笑着说：“老师，我习惯了这样，挺好的。”一次，当我因为误会批评她后，有同学来我这里替她申诉、打抱不平。这时，我放心了，因为正义和善良的种子开始发芽了。

教育的功能，更多的应该是对人的塑造。人性中善的东西需要我们教育者帮助学生去认识、去理解。对人性中恶的、世故的东西，我们有责任帮助学生去识别、摒弃。当我们告诉学生什么是善良时，首先自身要相信善良，有一颗善良的心、真诚的心，因为教育本身也是心的教育。

四、由“踢门”事件引发的“尊严”思考

小S同学是班里比较调皮的孩子之一。开学之初，他的妈妈见到我，当着孩子面对我说的第一句话就是：“这孩子我拿他没办法了，我也管不了。”我看到了他表现出的反感。平日里，他好动，特别容易弄坏东西或伤害到他人，当他犯了错，我找他时，他就会说：“我知道我很差。”面对这个孩子，我想到最多的是：如何帮他找回自尊?

一次，晚自习上课铃响了，小S一脚踢门而入，正在教室的我颇感愤怒："去把门擦10遍！"他笑嘻嘻地转身而去时，我看到他对另一名同学说了一句什么。回来擦门时他纯属应付，而且脸上一副无所谓的样子。我生气地将他喊了出去，没想到他却像小公鸡似的摆出一副桀骜不驯的样子，好像错的是我。我缓和了一下情绪，心平气和地问他："你为什么生气?"他理直气壮地说："为什么同样是踢门，某某擦5遍，我要擦10遍?"听了这句话，我差点笑了，孩子就是孩子，他要的只是公平。某某同学也曾因为踢门，按班规把门擦了5遍。在次数上，孩子感到不公平了。

我告诉他擦门次数加倍的原因："你明知是粗鲁的、不文明的、错误的行为还要去做，加倍的是自己给自己的惩罚。"我问他："门有生命吗?"他满脸迷惑地看着我说："没有。"我说："那好吧，我们一起聊聊生命。"我告诉他，任何事物都是有生命的，我们粗暴地对待它，它则会粗暴地对待我们，比如，门，我们踢它，它就会运转不灵，就会关不上、打不开，我们就会很不方便。这是一个很简单的道理：我们善待别人、身边的一切事物，才会换来同等的善待。

我又问他："你知道老师最喜欢你什么吗?"他又摇摇头。"你的灵活，不服输的男子汉气概。"

"老师最不喜欢你什么?"他认真想了想，说："我太好动，总是嬉皮笑脸。"

"不，老师最不喜欢看到你自我否定！男孩子可以输掉一切，但不能丢掉尊严和勇气，包括承认错误的勇气。如你喜欢的篮球赛，在赛场上，输者仍有王者之气，才是真正的男子汉。什么时候都不能自我放弃，更不能自轻自贱。错了我改、落后了我追，用自己的行动换取别人的尊重，前提是尊重自己、爱护尊严！"

我们聊了半个小时，由最初的剑拔弩张，变为后来的娓娓而谈。我看到了他脸上神情的变化，从无所谓到逐渐庄重。最后我问他："是不是觉得被罚擦门很丢脸?"他不好意思地笑了。"每个人都会犯错，区别在于有勇气的人带着尊严承担后果，接受惩罚。你有勇气面对自己的错误，带着尊严把门擦干净吗?"

我看到这个调皮好动的孩子调整了情绪，去做他该做的事情了。我则悄悄地告诉纪律委员："擦5遍后就让他回去写作业吧！"

只要我们的教育目的达到了，就没必要非要达到某个数量。

教育者面对学生的时候，公正是一项基本准则。

教育者在面对学生的时候，除了数字化的成绩，更看重的应该是什么？是对“人”的尊重。

帮助学生认识文明与粗俗，引导学生尊重每一个生命个体，和他们一起找回尊严，把“人”字写大、写稳，这项工作的意义应该远大于每次考试的分数。这项工作无法用数字量化，无法像考试成绩一样短期内便见成效，但是一切教育工作者应该用心去做的一件重要的事情就是：教会学生做“人”。

家校合作，齐心协力，促进学生自我教育

——论教育中的三角关系

肖红海

一、日常生活中的“三”

“一个好汉三个帮，一个篱笆三个桩。”这句俗语告诉我们只有团结协作、齐心协力才能最终获得成功。刘邦重用张良、韩信、萧何，得以创建帝业；刘备重用孔明、关羽、张飞，得以与曹操、孙权分三足鼎立天下；唐三藏西天取经，没有孙悟空一路上的降妖伏魔，没有猪八戒、沙和尚的鞍前马后，岂能取得真经，普渡众生？

“三人行，必有我师焉。”这句话说明，到处都有值得我们学习的人，我们应该多去向别人学习。

“三”代表着多，在行酒令中就有一句“三多”。三人为“众”，也表示多。“三”是多的开始，三个或三个以上才算得上多。

三角形是所有平面几何图形之始，所有的多边形可以由一个个三角形组合而成。三角关系是最基础的关系，正如全国很多家庭都是三口之家一样，每个家庭都是社会的基础。

三角形结构是最具有稳定性的结构。三角形立体建筑是最原始、最简易、最科学的建筑。如屹立几千年不倒的埃及金字塔，还有法国的埃菲尔铁塔，上海的东方明珠电视塔，巴黎卢浮宫入口，都是世界闻名的三角形建筑。

二、教育中的三角关系

教育中也有三角关系，现从宏观、微观及家庭三个方面进行划分，如下：

（1）宏观的教育：家庭教育、学校教育、社会教育。

（2）微观的教育：学校教育、家庭教育、自我教育。

(3) 家庭的教育：父亲的教育、母亲的教育、自我的教育。

下面，我就针对学生个体层面的微观教育来具体论述教育中的三角关系。

我从教多年，接触了形形色色的家长，但其中有一部分家长的教育思想存在误区，他们认为让孩子接受教育，只要把孩子送入学校就可以了。让孩子接受最好的教育，只要把孩子送到最好的学校就可以了。这样的家长认为，把孩子送入学校，孩子的教育就是学校的事情；把孩子送到最好的学校，就是给孩子最好的教育。这种家庭教育思想是错误的，其实也是一种对孩子教育不负责任的表现。这正如韩愈所言："爱其子，择师而教之；于其身也，则耻师焉。惑矣!"

什么是最好的教育？雅斯贝尔斯在《什么是教育》中写道："教育的本质意味着：一棵树摇动另一棵树，一朵云推动另一朵云，一个灵魂唤醒另一个灵魂。"

卢梭在其名著《爱弥儿》中写道："最好的教育就是无所作为的教育。学生看不到教育的发生，却实实在在地影响着他们的心灵，帮助他们发挥了潜能，这才是天底下最好的教育。"

对每个学生而言，最好的教育应该是学校教育、家庭教育、自我教育三位一体的有效结合。

1. 家庭教育——打牢基础

家庭教育对孩子的成长至关重要。家庭教育侧重于对孩子人格的培养，良好的学习态度、学习习惯的培养。对一个人而言，家庭教育是启蒙的教育，是最基础的教育。也曾有人说过，每一个问题孩子的后面，都必定有一个问题家长。浙江成长教育心理研究所所长、杭州市青少年热线顾问吴锦良教授在接受记者采访时认为，改变父母是成功教育的关键。

教育家马卡连柯送给家长们这样一段话："你们自身的行为在教育上具有决定意义。不要以为只有你们同儿童谈话，或教导儿童、吩咐儿童的时候，才教育着儿童。在你们生活的每一个瞬间，甚至当你们不在家的时候都教育着儿童。你们怎样穿衣服，怎样跟别人谈话，怎样谈论其他的人；你们怎样表示欢欣和不快，怎样对待朋友和仇敌，怎样笑，怎样读报……所有这一切对儿童都有很大意义……父母对自己的要求，父母对自己家庭的尊敬，父母对自己一举一动的检点，这是首要的和基本的教育方法。"

由此可见，家庭教育对孩子成长的重要性是不言而喻的。古代"孟母三

迁”的故事，说明了家庭教育以及环境教育对一个人产生的影响。岳飞母亲在岳飞背上刺下“精忠报国”四个字也是家庭教育的典范。小学语文课本中有很多有关家庭教育对孩子产生深远影响的课文。如第八册《中彩那天》一文中写道：“母亲常安慰家里人：‘一个人只要活得诚实，有信用，就等于有了一大笔财富。’”第八册《万年牢》中写道：“父亲教导我做万年牢，就是要做个可靠的人，实实在在的人。无论做什么事都要讲究认真，讲究实在。父亲的教导使我一生受益。”第九册《钓鱼的启示》中也写道：“当我一次次地面临道德抉择的时候，就会想起父亲曾告诫我的话：道德只是个简单的是与非的问题，实践起来却很难。把钓到的大鲈鱼放回湖中，一个人要是从小受到这样严格的教育的话，就会获得道德实践的勇气和力量。”第九册《通往广场的路不止一条》中写道：“父亲和蔼地说：‘通往广场的路不止一条。生活也是这样。假如你发现走这条路不能到达目的地的话，就可以走另一条路试试！’”第九册《落花生》中，作者得出这样的感悟：“人要做有用的人，不要做只讲体面，而对别人没有好处的人。”第九册《学会看病》中，作者对孩子教育道：“孩子，不要埋怨我在你生病时的冷漠。总有一天，你要离我远去，独自面对生活。我预先能帮助你的，就是向你口授一张路线图，它也许不那么准确，但聊胜于无。”

以上这些文章都说明了家庭教育对孩子产生的深远影响。一个人成长的外因有很多，家庭教育无疑是教育外因中最大的因素。父母是孩子的第一任老师，对孩子进行的启蒙教育，是一切教育的基础。俗话说，基础不牢，地动山摇。

2. 学校教育——如虎添翼

学校教育帮助学生成长。韩愈的《师说》一文中写道：“古之学者必有师。师者，所以传道授业解惑也。人非生而知之者，孰能无惑？惑而不从师，其为惑也，终不解矣。”由此可见，学校教育具有向学生传授道理、教授专业知识、解答疑难问题的重要作用。学校教育侧重于知识与能力的培养，教给学生知识、传授学生学习方法、培养学生的综合能力。

小学语文教材中，关于教师对学生的教育产生深远影响的文章，我查找了一下，大致有以下几篇。第十二册《我最好的老师》一文中描写的科学课老师怀特森先生“是一个很有个性的人，教学方法独特”，他用出乎意料的方法培养学生独立思考、独立判断的能力和科学的怀疑精神，对学生产生了深远影响。《画杨桃》一文中，老师通过画杨桃的事情，启发学生懂得：看问题或做事情的时候，不能凭空想象，要坚持科学的思想方法，一切从客观存在的实际出发，实事求是，不要轻易下结论。

教师最主要的任务是引导学生学会学习。美国著名教育家卡尔·罗杰斯说过："谁也不能教会谁任何东西。知识是没有谁能教给你的，要真正掌握知识，将知识变成自己的财富，只有靠自己。教师的作用、书的作用只是将你领到一桌丰盛的宴席旁，告诉你这个菜如何好吃，如何有营养。但吃不吃最终还在你自己。"

教师就是学生学习的指导者和人生规划的引路人。课堂教学中，教师是教案、学案的设计者，是课堂的组织者，是学生讨论时的参与者，是学生有疑惑时的引导者，更是学生成功时的激励者。教师的作用是学生成长的外因中第二重要的因素。

3. 学生的自我教育——力量之源

教育即从他律到自律的社会化过程。教育过程是一个从外部进入内部的过程。人有很多的特点，其中一个就是：人一定是有主动性的，人有尝试的本能、思维的积极性、创造的欲望等。

学生的自我教育，是自主学习、自我形象塑造的教育，这是教育的最高境界。自我形象教育是心灵教育的关键。积极的自我形象是健康人格的核心，教育永远不能忽略的一个主题就是孩子自我形象的塑造。

自主学习是影响学生学习成功的最大因素。一个有自信、学习能力强的学生，是没有学不会的东西的。学生能够进行自我教育，说明他们已经学会学习，学习的内因已经发挥了巨大的作用。现实中，自学成才的人不计其数，如伟大的科学家爱迪生，连小学都没有毕业，但他通过自学成为"世界发明大王"；高尔基也是通过自学成为苏联最伟大的作家之一的；周恩来少年立志，为中华之崛起而读书；齐白石 32 岁才开始学习篆刻。这些事例都说明了自我教育对一个人成长的重要性是不可替代的，它是教育的内因，是教育力量的源泉。它可以忽略年龄的大小，有的人可能是大器早成，也有的人可能是大器晚成。自我教育的核心是学生学会学习、自己主动学习、做学习的主人，这样才可能激发出自己学习的主观能动性，而这种潜能是无限的。

对学生的自我教育而言，家庭教育和学校教育起到了打牢基础的作用。家庭教育和学校教育的根本目标就是引导学生进行自我教育。

三、最高效的教育——个别教育

对一个学生个体的教育来说，什么才是最高效的教育呢？我认为最高效的教育是“一对一”的教育，是个别的教育，它也是最有个性的教育。

人的一生，有两个阶段的教育最接近“一对一”的教育，第一个阶段是上幼儿园之前的家庭教育，是孩子接近于白纸时的启蒙教育，它会对一个人产生根深蒂固的影响，这是一个人教育的基础。此时的家庭教育是人格培养的关键时期，也是良好习惯养成的关键时期。家庭中父母的言行举止、待人接物都会对孩子产生深远的影响，正所谓耳濡目染。

第二个阶段是一个学生读博士或是博士后阶段接受的精英教育。这已经是学校教育的最高级，它代表着英才教育。这个时期，学生学习的积极性已经被充分调动起来了，教育的内因发挥出了最大的作用。这种教育是学生进行自我教育的最高境界。

四、教育与三角形的关系

下面我就以数学中的三角形来进一步说明学校教育、家庭教育、自我教育三者之间的关系。假设教师、家长、学生组成一个三角形，那么教师就是其中的一个底角，家长是另一个底角，学生是顶角。

如果给你一截线段，让你裁成 3 段围成一个三角形，怎样才能使这个三角形的高度最高？根据这个问题，我们可以得出以下 7 种三角形：

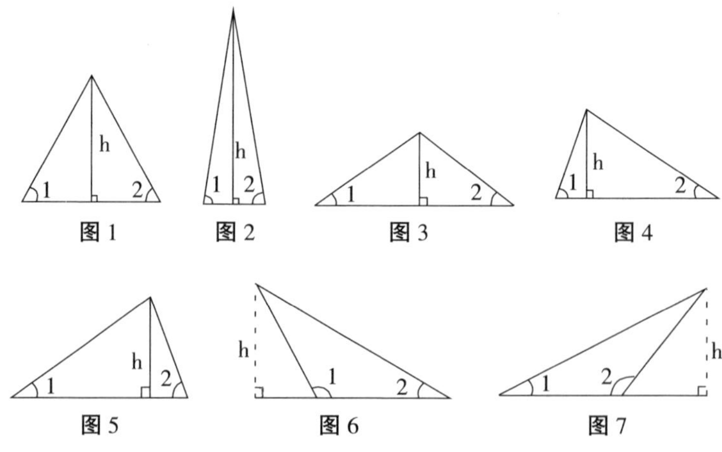

图 1　图 2　图 3　图 4　图 5　图 6　图 7

以上 7 个图形中周长都是相等的，表示每个三角形代表的教育力量是相等的。每个三角形的角 1 表示家庭教育力量的效果，角 2 表示学校教育力量的效果。底角是锐角时，度数越大表示教育的效果越大，角度越小表示教育的效果越小。两个底角之和越大表示学校教育和家庭教育对孩子的效果越大，两个底角的度数差越小，则表示两种教育力量的差距越小。一个底角是钝角时，表示这个角的教育观点是错误的，会降低教育的力量，甚至使三角形倾倒，说明产生了错误的教育。

底边距离表示教师与家长的距离，底边越长表示两者沟通越少，教育合力越小；底边越短表示两者沟通越多，教育观点的认同度越高，教育的合力越大。

三角形的顶点表示学生所处的位置，三角形的高表示学生发展所达到的高度。

图 1 是一个等边三角形，表示三方面教育的力量都差不多，三方面的距离也差不多。这是一般的教育情况，是现在教育中最普遍的现象，它也是最稳定的三角形。

图 2 是一个等腰三角形。两边最长，底边最短，两个底角和最大，三角形的高最长。这表示学校教育和家庭教育对孩子产生的效果最大，两种教育的差距最小，家校沟通很好，学生自我发展很好，教育产生的合力最大。

图 3 也是一个等腰三角形，但底边距离长，表示家校缺少沟通，两者的教育认同度差距很远，家校的教育力量都较小，学生自主教育力量弱。

图 4 表示家庭教育力量较强，学校教育力量较弱。

图 5 表示家庭教育力量较弱，学校教育力量较强。

图 6 表示家庭教育产生问题，对学生的成长产生负面影响，拉低了学校教育的力量，也有可能把学生引入歧途。

图 7 表示学校教育产生问题，对学生的成长产生负面影响，拉低了家庭教育的力量，也有可能把学生引入歧途。

从以上 7 种三角形可以看出，只有像图 2 一样，两个底角的和最大化，两个底角的差最小化，底边距离最短，两个边长相等，组成一个等腰三角形，才能使这个三角形的高度达到最高，学生的发展才可能达到最好。这就是教育这个三角形最理想的境界。

家庭教育中父亲、母亲、孩子三者也构成了一个三角形关系。它们三者之间的关系也如上面所讲一样，家庭和谐，父母共同教育孩子，才可能使孩

子得到最好的教育。

五、让教育中的三角关系更加稳固

教师、学生、家长是一个三角关系，一个孩子的成长，一定需要家庭教育、学校教育、自我教育三方面的合力，甚至是多方面的合力。这三者互相影响，互相联系。

在教育的三角形中，教师作为教育的专业人员，不但要做好学校教育，还要引导家长进行正确的家庭教育。这样做，可以让学校与家庭齐心协力，共同打牢教育的基础，挖掘学生自我教育的潜能，激发学生学习的主动性，引领学生学会学习，促进学生的发展。家校形成合力，让三角关系更加稳定，让学生能够更好地置于教育的三角形关系的顶端，达到更高的高度。

如果每个孩子所处的三角形都是最稳定的，那么，每个家庭都是稳定的，对每个孩子的教育也都是有效的，国家、社会也就一定能够成为屹立不倒的金字塔，获得健康和谐的发展。

【参考文献】

[1] 李镇西．做最好的家长［M］．桂林：漓江出版社，2006.

[2] 张平．什么是最好的教育——教师最需要关注的66个教育细节［M］．南京：江苏人民出版社，2009.

为“爱”健美

项恒鹏

一、为“爱”减肥——身更轻

要想真正地理解学生，教师应该让自己处于学生的立场上，去接纳学生的感受，去体会学生的情绪，这样，教育才会更自然、更有效。我班有一个叫小蕾的学生，她有次在缺席奥数课后，主动给我写了一封信，其中这段话带给我强烈的震撼：

我逃课的原因不只是因为我要去参加画画比赛，其实是我不想上奥数课。我努力过，但是每一次我的数学考试成绩都在90分以下，我开始失望，开始厌恶数学。妈妈给我报了数学补习班，可是，我越补就越感到有压力，甚至一提到数学我就感到无精打采。我努力鼓励自己，努力在课上不开小差，可总是坚持不到一个星期。现在，我对数学毫无兴趣。我有时会怪自己的脑袋不灵活，有时却责怪数学课太难……我上奥数课，是因为爸爸想让我补一下数学，但是我感到压力很大，数学课几乎压得我喘不过气来。我有时还会在心里想：“如果世界上没有数学课该多好。”老师，我没有办法提高我的数学成绩，其实我很喜欢你的幽默和笑容，也不是数学课无聊，而是我觉得数学课很难，我害怕数学课，我不想上数学课，不要强迫我可以吗？您可以帮助我吗？

学生信中的“不想上”“厌恶”“没兴趣”“压力很大”几个词语，深深地刺痛了我的心。惶恐之后，我也深深地理解，一个未成年的孩子，每天面对自己不喜欢的人或者事会有多么痛苦。于是，我决定帮助她走出痛苦。

我们很容易混淆“需要”和“想要”之间的关系，家长希望自己的孩子能多学知识，以便将来在职场上能多一个竞争筹码，这种想法是可以理解的。但我们的家长哪里知道，对于一个10岁的孩子来说，他们最想要的是：“少一些作业，痛痛快快地玩，按自己的喜好买东西，按自己的爱好上兴趣班，假期出去旅游。”

显而易见，要解决这个问题，首先应帮助孩子减少来自家庭方面的

"爱"。在与家长交谈后，我得到了家长的配合和支持，讨论后达成了初步意见，并及时告诉孩子我们的意见：周三的奥数课，让孩子根据自己的情况和兴趣自由选择，家长不再强制让孩子上课。孩子听了这个决定之后，立刻就露出了笑脸。是啊！每个孩子都有自己的主观感受，有自己独立的人格，任何人都不能代替他们的感受，所以对学生的情绪和感受，我们应该无条件地接纳与包容。遇到问题时，教师不妨多倾听学生的意见，如果学生有什么决定，不妨多与学生商量。学生理解了，执行起来也就不困难了。

在与家长约谈以后的一段时间里，我坚持每周专门抽一点时间和小蕾进行交流，及时了解她现在的想法和在数学学习方面的打算，并告诉她：在她学习数学的路上，我就是她的朋友，一定会做到有问必答！在数学课堂上，我特意给小蕾提供更多黑板演示或者展示交流的机会。我还及时鼓励她，哪怕是她只做对一道题，我都表扬她。在她尝到成功的喜悦后，我还对她提出新的期望，让她下一次力争做得更好。渐渐地，我和小蕾成了好朋友，她对数学的学习兴趣也渐渐浓厚了，每天都期待着上数学课，成绩也在稳步提高。

从小蕾的变化中，我深深地体会到：为"爱"减肥，尊重学生的意愿，学生才能被温暖的师爱消融对抗的坚冰，才能学得轻松、愉快，教育才能进入和谐的境界。

二、为"爱"减恼——心更灵

学生在成长过程中，犯错误永远是不可避免的，这也是成长的一部分。我们既要让学生认识到错误，更要关注学生的心理健康。

"老师，同学们又互相起绰号了，有人叫您'大侠'，还编了一个顺口溜：'天不怕，地不怕，就怕×大侠。'"这个绰号是阿华起的，此时的我该怎么办？发火大骂？有失风范，效果肯定也不会好。假装没听到，转移话题？但学生都听到了。快速权衡后，我毅然决定采取第三种方式——抓住契机，引导教育！

"能被称为'大侠'的人一般是正直、勇敢、公平、善良、有情有义的人，你应该是在夸我是个具有大侠风范的人，对不对？嗯，这个绰号我挺喜欢的，还感到有点受之有愧。"

我不动声色地继续问道："听说咱们班现在流行起绰号了，能让老师也知道几个吗?”同学们见我面带笑容，于是就嚷开了：“洋葱头!”“肥婆!”“你们叫这些绰号是怎么想的呢?”“好玩!”“有意思。”“可是被你们喊绰号的同学心里是什么感受，你们知道吗?”

刚才还很喧闹的班级一下子安静了下来，我的话让学生开始反思。我趁热打铁，立即请几位被叫绰号的同学诉说自己的苦恼，说说自己的心理感受。受到伤害的同学说着说着，眼圈都红了。那几个平时爱给别人起绰号的同学，也慢慢地把头深深地低了下去。

我并没有就此打住，而是进一步组织学生进行讨论：“同学们，其实古今英雄都以绰号流传千古。例如，古有‘智多星’吴用、‘及时雨’宋江，今有‘小巨人’姚明、‘飞人’刘翔。为什么这些绰号能够为大家所熟悉呢?”大家你一言我一语地展开了讨论。有的学生说这些人的绰号大多是人们对他们的优点、长处的颂扬，是一种夸奖；有的学生说这些都是雅号。

“对，这些绰号是根据人的外形、性格、爱好等因素而起的，是友善的、亲切的、不带有任何伤害别人自尊和取笑别人的意思，我们称为之‘雅号’。”同学们听了我的话，又一下子安静了下来。“‘绰号’和‘雅号’虽然只有一字之差，含义却大不相同，听者的感受也完全不同。那我们就给自己或者给别人起个符合个性特色的‘雅号’，可以吗?”

寂静的教室顿时热闹起来，从每个人的笑脸上，可以看出他们从心底里是喜欢别人给自己起雅号的。截至目前，绰号之风仍在班里盛行，不过，伤自尊的那些“绰号”被“口算大王”“钢琴王子”“百灵鸟”等取代了。而且，这些有绰号的同学也不会因此而感到苦恼了。

爱给别人起绰号，这是学生的特点。其实，大人有时也用起绰号这种方式来表达自己对别人的赞美、敬佩或者厌恶、愤恨等思想感情。把“绰号”变成“雅号”，学生之间不再互相贬低，不再拿别人的短处寻开心，促进了良好班风的形成，营造了轻松愉快的班级氛围。

在学生不断变化、发展、进步的成长过程中，每一天他们都会对世界多一分了解，自己的心灵和精神也会产生一些感受，他们所犯的错误和对错误的修正，都是促进他们成长的关键环节。“年轻人犯错误，上帝都会原谅的。”更何况是孩子，教育应从宽容开始。因此，当学生犯了错误的时候，教师要按实际情况给予他们宽容，为学生的错误行为找出合适的理由，让学生有台阶可下，给学生一次改正的机会。对学生多一分理解，少一分责备，多一分宽容，少一分苛求。这也正印证了一位特级教师的话：“假如生命不

幸破了一个‘洞’，不要因此失落、伤心、害怕，在‘错’处巧妙补上一朵花，则是另一种美丽，有时，甚至会创造出奇迹！”那么，就让我们站在爱的基石上，用坦诚和包容的心态，对待那些懵懂中不断犯错的孩子。每犯一个错误都是学生的一个学习机会，只是学生所经历的曲折道路上一个微不足道的标记。

教育的出发点是人，归宿也是人，因此，教师要走进学生的心灵，必须学会用学生的眼睛去观察，用学生的耳朵去倾听，用学生的大脑去思考，用学生的情感去热爱，用学生的兴趣去探寻！

三、为“爱”减赘——腿更硬

“赘”，意为多余，麻烦。在这里，“赘”指的是由于家校沟通不畅引起的不必要的误会、摩擦、纠纷。“减赘”是为了赢得家长的信任，保持良好的家校沟通。家庭教育和学校教育如同一个人的两条腿，缺一不可。家长是孩子的第一任老师，学校是孩子的终身老师，与家长保持良好的沟通，对孩子的教育大有裨益。

学校如何才能赢得家长的信任呢？我认为以下两点非常重要。一是沟通的时机、采取的途径。心理学研究表明，人与人的交往，第一印象非常重要。我们接手四年级，与家长接触的黄金时期就在四年级上学期，一定要把握好这个关键期，给家长留下良好的印象，为今后工作“减赘”。二是沟通方式的多样性。我的做法是充分利用现有的各种资源，如每周的家长信、周末作业单、互讯通家校平台、家长会等，构建起立体的、良性的、互动的沟通平台。有人说：“这样不是很麻烦吗？”可我要说：“我的经验是，无论什么事情，开始越简单，后面就会越复杂；如果在开始的时候复杂一点、细心一点，后面就会越来越简单，家校互联也是这个道理。”只要针对不同的事情，采取不同的合适的方式沟通，久而久之，家长就会把你当作朋友来看待，信任就建立起来了，工作中“减赘”就成功了，孩子教育中出现的任何问题也都会迎刃而解。

事实上，学生很需要一种表达方式，从而让同学之间的沟通变得更为自然顺畅。沟通是和谐同学关系的前提。让学生把彼此的心情、感受互相传递，方式有很多，我认为口头语言不如书面语言。因此，在解决同学之间的纷争时，“道歉卡”应运而生。

同学之间产生矛盾时，双方都反思自身的问题，把与同学交往中出现的误会或者想说的话通过小纸条的形式来表达，这样的小纸条就是道歉卡。下面我就给大家展示几个道歉卡：

阿陶，对不起，我以前总是说你，给你起绰号。现在想起来，我这样做很不好，大大伤害了你的自尊心。我在这里真心地说一句：对不起，希望你能够原谅我，不要记在心上，我以后再也不会这样嘲笑你了。——你的同桌小敏

亲爱的小齐，星期三中午，因为你一起床就唱歌，但是唱得太难听了，让我们大家都头疼，所以我打了你一拳。对不起，我太冲动了，希望你不要介意，下次我再不会动手打你了，请你原谅我，好吗？——小轩

在班级管理中，学生之间出现这样或那样的纠纷是再正常不过的事了。处理这些鸡毛蒜皮的小事时，很少有学生愿意一本正经、自然而然、心悦诚服地表达自己的情感。教师应该换一种方式帮助学生表达自己的感受，而不是让它们埋在学生心底。刚刚“硝烟四起”，现在“握手言和”，这时用文字来沟通，不像说话时忽然换了一种态度，显得那么突兀。以文字为载体，采用道歉卡的方式来沟通，为什么在班级管理中能让学生易于接受？首先，文字对于年龄大一点的学生来说，很容易接受，可以避开学生在用语言表达时产生肉麻的感觉；其次，从心理角度上讲，也可以很好地避免学生心中的痛点，使他们保持阳光的心态学习、生活。

教育的爱是没有功利的，有了功利就不叫爱。但是，我们也不要高估爱的力量。教育是复杂的，爱不是教育的一切，认为由爱而产生的感动能够化为所有学生成长的动力，那是天真的想法。因此，我们要正确地给予学生适当的“爱”，为太多、太泛、太滥的“爱”减肥，尊重学生的意愿；为“溺爱”“宠爱”“赘爱”减恼，关注学生的心理健康成长；为无原则的“爱”、悖规律的“爱”、太功利的“爱”减赘，赢得学生、家长的信任。这样，给学生“健美”的爱、“正直”的爱、“博大”的爱、“阳光”的爱，学生就能给我们一个惊喜的未来。

对症下药促新生

——以学生 L 为例谈问题学生的成因及引导

在我的教学生涯中，每个班总有那么几个问题学生让人头痛。他们的存在，不仅影响班级其他学生学习的积极性、教学工作开展的进度，也影响到班级管理工作开展的成效。如果能解决好班级问题学生的问题，教师工作往往会事半功倍，整个班级的面貌就会焕然一新。而如果教师解决不好这个问题，就会产生挫败感，也会让学生受到不良影响，从而影响班级整体工作的开展。而问题学生形成的原因是特殊和多方面的，所以我们要仔细辨别这些原因，对症下药，细心地引导、转化问题学生。

一、症状

9 月份军训周的一天，我正在开会学习，突然收到一条短信："你在哪？你班的 L 正滚在地上闹，你快来！"我赶紧请了假，冲到军训场地，却没看到人，同事说他在学生宿舍楼。我赶到学生宿舍楼一看，L 正激动地大喊大叫："我不要在这里，我要回家，我要妈妈……"

说到 L，估计整个初一年级的学生没有一个不认识他的：一是他的外观引人注意。他才 12 岁，体重已经超过 200 斤，板寸头，皮肤黝黑。因为大大异于同龄人，他走在路上，回头率颇高。二是他每天在宿舍给他的妈妈打电话时，都是大喊大叫："我要回家，我要妈妈，我不要在这个地方……"他的声音响彻整个宿舍楼。

这样一个极端冲动的学生，对班级工作管理的破坏性是显而易见的：身体较肥胖，行动迟缓，从而影响整个集体活动的开展，学生对其会有抵触情绪；冲动任性的性格，会影响其他学生对寄宿生活的态度。不解决好他的问题，我的整个班主任工作就会增加不少难度。

二、问诊

作为班主任，对待这样的学生不能采取"硬碰硬"的方法。我慢慢地引导他，让他说出自己心里的真正想法，把情绪发泄出来。通过多次的沟通了解，我知道他这样“闹”的原因有几个：一是学校的饭菜不如家里的好吃；二是自己长得胖，而宿舍又在 7 楼，爬楼很辛苦；三是宿舍里的床不舒服，洗手间不大，刷牙、洗脸、上厕所都很麻烦；四是没有朋友，自己以前的朋友没有一个进广外外校读书的。

了解到这些原因之后，我就开导他。第一，学校的饭菜是营养套餐，首先注重的是全面的营养，其次才是口味。人都是要慢慢长大的，一个人不可能一辈子都吃爷爷奶奶做的饭。我们学校的厨房是广州市仅有的两个 4A 级的学校厨房之一，没理由再挑剔。第二，长得胖，爬一爬楼，就当锻炼一下身体，说不定坚持下来，体型就会跟常人一样，也不会那么引人注意了。第三，宿舍的设备没有家里的好，但是对于一个求学的学生来讲，该配置的都配置好了，不能太挑剔，毕竟到学校来是为了学习，不是来享受的。第四，朋友不是一朝一夕就有的，自己以前的朋友也不是一天就交到的，跟现在的同学相处多了，自然就可以交到好朋友。接下来几天的时间里，我每天和他的妈妈通电话沟通，说明他在学校的表现，然后让他的妈妈每次打电话时都对他进行有针对性的鼓励。渐渐地，他的表现有所改善。但好景不长，几天后，他“旧病复发”，反而更严重了。

三、复因

原来，他能接受我的这些开导都是因为他的父母跟他说：“你先去学校适应适应，如果不行，我们再接你回来。”第一周，每次他闹，他的父母都是这样敷衍他。从第二周的第一天开始他每天都说父母骗他，把他从家里骗到学校来就撒手不管了，他觉得自己上当受骗了。于是他就更闹了。

问题的根源原来在家长身上。通过学校领导，我把他的家长请了过来。学校姚主任先跟家长谈。姚主任说：“你们自己心里要有底，哄得了一时哄不了一世。”姚主任请家长马上把事情跟孩子说清楚，让他知道父母不可能再给他找学校，如果他不在这里读书，就没书读了。这样就断了他的其他念头。家长在姚主任的说明下，明白不能再这样敷衍下去，让孩子觉得还有退路。这个时候，我把 L 带来，给家长和孩子一个单独的空间，让他们把问题说明白。我们就在隔壁的办公室观察情况，只听到不断撞击门和墙的声音，伴随着 3 人激烈的争吵声：“你必须留在这里，我们

不会再给你找学校了。”“我不要在这里，我要回去，我要爷爷奶奶，我要妈妈。”因为声音太大，整层楼的老师和同学都来观望。最后我们听到他的父母说：“那好，你现在跟我们回去，我们以后没你这个儿子了！”我们进办公室一看，L正满头大汗，而他的父母也都是一副伤心失望的样子。这个时候已经快晚上12点了，他们一行3人下了楼，准备回家。我回到宿舍刚要睡觉，他的妈妈打电话来了：“罗老师，L还是回宿舍了。”我一听，心里满是问号：不是已经回家了吗？怎么又回来了？他的妈妈说：“我们跟L说，如果他就这样回去，不仅我们不会再理他，爷爷奶奶也会很伤心，他们也都不要这样的孙子。”L不想让爷爷奶奶伤心，所以先留了下来。看来，问题还是没有解决。

四、药引

L断了离开广外外校的念头了，我的工作才刚刚开始。

就这样，我每天除了正常的教学和解决其他问题外，抽出很多时间跟L聊天。

首先，我要让他明白，他不可能再回家，他的父母不可能再给他另找学校。

第二，如果还是这样闹下去，学校也不是没有校纪校规的，违规过多，他的德育评分扣分达到一定程度，学校也不允许他继续读下去。

第三，如果还是整天这样闹，不仅自己不开心，周围的同学也都会不开心。与其烦恼地过一天，不如开开心心地过一天。

第四，每天跟他的妈妈打电话沟通，说明他的每一点进步和情绪变化，然后让他的妈妈有针对性地跟他沟通。

第五，让几个比较主动和乐于助人的同学跟他说说话，主动和他一起上学、放学、回宿舍、吃饭，让他尽快融入友好的集体。

第六，跟各任课老师说明他的特殊性，上课的时候，照顾一下他的情绪，尽量不和他起正面冲突，不然，如果他冲动起来，做出不理智的事情就更糟了。

第七，与生活老师沟通好，每天对L多点问候和关心。虽然生活老师工作很忙，但是了解到L的特殊性，生活老师不仅没有半句怨言，反而给了他更多关心，还亲自在家里煮粥给他吃，照顾他的情绪。

通过有针对性地沟通引导，他的态度有了很大改变，班级工作也能好好开展了。

五、结语

问题学生的产生，大部分是因为家庭教育的缺失。学校教育、家庭教育是学生成长中的两个方面，并行不悖。问题学生的家长一般将大部分教育责任推给学校或者老师。但是，如果没有发挥家庭教育的作用，学校教育往往会面临种种困难和阻力。因此，班主任工作必须细致，发挥家长在学生成长中的特殊作用。

教师要透过现象看本质。问题学生的表现不同，如果教师没有发现问题产生的根本原因，工作往往会流于形式。另外，对问题学生的引导必须更细致，要注意工作中的反复，因为只有细致强化的工作，才能引导其真正转变。

教师找到问题产生的根本原因之后，要对症下药促其转变。问题学生在日常生活、学习中有各种症状，我们教师在管理中必须掌握“望、闻、问、切”的中医本领，对症下药，有针对性地解决好他们的问题，才能引导其走上正确的成长道路。

音乐同步脱敏再加工（MEDR）
——对舒缓初三学生考试焦虑情绪的研究

姚美兰

一、问题提出与实验假设

（一）研究考试焦虑的意义和价值

考试焦虑是中学生常见的情绪障碍，它以学生在考试情境下对考试结果担忧为特征，有自我怀疑、无能感、自我责难等负性情绪反应。

近年来，我国中学生考试焦虑问题越来越普遍、严重。据郑希付等的研究统计，34%～41%的中学生有明显的考试焦虑情绪，符合DSM标准的中学生甚至达到50%以上。徐恩秀采用TAS量表，选取福建地区447名中学生作调查，发现24%的学生处于高焦虑状态。杨骏等采用STAI问卷，选取长春市182名初三学生作调查，发现初三学生在考试前的确存在明显的焦虑情绪。任化娟等采用TAS问卷，选取某县城中学319名中学生作调查，结果发现，TAS超过20分的学生有57人，占总人数的17.87%。

考试焦虑又是一种情绪体验，它受人的心理因素的影响。王才康、陈祉妍、黄高贵等对我国中学生的考试焦虑的成因的研究结果表明，负面评价恐惧、自我接纳、担忧等是造成中学生考试焦虑的主要情绪因素。考试焦虑和中学生的负面评价焦虑之间存在着非常显著的联系，学生越是担心考试考不好，其焦虑越明显。能够自我接纳的学生，对自己有比较客观、正确的认识，对考试有合理的期望，所以他们一般不会体验到过度的焦虑。相反，自我接纳程度低的学生对考试抱有过高的期望，导致过分的担忧和焦虑。环境因素，主要指家庭和社会环境，也是造成学生产生焦虑的一个因素。父母过高的期望、社会对分数的过分看重等，都会导致学生对考试产生焦虑和恐惧。

中学生考试焦虑的普遍性和严重性，决定了研究考试焦虑具有重要意义和价值。

（二）音乐治疗与考试焦虑

人类有一个古老的观念：音乐具有驱病健身的作用，对人类的生存本身具有重要的意义。在古希腊，人们认为音乐对思想、情绪和躯体的健康具有特殊的作用，音乐可以直接影响人的情绪，改善个性。亚里士多德认可音乐的力量，他认为，音乐有宣泄情绪的作用。柏拉图则把音乐描述为“心灵的药物”。

美国著名音乐治疗学家布鲁西亚这样定义音乐治疗：“音乐治疗是一个系统的干预过程，在这个过程中，治疗师利用音乐体验的各种形式，以及在治疗过程中发展起来的，作为治疗的动力的治疗关系来帮助被治疗者达到健康的目的。”

在这里我总结了音乐的三个作用，如下：

1. 对生理的作用

学生的考试焦虑情绪必然会引起躯体或生理的不良反应，如失眠、头晕、头疼，考试时心慌、手抖、呼吸加快、口干等。而国内外大量的研究证实，音乐可以引起人的各种生理反应，如血压降低、呼吸减慢、心跳减慢、皮肤温度升高、血管容积增加、血液中的去甲肾上腺素含量降低等，从而明显地促进躯体放松，减少紧张焦虑。同时，音乐还能作用于脑垂体，促使血液中的内啡肽含量增加，也会明显地降低疼痛，令人产生愉悦感。

2. 对心理情绪的作用

考试焦虑是一种情绪反应。情绪决定人的认知体系，所以有焦虑情绪的学生必然会形成对自己评价低下、自信不足等负面认知。音乐治疗利用音乐对情绪的巨大影响力，通过音乐激发学生的情绪体验，帮助他们尽可能地把考试焦虑的消极情绪释放出来，并用积极的音乐，支持和强化他们内心积极的情绪力量，改变他们对考试成绩不合理的评价，使他们重新认识自己，重建自信，在精神上获得一种新生的体验。

3. 对审美的作用

音乐是一种艺术形式，人类在音乐中体会到了完全的自由和解放，也就找到了人类灵魂自由的本质。生命的本质就是美，人类美的体验，本质上是一种自我内部积极的生命力的体验。如果一个人在生活中经常体验到美，这样的生命是生机勃勃、积极向上的；相反，他的生命就是颓废衰落、消极退缩的。音乐最能激发人类内心深处对自我的本质力量的体验，人类能从音乐中体验到美，体验到自己积极的生命力。而处于考试焦虑状态的学生，显然

很难感受到生活的美。但是，如果他们在音乐治疗过程中，在与自己心境贴近的忧伤而又优美的音乐的伴随下，把音乐美的体验与考试失败的焦虑结合起来，把考试失败的痛苦转化为一种深刻又积极的人生体验，就会体会到自我内部的积极的生命力。

（三）音乐同步脱敏与再加工（MEDR）与考试焦虑

音乐同步脱敏与再加工（MEDR 是 Music Entrainment Desensitization and Reprocessing 的简写形式），这一概念是中央音乐学院高天教授在多年对创伤后应激障碍及相关治疗的研究的基础上，以及对创伤来访者大量的临床治疗实践中提出来的。这种行之有效的音乐心理治疗技术，最初是将创伤治疗和音乐治疗有机地结合在一起使用，其治疗效果比单纯使用其中一种方法要好得多。随着在临床治疗中经验的积累，高天教授逐渐改进、完善了这项新型的技术，并最终命名为音乐同步脱敏与再加工（MEDR）。

系统的音乐同步脱敏与再加工（MEDR）工作程序主要包括两个部分：稳定化部分和脱敏再加工部分。其中，稳定化部分主要是为了增强来访者的自我功能，增加积极资源和体验，改善情绪状态，并为脱敏再加工做好充分的准备。而脱敏再加工部分是音乐同步脱敏与再加工（MEDR）的核心工作部分，是利用音乐的推动和影响，让来访者逐渐暴露在创伤记忆中进行脱敏，并由此宣泄消极情绪、逐渐引发积极情感、唤起内省、加速信息处理过程，从而改善来访者对创伤适应不良的应激反应模式。

按照音乐同步脱敏与再加工（MEDR）思路和原理，将其运用在考试焦虑上，其作用机制简言之就是在音乐同步的原理下，通过音乐推动学生考试焦虑情绪的释放和宣泄，激活学生的创造能力和自愈能力，并在积极想象中推动学生的自我意象发生改变，通过改变意象来改变学生对考试的认知和缓解考试焦虑情绪。

综上所述，我提出如下的实验假设：

假设 1：音乐同步脱敏与再加工（MEDR）对学生的考试焦虑情绪有缓解作用。

假设 2：音乐同步脱敏与再加工（MEDR）对拥有不同音乐能力的学生的考试焦虑情绪缓解的作用有差异。

二、研究方法

（一）测试对象

从广外外校初三年级学生考试焦虑总分15分以上的学生中选择的有过考试失败经历、心理有阴影的24名男生。

（二）材料

1. 测评问卷

问卷1：Sarason考试焦虑量表（Test Anxiety Scale，TAS），测定考试焦虑总分。

Sarason考试焦虑量表（Test Anxiety Scale，TAS），由美国华盛顿大学心理系的著名临床心理学家萨拉森（Irwin G. Sarason）教授于1978年编制完成，中文版由王才康教授于1999年翻译修订，是目前国际上广泛使用的最著名的考试焦虑量表之一，有良好的信度和效度。

问卷2：音乐能力测验（MAT），对实验组12名学生做音乐能力的评估。音乐能力测验（MAT）问卷来自华南师范大学心理系专家组和广州智为信息科技公司联合研制的"中学生心理档案系统"，其中，包含音乐欣赏力、音乐技能、节奏感共三个维度。

2. 音乐选择

选用中央音乐学院高天教授提供的放松减压音乐系列CD四碟：《小溪吟诵》《高山悟语》《草原冥想》《大海遐思》等共28首。

（三）方法

选用考试焦虑量表（TAS）对音乐干预前后的考试焦虑进行对照研究。

将参加实验的24名男生随机分成实验组（n＝12）和控制组（n＝12），同时对实验组学生进行音乐能力测评（MAT）。

对实验组12名学生进行音乐的干预，每周一次，每次80分钟，每人共计4～6次。控制组的学生不接受任何音乐的干预。

（四）统计分析

采用SPSSV11.5 for Windows工具，进行相关分析和t检验。

三、研究结果

(一) 音乐同步脱敏与再加工 (MEDR) 对考试焦虑情绪舒缓作用的影响

表 1 实验组配对样本的描述性统计表

实验组	n	M±SD	SE
before	12	22.00±3.742	1.080
after	12	19.33±2.839	0.820

表 2 实验组配对样本的相关分析表

实验组	n	r	p
before & after	12	0.590	0.043 *

(注：* 显著性 p<0.05；* * 显著性 p<0.01；下同)

由表 2 可知，r=0.59，p=0.043<0.05，说明实验组的前测成绩与后测成绩相关系数显著，即两者有关系。

表 3 实验组配对 t 检验表

实验组	M±SD	t	p
before & after	2.667±3.085	2.995	0.012 *

由表 3 可知，t=2.995，p=0.012<0.05，说明实验组的前后测成绩存在显著差异。

表 4 控制组配对样本的描述性统计表

控制组	n	M±SD	SE
before	12	21.75±3.817	1.102
after	12	21.33±2.425	0.700

表 5 控制组配对样本的相关分析表

控制组	n	r	p
before & after	12	0.491	0.105

由表 5 可知，r=0.491，p=0.105，说明控制组的前测成绩与后测成绩相关系数不显著，即两者没有关系。

表 6　控制组配对 t 检验表

控制组	M±SD	t	p
before & after	0.417±3.370	0.428	0.677

由表 6 可知，t=0.428，p=0.677，说明控制组的前后测成绩没有显著差异。

（二）音乐能力与考试焦虑的相关分析

表 7　音乐能力与考试焦虑程度的相关分析

前测	后测	鉴赏	技能	节奏	音乐能力	
前测	1	0.590 *	0.075	0.125	0.330	0.211
后测	0.590 *	1	−0.195	−0.024	−0.170	−0.141

由表 7 可知，三项音乐能力指标和音乐能力对前后测的焦虑程度分数均没有显著关系。即说明音乐能力与焦虑程度没有关系。

四、讨论与分析

（一）音乐同步脱敏与再加工（MEDR）缓解考试焦虑情绪的效果

从结果分析可见，实验组前测后测的数据差异是显著的，也就是说音乐同步脱敏与再加工（MEDR）对学生的考试焦虑情绪是能起到舒缓作用的，这与朱晓峰、刘春艳等同类实验研究结果是一致的。

1. 音乐同步脱敏与再加工（MEDR）有效宣泄考试焦虑情绪

音乐对情绪具有强大的影响作用。在音乐同步脱敏与再加工（MEDR）的治疗过程中，音乐可以有力地引发、唤醒、推动和深化学生的考试焦虑情绪的宣泄。如实验组被试的一个学生，引起他考试焦虑的最糟糕的画面是：他的成绩进步很大，他充满喜悦，期待母亲的表扬，可回到家，母亲表情冷漠地说："继续加油。"这让他感觉自己不够好，不值得被重视。这种感觉带给他悲伤、失落、责备、厌恶等情绪。有些情绪他是知道的，有些则是模糊的，所以造成自己对考试的焦虑，考试时总担心考不好。在音乐同步脱敏与再加工（MEDR）的治疗中，音乐带他进入这样的画面，运用与他的情绪相吻合的音乐，激活压抑的情绪，并将这种情绪充分地释放。他的头脑中的

“母亲淡漠的表情”转变成“母亲平静的表情”，负性意象逐渐向中性和正性意象转化。在这里，音乐极大地引导和推动着意象的变化。

情绪的激活有助于学生负性情绪的释放，使其不再压抑自己，有助于学生从考试失败中走出来，把它转化成正性的意象和内在的积极资源。据班主任反馈，实验组学生在实验阶段表现出更多的积极行为，如上课不再打瞌睡，主动发言，作业完成及时，也显得更活泼、开朗。实验结束后，我与实验组学生交流时，他们大都表示，在接受音乐干预之后晚上不再失眠，早上起来不再感觉到累，整个人轻松了许多，像减肥一样，身体轻了，走起路来不再沉重了，想到下一次的月考较少出现担忧、害怕的心理反应。大部分实验组学生认为自己面对考试时更有自信，并对考试结果给予积极的归因。

2. 音乐同步脱敏与再加工（MEDR）重建学生积极的自我价值感

音乐同步脱敏与再加工（MEDR）的一个最根本的出发点和理念就是：激活来访学生自身的自愈功能。在音乐同步脱敏与再加工（MEDR）过程中，来访学生不再是孤独地面对考试失败的记忆和体验，而是得到音乐和辅导教师的陪伴和支持，由此他们可以获得更大的安全感和勇气。同时，由于音乐和辅导教师都不会直接告诉或引导来访学生应该产生什么样的意象，所以来访学生在整个联想的过程中是起主导作用的。

音乐的美感体验，也使来访学生将考试失败的痛苦体验升华为对生命存在的价值的积极探索，例如，人生究竟要怎样度过？要去哪里？……当学生思考人生存在的价值和意义时，考试失败就不再是束缚心灵的最重要的东西，学生能合理地看待考试，把考试失败的经历转化为精神的重要财富，不再因为成绩不好而否定自己的价值。

如有个学生，父亲总拿他跟学习成绩优秀的哥哥相比，让他感到压力很大，每次考试他总会想考得不好，又得挨骂了，所以他总是考得不尽如人意。沉重的考试压力，使他总是责备自己，感到内疚、惭愧。在进行音乐同步脱敏与再加工（MEDR）的过程中，在音乐的陪伴下，他感受到了内心的愤怒——以前没有觉察到的对父亲的愤怒。这种愤怒得以释放，用言语表达出来后，他终于感到轻松了，从这种愤怒和悲伤中走出来了。同时，在带有明朗色彩的音乐的陪伴下，他想象自己走在山间小路上，看见绿树、白云，阳光透过树叶洒落在自己的身上，感觉很舒服、很温暖。他顺着小路往山顶走去，最后终于到了山顶，自己站在山顶上触摸到白云的感觉让自己浑身充满了力量和希望……

来访的学生通过大山、草原、小溪、山谷等积极的想象，建构内心的积极资源，体验到内在的自我力量，感受到自己的价值，自信和自尊油然而生。

3. 音乐同步脱敏与再加工推动高峰体验

学生悲伤、愤怒等负性情绪得到充分的宣泄之后，辅导教师顺着学生情绪的变化，转换不同色彩的音乐，如由悲伤到明朗等。音乐色彩的变化，让来访学生大脑中产生大海、山谷、草地、小溪等美好的意象。如有的学生看到只属于自己的安全温暖的小屋，感受到在木屋里的舒服和放松，蓝色的大海环绕在小屋周围，自己走在一条绿色的小路上，一会儿自己来到草地，躺在柔软的草地上，小鸟在快乐地鸣叫，牛羊在安静地吃草，一切显得静谧安然；一会儿自己也像小鸟一样在天上飞，旁边是一朵朵白云……

当来访的学生在音乐的积极想象中达到高峰体验时，当他们听到辅导老师的暗示“这美好的景象，这强大的生命力，这安静轻松的感觉就是你的一部分，是自己生命的一部分，它一直陪着你，只要你想起来，它就会回来陪着你”时，他们会产生对生命的深刻感悟。所以来访的学生每次做完辅导后，都会静静地在咨询室待上一段时间，不愿离去。

（二）音乐能力的差异对考试焦虑的影响

从实验组的12名被试学生的前后测考试焦虑分值跟音乐能力的相关分析来看，三项音乐能力指标和音乐能力总分对前后测的焦虑程度均没有显著关系，即说明音乐能力与焦虑程度没有关系。得出这样的结果，我认为有如下原因：第一，可能是我的实验设计不周全，只对实验组的12名学生进行音乐能力和考试焦虑的相关比较，而没有对对照组学生进行比较。第二，音乐能力方面的量表的选择。我选用音乐能力测评量表（MAT）作为测评工具，这个量表分三个纬度：音乐欣赏能力、音乐操作能力、音乐节奏感。而音乐同步脱敏与再加工（MEDR）是聆听式的音乐治疗方法，更多体现在音乐欣赏能力这一纬度上。

所以，音乐同步脱敏与再加工（MEDR）缓解考试焦虑，在不同音乐能力的被试者中是否存在显著差异还需要进一步的实践研究。

五、结论

通过本次实验，我得出如下结论：

音乐同步脱敏与再加工（MEDR）对学生的考试焦虑情绪有缓解作用，音乐同步脱敏与再加工（MEDR）对拥有不同音乐能力的学生的考试焦虑缓解的作用没有差异。

但是，本研究仍有不足之处，我总结主要有以下两点：

(1) 因为一些外在因素，本次实验研究只采用了小样本，其数据的说服力受到一定的限制。选择的测试者全部为男生，性别单一，对于实验结果的普遍性意义也有一定的影响。

(2) 实验方法本身还有一定的局限性。

【参考文献】

[1] 郑希付，高宏章．考试焦虑的认知因素研究［J］．心理科学，2003，26（1）．

[3] 徐恩秀．初三、高三学生考试焦虑状况调查研究［J］．现代教育科学（普教研究），2006，(6)．

[3] 杨骏，赵慧俐，郑晓华．中学生考试焦虑问题［J］．中国心理卫生杂志，1996，5（10）．

[4] 任化娟，康平．某县级重点中学高三学生考试焦虑现状的调查研究［J］．法制与社会，2009，3（上）．

[5] 王才康．考试焦虑自我检查表在中学生中的应用及其因素分析［J］．中国临床心理学杂志，1995，3（1）．

[6] 陈祉妍．中学生负面评价恐惧与考试焦虑的相关性［J］．中国心理卫生杂志，2002，(12)．

[7] 黄高贵，吴燕．考试焦虑与自我接纳及应对方式关系的研究［J］．中国心理卫生杂志，2001，15（5）．

[8] 高天．音乐治疗导论［M］．北京：世界图书出版社，2008.

[9] 朱晓峰．系统脱敏合并音乐治疗高中生考试焦虑研究［J］．医学理论与实践，2003，(16)．

[10] 刘春艳．接受式音乐疗法对缓解中学生考试焦虑的作用［J］．教育探索，2009，(4)．

谈班级评价策略

曾秋莲

评价是一种价值判断活动，教育评价就是对教育活动的价值判断。在现行教育过程中，教育评价一直起着指挥棒的作用。在日常教学活动中，教师的评价决定学生的努力方向，“评价”成了学生学习生活中不可或缺的一部分。下面就来谈谈我对评价的认识与思考实践。

一、新课程标准对“评价”的定位与“评价”

新的课程标准认为，评价不仅仅是甄别和选拔学生，而是促进学生的发展，促进学生潜能、个性、创造性的发挥，使每一个学生具有自信心和持续发展的能力。新课改倡导“发展性评价”，突出“评价促进发展的功能”。关注人的发展，强调评价的民主化、人性化，重视被评价者的主体性及评价对个体发展的建构作用。

二、多元评价在学生成长中承担重要角色

孩子上幼儿园带回满心的喜悦，原来其额头上、手背上都贴上了令人欢愉的“好孩子”“你真棒”的贴纸；他们的书包里、口袋中还有颇具诱惑力的各种小印章。幼儿园老师的评价让孩子遵守规则，乐于上学。只有 6 岁的小学一年级学生能在教室里坚持坐 40 分钟，这简直不可思议，但那是因为老师备课夹里的小玩意在“诱惑”着他们。可以这样说，孩子是伴着奖状、伴着鼓励的话语长大的，从某种意义上说，这就是评价。

在教育过程中，根据学生的年龄特点、学习内容，教师可以设定不同的评价。从这个意义上说，我们的评价需要多元化。

1. 评价内容多元化

重视知识以外的综合素质的发展，尤其是创新、探究、合作与实践等能力的发展，以适应人才发展多样化的要求；评价标准分层化，关注被评价者

之间的差异和发展的不同需求，促进其在原有水平上的提高和发展的独特性。

2. 评价方式多元化

将量化评价与质性评价方法相结合，适应综合评价的需要，丰富评价与考试的方法，如成长记录袋、学习日记、情景测验、行为观察和开放性考试等，追求科学性、实效性和可操作性。

3. 评价主体多元化

从单向转为多向，增强评价主体间的互动，强调被评价者成为评价主体中的一员，建立学生、教师、家长、管理者、社区和专家等共同参与和交互作用的评价制度，以多渠道的反馈信息促进被评价者的发展。

三、评价与发展性评价

表扬是评价，批评也是评价。表扬评价有激励性的评价，也有非激励性的评价。有效的激励性评价能促进量化评价与质性评价方法的有机结合。

我曾听一位班主任向刚来学校的新教师介绍班级评价方式。他介绍了前一学期的评价制度及本学期准备的变革，让我体会到了两种不同的评价可能给学生带来的影响。

在前一学期，该老师的做法是把学生每天的学习生活进行量化，包括遵守纪律情况、听课能力、作业、交往合作、活动参与等，由学生干部负责将其与各任课老师评价相结合，当学生累计到一定的分数时就可以换一个“苹果”，“苹果”累计到一定的数量就可以换一颗“星”，“星”越多，级别就越高。本学期，该老师想进行改革，在评价制度中先列出一些要达成的项目，达成的学生获“星级少年”称号，如果各项都达标就是“五星级”。这两种做法最根本的区别是：前者评价开放，能让学生始终处于不满足状态，能最大限度地调动学生的积极性，且着眼点是挖掘学生的潜能，具有发展性，能达到“没有最好，只有更好”的效果。后者目标明确，但易让学生自我满足，停滞不前，鼓励作用会打折扣。

由此可见，评价标准的确立不是随心所欲的，应遵循一定的原则，个性的、开放的、发展的评价，也许就是最有促进作用的。

四、发展性评价的实施与成效

教育教学过程中总会用到评价，从教多年，我在班级教育和教学过程中对评价作了一些尝试。

1. 建立评价制度，通过评价表对学生进行量化评价

班级量化评价表，这是小学班级教育用得最多的评价方式。

表 1　一周评价表

<table>
<tr><th>小组一周目标</th><th>第组</th><th colspan="2">类别</th><th>周一</th><th>周二</th><th>周三</th><th>周四</th><th>周五</th><th>总评</th></tr>
<tr><td rowspan="5"></td><td rowspan="5"></td><td rowspan="4">常规项</td><td>学习</td><td></td><td></td><td></td><td></td><td></td><td></td></tr>
<tr><td>卫生</td><td></td><td></td><td></td><td></td><td></td><td></td></tr>
<tr><td>纪律</td><td></td><td></td><td></td><td></td><td></td><td></td></tr>
<tr><td>活动</td><td></td><td></td><td></td><td></td><td></td><td></td></tr>
<tr><td colspan="2">个性项</td><td></td><td></td><td></td><td></td><td></td><td></td></tr>
</table>

表 1 是我设计的一份班级日常评价表，此表对学生在校的日常学习生活进行记录与评价，是一份体现学生日常行为表现的评价表，我认为也是一份关注学生潜能发展的记录表。此表使用多年，在不断地修正中，始终不变的是对“个性项”的保留。我认为学生的学校生活丰富多样，依靠一份量化表的设计来评价是很片面的，只有开放性的记录与评价，才可以给学生无限的空间，这是当初设计个性项的初衷，更是长久的期待。多年来，这一类型的表格在我的班级教育中起了重要的引导作用，它激励一批又一批的学生规范自己、发展自己，做有创意的、个性的、独特的自我。

表 2　学习过程评价表

<table>
<tr><td colspan="9">评分依据：课堂表现、作业上交与质量、周末练笔、作文、读书笔记、语文活动、早读、阅读时间表现、听写。</td></tr>
<tr><td>时间</td><td colspan="2">第　　周</td><td colspan="2">第　　周</td><td colspan="2">第　　周</td><td colspan="2">第　　周</td></tr>
<tr><td>姓名</td><td>表现分</td><td>积分</td><td>表现分</td><td>积分</td><td>表现分</td><td>积分</td><td>表现分</td><td>积分</td></tr>
<tr><td></td><td></td><td></td><td></td><td></td><td></td><td></td><td></td><td></td></tr>
</table>

根据班级学生语文学习兴致比较高但随意性比较大的情况，我及时跟进并设计了上面这份学习过程评价表，并发挥小班干的作用，及时记录与评价，每周反馈一次，极大地约束了随意的学生，从而促进了学生学习意识的形成。学生课堂参与积极了，作业规范了，书写工整了，学习效率提高了，学习热情调动起来了，人人争做语文“粉丝”，语文学习呈现良好的学习状态。

类似这样的表格还有“班级卫生评价表”，针对落后学生的“个人进步评价表”等，这些表格都是进行教育教学引导的激励媒介，更是评价在教育实践中能动作用的体现。我认为这得益于它着眼于学生发展，具备发展性评价的特点。

2. 颁发“表扬令”，对学生用文字进行评价

每学期开学第一周，由于班级各项规章制度还没有形成，学生经历假期的自由生活后比较散漫，为了让班级尽快走上正轨，我在班里实行一天一个“表扬令”制度。开学第一周，我对班级各项值得推崇的行为以“表扬令”的形式公示全班，让班级成员能在最短的时间内找到学习的模范。当然，开学之初每个学生都有要好好学习的强烈愿望，但有些同学苦于找不到目标，而“表扬令”的出现，无疑为他们指点迷津。很多同学就因为开学第一周频繁地被表扬，整个学习生涯都有了全新的开始。

表 3　表扬令

第一号表扬令
2011-9-3
时间观念强（返校时间早）：
小亮　小乐　小治　小择　小昊
有主人翁意识（领新书）：
小轩　小敏　小峰　小楠　小颖　小盈　小邑　小镜择　小煜　小潼
责任感强：
小卓　小琪　小潼　小煜　小楠

“表扬令”最大的特点是不确定性。该不确定性表现为以下三点：首先，内容的不确定性，它的内容是多元的、全方位的，只要学生做的是值得提倡的事情，就可受到表扬，实际上，它就是学生的行为准则。每天一个“表扬令”，既是对做得好的学生的表扬，更是对那些犯错误的学生的鞭策；其次，

对象的不确定性，只要学生的行为是值得学习的，就会受到表扬，这就为那些平日里学习落后但关心班级或有个性的学生提供了一个展示的平台，从这个意义上说，“表扬令”是为每个学生自信地站在同一起跑线上的“一剂良方”。从这个意义上说，它也具有发展性评价的特点。后来，我每个星期颁发一次“表扬令”，让学生在监督评价中，自主、自觉地实践，这一方式极大地激发了学生的积极性和主动性。

随着新课程理念的贯彻落实，评价成为我们教育教学的一个越来越重要环节。我知道我目前所做的尝试离发展性评价还很遥远，发展性评价还有更丰富的内涵，但只要我们以发展为目标，迎难而上，发挥自己的主动性，反思自己以往的工作，总结经验与教训，结合本校及班级特点，大胆尝试，就一定会寻找到更有利于学生发展的评价策略。

母爱，师爱——何去何从

——记我们班的“标标”

袁　颖

高尔基曾经说过：“爱孩子，这是母鸡也会的事。可是善于教育他们，这就是国家的一桩大事了。”这句话告诉我们，师爱并不是盲目的，应该从学生的实际出发，做到因材施教，因人施爱，方能收到应有的效果。这些说起来容易，但是要真正做到却是一件非常不容易的事。就拿一些后进生来说，他们学习成绩差，思想不求上进，甚至经常惹麻烦，让教师“想说爱你不容易”。而问题的关键正在这里，如果教师在他们犯错或者出现问题时，只是一味地批评，不但不能从根本上解决问题，反而很容易伤害到他们的自尊心，引起他们对教师的敌意和不信任，给今后的思想教育带来更大的阻碍，但谈心似的沟通似乎也不能起到更大的作用。该怎么办呢？现在的我就面对这样的难题……

（1）做一个诚实的人，上课认真，现在是一个六年级的学生，要多学习，不要太贪玩、上课不说话。

（2）做每一件事都要先思考一下这件事的对与错再去做。

（3）要按时完成当天的作业，不让老师追着要作业。

这是我们班的标标同学在开学时写在家校联系手册《放飞希望》的“个人目标”一栏里的文字。之所以只称之为文字，是因为接下来这一学期该生所表现出来的种种行为，与这些文字背道而驰，令人失望。

一、“点滴”记录

第3周，生活老师姚老师发现标标同学未去吃饭，而是偷买了零食吃。违反了学校的规定，汇报于班主任处。以下文字摘自标标的《放飞希望》。

标标：我经常不想吃饭，早上也不想跑步，我也养成了习惯，老师和父母都说我太胖了，多吃零食只会对自己不好，没有益处的事情要少做。各位老师，我会改正的，妈妈，我一定会改的。

老师的话：惰性是横在你面前的最大的一道坎，为什么总是这样，明知道是不好的事情却偏偏要去做？学习上也是，要多一些耐心才行呀！

妈妈的话：本周在家里，孩子主动承认了错误，且向我承诺会改正自己的不足之处，让我们一起期待。努力吧！不然，你就真的令我太失望了。

分析：上个学期，标标表现不是太好，当时我正在休产假，但从学生那里传来的消息让我也大吃一惊。他欺负四年级同学，偷拿家中的钱……真是十分可怕。好像以前他没有这么嚣张呀，是不是因为年龄大了一些，胆子也大了呢？他喜欢偷拿家里的钱来摆阔，所以有一个暑假，他的父母安排他参加了一个夏令营活动，目的在于锻炼他的意志。也许有一定的效果吧，起码从上面的这些文字来看，是这样的。但他行动上的变化似乎不大，也许要给他一点时间，不能操之过急。

第 5 周，生活老师发现标标经常买东西，而且出手很大方，觉得情况不对，查出他周末拿了家长的 100 元钱。

老师的话：妈妈和老师还对你抱有期望，不要老是让爱你的人失望，好吗？

妈妈的话：做任何事都不容易，要付出实际行动才行，只讲不做等于白费力气，因此，不要老是只承认自己的不足和错误，要下定决心改正才对。一点一点地，有耐心地将自己的缺点改正过来，好吗？努力啊！

分析：这是我第一次发现学生拿家长的钱，和家长沟通情况后，我和标标也好好地谈了一次话。他向我保证以后一定不会再犯，他知道父母对他、对钱的态度。虽然他家生活条件比较优越，但是对他的零花钱，父母控制得很严格。他以前也犯过类似的错误，被父亲狠狠地打过，所以承认错误也比较痛快，我认为他是可以痛改前非的。

第 7 周，英语老师在班里公布了许多关于学习方面的规定。标标因为没有达到老师的要求，和英语老师闹了情绪。

标标：这个星期三，李老师定了很多条规定，如上课不能开小差等，我觉得李老师的规定十分合理，李老师，对不起，我上次跟您吵架了。

英语教师的话：从教以来，罕有学生与我冲撞，你是少有的一个，你力气大，眼中还有老师吗？

分析：心思没有放在学习上，和老师发生冲突，这在以前没有发生过。自从进入六年级之后，我作为标标的班主任，也发现了这一点。更小一点的时候，他还单纯些，而长大了一岁，也许是自尊心更强了，对于批评，有了

更多的反抗。和标标好好地谈了一番，他意识到了自己不对，但是学习的积极性始终没有上去，换言之，他根本不知道学习的目的是什么。和他的父母探讨过这个问题，他们也承认平时给他的生活条件比较优越，所以孩子不知道生活是辛苦的。上周不见了一副1000多元的眼镜，标标也不是太在乎，倒是他的父母急得要给他找回来。也许在他的心中，1000多元钱并不算什么吧！

第8周，姚老师把标标上周在她处买校服的事情告诉了他的妈妈，他的妈妈很奇怪，因为买校服要55元钱，而孩子身上的钱是不会超过10元的。结果一查问，孩子说上周从家里拿了80多元钱，可他的妈妈没有发现。

标标：经过这件事后，我想了很多。（1）我要认真地完成每一项作业。（2）不拿妈妈的钱。（3）以后不再说谎。（4）用钱的时候要经过妈妈同意后拿，不要去偷。那钱是用来买文具和交其他的费用的。我觉得我自己这次的行为不对，老师、妈妈、爸爸都说过，一个人要有好的品德才行。

老师的话：首先，读书好与品德好是不矛盾的。一个人靠自己的努力，可以把什么事都做好，无论是学习还是做人。你的品德出了问题，改正的过程很艰难，但我还是希望你努力。也正如你自己认识到的，品德是一个人最重要的东西。至于学习，你也要努力。每个人活在这个世界上都需要有一定的精神依托，知识是强有力的，你只有投入其中，才能真正地体会到。

妈妈的话：标标，伤心不是只有你才有的，你自己不检讨自己的不足，总为自己的错误寻找理由，难道妈妈没有心吗？你会为妈妈有时的过分而伤心，难道你自己不过分吗？难道妈妈就不会伤心吗？好自为之吧！再不努力改过，神仙都救不了你了，知道吗？

分析：从标标妈妈上面的这一段话中，我们很容易感觉到标标妈妈的脆弱。当时是周日晚上，姚老师在楼道里和他的妈妈说了这件事之后，妈妈把标标从教室里叫了出来，然后当着很多同学的面，狠狠地打了儿子几个巴掌，然后把儿子拉到了教学楼外，大声训斥儿子，声称要带他回家去，不让他上学了。孩子哭得很厉害。当时我在场，一时真的不知该说什么才好，怪他的妈妈，没有把钱放好？还是怪孩子，对钱的欲望如此强烈？后来他的妈妈权衡再三，还是把孩子留了下来，没有带回家。也许她想再给孩子一次机会，也许孩子是可信的……周一，我还是耐着性子和孩子进行了一次谈话。我想弄清楚他心里到底在想些什么。难道对钱的渴望高于一切了吗？结果，我发现他对此事很漠然，这让我吃惊不已。谈到中途，我放弃了谈话，因为他的虚荣心已经强烈到了让人害怕的程度。从孩子们的口中也可以得知，他对钱有那种挥霍无度的欲望。他曾经在学校小卖部买杂志，剩下的零钱——大概十几元，当着同学的面一撕了之，目的就是为了显示自己的大方、有钱。

第 10 周，秋游回来了，改周末作文时，我发现班里一个女同学提到上周去秋游玩自费项目卡丁车时，标标请客，20 元一位，他花了 120 元请同学。自己也坐了 6 次。原来是他上一周拿了他妈妈的 200 元钱。他妈妈未发觉。

第 11 周，周日晚上，学生回到学校。周二，生活老师姚老师听同学举报说标标身上有好多钱，还用高价买了同学的小物品，并且送了钱给同学。经查，总计 1800 元左右。

妈妈的话：本周标标在家的表现较前周有一点进步，但对于自己上周的事认识还不够深刻，还认识不到其中的利害关系，请老师在校多加管教，我们在家也注意，让他慢慢地改过来。但有一事，标标，自由是自己争取的，在你还分不清是非黑白、事情的真伪曲直时，你认为自己有足够的能力和意志去争取及迎接自己自由的将来吗？如果你可以，那么我作为你的母亲也为你高兴，努力吧！要得到自由，必须先得到别人的信任，我希望你能做到。

老师的话：妈妈的话说得很有道理，你能听懂吗？也许时间会是一个比较公平的见证者，希望这个时间不要太长，你不再让我们失望。

分析：事情发生得很突然，两件事情在差不多的时间发生。当打电话给标标妈妈时，已是周二晚上，妈妈竟未发觉自己的钱包少了钱。也许是像妈妈解释得那样，她对自己的钱不太有数，因为公司的钱是自己管，所以总是随身带着许多钱。但这不太像正当的理由。问孩子，说那 200 元钱是上一周拿的，这一周是因为他看到包里的钱实在是太多了，所以顺手就拿了 1800 元。欲哭无泪，连我也有了这种感觉，不知他的妈妈是否感同身受。所有的打骂，所有的说教，在这一刻都显得这般苍白无力。他的妈妈晚上从家里赶了过来，我们坐在一起把这个事情好好地谈了谈。事到如今，把钱放在显眼的地方，能锻炼孩子的克制力，这无疑是一个笑话。他的妈妈保证以后把包放好，我们也同意加强对他的监督。也许仍是白费力气，但除了再试一试，再给他一次机会，我们也别无选择。

第 13 周，过去 3 周了，关于钱的事情没有出更多的岔子。但是数学、英语老师都来反映孩子对学习完全失去了兴趣。

标标：我平时很少和父母谈心，有什么事情也不敢说，自己有什么伤心的事也很少告诉老师。我怕他们说我太不坚强了。而我的不坚强似乎一直没有很多改变。

老师的话：学生学习缺乏动力，这是一个根本原因。标标妈妈，我们都应该认识到孩子的这一点。换句话说，他认为“读书无用论”的说法是对的。这种论调很可怕，如何扭转这一观念呢？这真不是一时半会儿可以解决的。

妈妈的话：老问题了。自己没有真正地从内心下决心去努力改过，是不可能有真正收获的。标标，你还不知道自己的不足吗？还不努力就没有改过的机会了，知道吗？本周主动性比上周好一点点，但还是不够！努力吧！不要让妈妈的期待再次落空，好吗？

分析：标标和他的弟弟的情况是完全不同的。他的弟弟自小身体很差，性格好静，学习刻苦向上，在年级表现十分优秀。在家里，标标很爱护弟弟，他明白做哥哥的责任。但是，因为家庭条件优越，他的动手能力比较差，对学习上的困难更是能躲就躲，能逃就逃。在他的意识里，他的将来是没有担忧的，父母的财富都将成为他最有力的人生支柱。尽管他的妈妈很明确地告诉他，这不可能。但是，长期以来养成的惰性以及那种可怕的虚荣心，让他一步一步地偏离轨道。

第 14 周，在班里，我把标标排在了最后。自从上次拿了那么多钱的事情发生之后，他的妈妈的钱袋子终于捂紧了些，暂时未出现钱的问题。学习状态稍有好转。

老师的话：希望标标真正地体会到学习的重要性，坚持努力，不辜负父母的期望。

妈妈的话：标标本周漏带手册《放飞希望》回家，因此补写上，请原谅。本周标标在家表现有了好转，但必须坚持到底才可以。英语听写错了一个生词，语文抽查了课文的背读，但是表现一般。数学学习也较上周更用功一些。希望继续努力，争取期末考试取得好成绩！

分析：自从上次谈话之后，我有一两个星期没有理会这个孩子了。当然，这仅仅是一种表象。我对他的关注从来就没有少过。也许这种漠视是起了一点点作用的，他还是意识到了自己必须有所改变。他开始写了，尽管写得不好；也开始回答问题了，尽管答案不一定准确。在源头上卡死了钱的来路之后，至今没有发现他有任何有钱的迹象，班里也没有发生丢钱的事情。

情况似乎是好一些了。但这种关注还要持续多久？一切都是未知。在这个孩子的身边，母爱是浓厚的，那种耐心和爱心，我想即使是最合格的母亲也不过如此吧。但是事实证明，在孩子一次又一次地犯同类的错误时，母爱并没有起到很大的作用。对于孩子来说，母亲的话不过是耳旁风而已。老师所倾注的心血，比照起其他的孩子来说，有过之而无不及，但是为什么收效总是甚微呢？这个问题总是萦绕在我的脑海里。

二、我的反思

做教师如果不做班主任是一件很遗憾的事，对教师来说也是一大损失。但是，一旦当上班主任，烦恼也就随之而来。标标的事情令我烦恼不已，我真心地希望在老师和妈妈的配合下，他能把坏毛病改过来，成为一个品学兼优的孩子。可是理想和现实总是有差距的。我曾和他的妈妈探讨过“富日子要穷过，再富也不能放纵孩子”的问题，他的妈妈认同此理论。但是现实生活中，她自己情愿戴 200 元一副的眼镜，也要给孩子买 1000 多元的眼镜。现如今，中国的家庭就是这样，再苦不能苦了孩子。让孩子生活在一个无忧无虑的环境中的观念是不是真的正确？这值得怀疑。也许“不让孩子受一点委屈”的观念不是一两天就可以改变的，但是问题摆在我们的面前，我们该何去何从呢？这篇文章以“母爱”“师爱”为题，今天写到这儿，我还是想好好地剖析一下这两个看起来很亲切的词。先说母爱，母亲对孩子的生活很关心，起码从金钱的角度来说是这样。但在孩子的身心健康方面，却关心不够。孩子在寄宿学校寄读，周末回家。因为孩子的妈妈开了许多家店，生意十分忙，周末也要出去工作，一般情况下，妈妈会让两个孩子待在家里，不让他们随便出去。至于在家里，孩子写完作业以后干什么，是根本控制不了的。家长和孩子唯一比较正式的见面是周日早上，一家人去茶楼喝茶时，可以聊上几句，但也仅此而已。也许母亲对孩子的关心、急切仅仅是写在手册《放飞希望》上的几句话而已。再说师爱，从表面意思来看，是指我作为一个班主任给予学生的关爱。当学生犯错误的时候，我既对他训斥了，也与他谈心了，这就是我以为的“爱”。我觉得爱无非有两种重要的表达方式：责罚和恳谈。从这种意义上来说，我确实做到了，但效果不尽如人意。这不得不驱使我重新思考。记得这个学期上过一堂课《鸟的天堂》，文章写了作者巴金两次去鸟的天堂不同的感受。文章的核心就是尊重，人与自然互相尊

重，才能有这样一个美丽和谐的鸟的天堂。我是否把尊重放在我和学生中间呢？我想好好地问一问自己。他这么喜欢钱，这么爱慕虚荣，每次我找他谈心是不是带着一种厌烦和无奈的情绪？是不是因为他经常带给我麻烦，所以就算与他谈心我也用一种居高临下的姿态呢？我是否给了他真正的尊重呢？我想，我应该好好地思考一下了。

就我自身而言，这是一个失败的案例，我可以撒手不管。但对一个孩子来说，这对他以后的人生，是一个转变的契机。我岂能如此不尽心？我想，是时候再和标标的父母好好谈谈了……

调动学生的积极性，让学生自己“管理”自己

刘春梅

记得在大学里的时候，老师就和我们说过，要想做一个好老师，就要做班主任。只有做了班主任，才能更多地了解学生，走到他们的心里去，知道他们在想什么，知道他们要做的是什么，也能更理解他们，与他们更好地相处，更好地教育他们。

做了这么多年的老师，做了这么多年的班主任，在班级管理中，我不断地学习，不断地进步，也得到了一个更重要的工作经验：积极思考、积极参与、不断改革会让我们的工作更顺利，更上一层楼。通过这么多年的班主任工作，我有这样的想法：对学生的管理要细心、耐心、有爱心；要做到手勤、脚勤、嘴勤。我认为只要自己努力，就会把工作做好。但是在不断地摸索中，我发现一个人的力量毕竟是有限的，一个老师的能力和40个学生的共同能力，怎么能比呢？对这一届学生，我尝试了放手，让他们自己“管理”自己。我没想到这样一个“偷懒”的法子，竟然收到事半功倍的效果！

一个人再勤奋，对班级的管理都会有死角。工作光靠热情，靠勤奋是远远不够的。我一直记得，初二下学期开学前，班长给我发了一封电子邮件，并附了一张新学期开学的座位表，上面的学生名单是用两个颜色的笔写出来的。我研究了很久，却不知道这两种颜色表示的是什么意思，同一种颜色的名字里有成绩好的学生，也有成绩差的学生；有平时比较调皮的学生，也有平时比较老实的学生。我问班长，他说：“老师，你给我个机会，听我一次，如果有效果我就不和你说了！”开学一个月里，我认真观察，也没发现什么，后来班长来找我：“老师，我还是来向你坦白了，那些蓝色名字的学生都是上课玩手机的！”我感到非常震惊。我的学生竟然敢上课玩手机！还有那么多人！班长继续说道：“老师，本来我是想管好了他们也就不和你说了，因为你知道了可能就会没收同学们的手机。那样我就成了‘恶人’，以后工作也就不好做了，所以我想先不告诉你，自己来管。那些黑色名字的同学是平时上课还能管住自己不玩手机的，我让他们来帮助我管。但是，现在他们不仅没管好别的同学，还有部分同学也玩起来了。他们的‘手段’很高明，不

用眼睛看，手就放在桌子下面或在抽屉里玩游戏。”难怪我去“趴”了几次门缝都没看到！事后，我用了多种方法阻止学生上课玩手机，包括找家长、没收手机，总算把这件难缠的事解决了。接着到了初三，学生忙着学习，表现也还算好，事情就过去了。

这个教训告诉我，不充分利用班委，只靠班主任一个人管理班级是不可能的，只有不断地总结经验，不断地改变管理方法，才能不断地进步！

这一年，我开始利用学生管理学生，首先确定了 5 个值日班长。当然，5 个值日班长也不是固定不变的，也要根据他们的值班情况，进行及时的培训，也进行及时的更换。我还制作了一个表格，请值日班长把班里每天的问题在值日表中体现出来。我当晚和值日班长一起把当天的值日表读完，一起分析班级出现的问题，一起总结解决问题的方法。表 1 是值日班长最近制作的一次值日表格：

表 1　初一（15）班值班记录

日期	2012-04-26	值日班长：郑浩仪	星期五
课前	课表	大家能提前到课室把试卷发下去订正，但学习气氛还不够。	
第一节	数学	纪律不错，同学们都很积极，几个喜欢发言的同学带动的课堂气氛很好。	
第二节	英语	成绩差的同学也能及时做好笔记，课堂气氛好。	
第三节	语音	黄惠显收拾试卷，但还是跟着读，老师提前下课。	
大课间	跑步	我们又争到第一道（争到第一道是他们每天的心愿，可以少跑 60 米。班主任注），没有人落下。	
第四节	体育	吴中雄、吴梓淇迟到 7 分钟。	
第五节	语文	大家能认真听课、做笔记。	
中午	休息	能及时去吃饭、就寝。	
第六节	政治	刚上课时全班都安静不下来，后来的表现还可以。	
第七节	生物	没有人违反纪律，表现不错。	
第八节	二课	大家能自由活动，不做违规事。	
晚读	语文	语文课代表能主动找老师，同学表现很好。	

续表

日期	2012-04-26	值日班长：郑浩仪	星期五
晚自习一	数学	考试情况不错，题很简单，很多同学很快就交卷子了。	
晚自习二	语文	因大家都做完作业了，特别散漫。曾献德大笑，钟广斌说话，彭永怡、许紫君、吴梓淇大声说话。	
课后	值日	大家能很快地离开教室以便值日生做卫生。	
备注	英语课前钟广斌回来了；解金锋办护照没回来。 我的感受：同学们已经养成了有事就马上完成的习惯，知道了“先做该做的，再做想做的”（看来我的话还被他们常常提起呀！班主任注）。但是，特别是在晚自习的时候，很多同学做完了该做的事就不知道再做什么了，所以大家一起说话，越说人越多。到最后，作业质量也不高，学习也退步了，所以大家还要明确一点：在有限的时间内做有意思的事！		

有了这样一份表格，有了这么一个负责的班长，我就把自己在班级内看不到的事情全都看到了。当晚下了晚自习，班长把这个表格交给我后，我会把我心里记着的、但没写进表格的内容，和他一起写上去，对班里发生的、但我不知道的事和他交流一下。从班长的看法中，我也能琢磨透大部分同学的心思了。第二天就是我解决问题的时间，我会针对每个问题，找不同的学生谈话，这样，学生知道我每天对班级的事情了如指掌，他们也就不再做违纪的事情了，时间长了，也养成了好习惯！

我也想过，每天这样记录是否会影响值日班长的学习。但一个学期下来，5 个值日班长有两个班长学习成绩保持在原来的水平，一个班长的学习成绩下降，两个班长的学习成绩进步了很多！做了这么多年的班主任，我的看法是：学生不怕活动多，也不怕任务重，重要的是老师要多鼓励，让他们开心，让他们充满干劲，磨刀不误砍柴工，保持愉悦的心情和积极向上的心态，才能做好每一件事！

这份表格，是我从一直做的一项工作中引发出的灵感而得。在我们学校，宿舍管理一直是令班主任头痛的一件事，学生离开教学区回到宿舍区，就放松了，如果管理不恰当，他们就会无节制地玩手机、MP4、掌上电脑到深夜。其实，我可以理解他们，这些电子产品对我们成年人的诱惑都是相当大的，更何况这些对什么都感到好奇的孩子们呢！任何事物都有好的一面，但过度就会对人造成伤害。学生对班主任的管理是听从的，但对生活老师就没那么听话了。

因此，我要求宿舍长及时向我反馈，出现问题时，一日一报，同学表现很好时一周一报，下面是一个宿舍长给我写的一周的宿舍总结：

本来打算要评上“文明宿舍”的称号，也在宿舍说过要争取评上，不要扣分。结果，由于卫生问题又被扣了2分，我们感到很失落。原本已经计划好了的，也已经在奔着目标努力，但又被这小小的细节破坏了。在上学期，我们不怎么担心“文明宿舍”评比的问题，本身也没必要太担心，但这学期管东管西，可还是只有那几个“文明宿舍”，怎么办？现在再去做还来得及吗？

针对这个宿舍的总结，我需要给予宿舍长的是鼓励和欣赏！我想这也是他们需要的，也是他们前进的动力！

下面是另一个宿舍长写的宿舍总结：

在本星期获得“文明宿舍”称号的宿舍中，我们宿舍成为班级获得“文明宿舍”称号次数最多的宿舍。正是因为大家的努力和自觉自律，我们才能一直保持不扣分的纪录。没有最好，只有更好，希望这个学期下来，我们每个宿舍都能获得“文明宿舍”称号。

针对这个宿舍的总结，我看到，他们一直在努力，我不用担心他们养成坏习惯！

我也通过各个宿舍长的总结，及时了解学生在宿舍的情况，同时，在班里充分利用班长的督导作用，让每个角落都将情况汇报上来，也让学生在管理中锻炼了自己。

教师要懂得放手，学生才能得到充分的锻炼。2012年，我也把活动的组织权交给了他们。学生会组织篮球赛时，我看到有一些班主任为学生买了补充体能的饮料，于是也开始积极准备。当我问学生想吃什么时，他们说：“老师，我们已经准备好了，不用你操心了。”我动员他们去练习几场，打打配合，班长告诉我，他们已经练习几场了，也打了配合。“老师，你放心，今天下午的第一场，我们一定能赢，我们和他们已经打了三次了！”

在学生自我管理的过程中，教师要做的最重要的事情是及时总结、及时鼓励，让学生充满干劲，充满责任感，让他们也思考怎么才能将班级管理得更好。作为一个班主任，要想管理好自己的学生，就要像一个园丁培养一棵树一样多花心思，也要不断地学习，不断地改革，让一个班级的每一个学生都知道教师其实在关注着他们的成长，让他们意识到自己在班级中、在同学中、在教师心目中的地位，让他们充分重视自己。这样才能让他们思考，自己要成为一个什么样的人，如此一来，班主任的工作才能做得更好！

“新课标”形势下的班主任工作思路

许广平

中小学德育工作是一项系统工程，应该由学校、家庭及社会（或社区）共同完成。这就说明，德育工作是家庭、学校、社会三方面的工作。在教育改革日渐深入的今天，新一轮课程改革更加突出了德育工作这一问题。如何改进中小学德育工作的方法，让每一个学生生动活泼、快乐健康地成长，是摆在我们班主任面前艰巨而又重要的任务。下面是我校 2012 年下学期初二（11）班德育工作的基本运作情况。

一、充分发挥情感在班级管理工作中的效应性

（一）增强角色魅力

在学生中享有较高的威信，是班主任做好班级工作、教育好学生的前提和保障。班主任要用自己的学识和人生阅历，做学生成长路上的知心朋友和引路人。

［案例 1］

我们班的林同学，学习基础较差，喜欢和不良学生交往，但其本质不坏。为了教育、鼓励他，2012 年下学期我让其担任班级体育委员。在第六周的周三大课间中，当时值日生请病假，他代替值日生去清理讲台，这本来是一件好事，但他很不认真，我批评了他几句。这以后的几天里，他的表现都有点反常，我就意识到问题所在。事不宜迟，我马上找他谈话。通过谈话，我知道，是我的批评方式不对。我主动说：“老师以后也注意方法，但你也应该起带头作用，改掉那些不良习惯，好吗?”他开心地点了点头。自那以后，他的表现不错。

这件事让我知道，班主任不仅要扮演严师的角色，而且要做到“管如严父，爱如慈母，亲如朋友”，做到以心换心，以诚对诚，使学生对老师产生崇敬之情。

（二）增加教育的可信度

面对不听话的学生，班主任应该用真挚的情感去深入了解学生，从关心学生成长入手，教育学生时，要动之以情，晓之以理，导之以行。

［案例 2］

陈同学是我们班女生中比较难以管理的学生，她学习较差，纪律松散。我在班上制订了一套个人各项的扣分、加分班规，由于她不严格要求自己，频频犯规。我说话算数，请来了她的家长，三方进行了 3 个小时的沟通，谈得她们母女俩眼泪直流，这次谈话收到了极好的效果，该同学也在慢慢改变自己的行为习惯。

在一种融洽的师生关系中，学生自然会把班主任的批评看作是对自己的爱护，把班主任的表扬看作是对自己的鼓励，从而与班主任产生情感的共鸣，自觉把道德要求和行为规范转化为自己的心理定势和良好的习惯，收到“亲其师，信其道”的效果。

（三）形成凝聚力和向心力

一个班几十个学生，他们的情绪、气质、意志、兴趣和爱好不尽相同，如果每个人都我行我素，各行其是，班集体岂不成了一盘散沙？遇到这样的班级，班主任如能真诚地去关心学生、爱护学生，富有同情心，就会受到学生的爱戴，就能沟通师生之间的感情，学生也会亲近班主任，从而在师生之间架起一座信任的桥梁。这样，学生也乐意和班主任推心置腹地谈自己对学习、生活的想法，师生齐努力就会打造一个有凝聚力和向心力的班集体。

（四）提高教育工作的有效性

如果班主任在教育学生时，只对学生晓之以理，不动之以情，只进行干巴巴的说教，枯燥乏味，学生听起来昏昏欲睡，毫无兴趣，甚至会产生反感情绪。这样的教育方法不可能获得理想的教育效果。那么，怎样才能取得良好的教育效果呢？心理学研究认为，情感在教育学生的过程中具有很强的感染作用。因此，班主任在教育学生的过程中，可以有意识地运用情感的感染作用来提高教育工作的有效性。如在困难和挫折面前，学生的情绪往往是不稳定的，这时班主任如果表现出冷静沉着、坚定自信来，就能稳定学生的情绪，并能给学生以极大的鼓舞。从这一点可以看出，班主任情感的感染力作用的强大。

（五）激励差生不断向好的方向转化

任何一个班集体都或多或少地存在后进生。转化后进生工作是一项复杂、细致的思想教育工作。班主任在教育后进生时，要消除他们的心理障碍，必须用真挚的情感，从尊重其自尊心入手，唤起他们对所犯错误的自责和悔恨，使他们从痛苦和自卑中解脱出来，激发其上进的动力，增强他们的自信心，使他们把好的品德、好的行为、好的学习成绩保持下去，不断向更好的方向发展。总之，班主任应坚持“以情动人”“以理服人”。

二、关注“以人为本，民主治班”的教育思想

作为一名班主任，与学生用心灵交流是一种有效的沟通方式。有人说，语言的交流是肤浅的，只有心灵的交流才是人世间最动人、最温暖的交流。其实我们可以用16个字来概括班级工作：民主建班、以制理班、以人为本、自主管理。我的做法是：

首先，通过学生评选，选举班长、学习委员、体育委员三位班干部，目的是通过竞选班干部来营造民主的氛围，再放手让学生集体讨论制订班级管理条例；让学生不断对照自己所定的条例来衡量、检测自己，通过量化打分来鞭策自己，从而不断进步。让班长指定副班长，学习委员指定各科的课代表，体育委员指定其他各类活动的委员，学生感到这样的做法新鲜，班委的干劲很大，充分调动了班委的积极性，改变了学生不想当班干部的局面。其次，我们还实行分区管理制度。对于教室，我们实行“劳动委员负责制”和“值日班长制”。“值日班长制”是让每位同学对教室内一天的情况进行记录，这样做就增强了学生的主人翁意识，也锻炼了学生的管理能力，使人人都能走上讲台，人人都敢于走上讲台，同时同学的责任心也增强了。在宿舍区，我们实行“寝室长负责、班委领导制”。并对各区进行检查，由每天的值日班干部作宏观的管理，根据抽查情况、得分情况或值日班长的登记情况，每一天进行量化打分，一周一统计，一周一表扬。

正是这样的“学生自己实施、自己监督、自己完善”的班级管理体制，使我们班的日常管理工作卓有成效，在学校的日常规范的评比中多次获得“优秀班集体”的称号，更使学生养成了良好的学习、生活习惯。所谓“以人为本，自主管理”，就是给予学生充分的信任。许多事情，我总是鼓励学生，让他们自己去做。当然，最重要的就是要培养一支精明能干的班干部队伍，只有这样，才能做到以点带面，良好的班风、学风才能迅速形成。

三、关注学生学习习惯的养成

教育家康内尔告诫世人："现代社会非学不可，非善学不可，非终身学习不可。"班主任必须充分调动学生的主观能动性，使之自觉地获取知识、培养能力，进行思想和情感上的自我教育。转变学生的学习方法和习惯为关键，追求教与学的可持续发展为归宿，以最大限度地提高中学生学习的实效。这主要包括两方面：

1. 保证课内学习习惯的优化。教学的首要任务是让学生对学习产生浓厚的兴趣，掌握正确的学习方法，帮助他们去发现问题，培养问题意识，让学习者经历发现的过程，让他（她）自己得出结论或找到解决问题的答案，透过表象深入发掘隐性的、潜在的知识联系，形成点、线、面的立体智能结构。学生先预习并设疑、质疑，独立思考，然后带着问题上课，在课后进一步吸收、消化，进而夯实基础，扩大视野，活化思维，发挥潜能，最终提高发现问题和解决问题的能力。

2. 及时指导学生制订计划、课前自学、专心听课、及时复习。每天学生要做到独立完成课后作业，解决课堂疑难问题，课后系统小结、及时复习。

四、关注优秀学生

在班主任工作中，班主任特别容易忽略对优秀学生的管理。但如果放松对优秀学生的管理，可能会导致他们朝相反的方向发展。因此，班主任必须加强对优秀学生的管理。

1. 客观地对待优秀学生。教师普遍反映优秀学生在学习、工作中起着模范带头的作用。个人能力比较强，有良好的学习生活习惯，这都决定了优秀学生具有与众不同的特点。因此，在管理教育中，班主任要做到有的放矢，有针对性。有的优秀学生，思想基础比较牢固，目标明确，能正确地对待和处理问题，自我修养也比较好，我们初二（11）班有许多这样的学生，特别是女生。对待这些优秀学生，班主任要注意引导，帮助他们树立远大的理想。有的优秀学生，思想基础不牢固，他们上进动机较单一，思想容易出现波动。像我班的洪风同学，学习成绩特别好，但思想波动较大。对这些优秀学生，班主任要注意调动其积极性，帮助他们端正学习态度，引导他们健康发展。在管理方式上，班主任应以鼓励为主，批评要恰当、适时，忌急于求成；在教育内容上，要求不宜过多，起点不宜过高，要为他们的学习成长创造良好的环境和条件。

2. 把握好几个“关”。一是考察关。在培养优秀学生和树立典型时，班主任要注意全面了解考察，做到心中有数。可以用座谈、谈心等方法，掌握第一手材料，力求一个“准”字。在此基础上，树立典型。二是宣扬关。这个“关”直接关系到优秀学生的质量。在宣扬他们的事迹时，要防止“假、大、空”，要实事求是，否则会适得其反。三是荣誉关。有部分优秀学生获得荣誉后，容易沾沾自喜，更容易产生自满情绪。所以，班主任必须做好优秀学生后续的思想工作，要积极帮助和引导他们树立正确的荣誉观，鼓励他们不断进取，向新的高度冲刺。

3. 正确处理“严”与“爱”的关系。“严是爱，松是害”，这是许多班主任的经验之谈。对优秀学生，班主任应在爱护其积极性的同时，对他们加强管理，做到严得合理，爱得真诚。爱以严为基础，这体现在对他们真正的关心和帮助上，班主任要做到放心不放松，表扬不忘批评。“严”有度，也要反对迁就姑息的“爱”，以免让学生滋生一些不良思想。

4. 引导优秀学生开展好“两个互助”活动。在对优秀学生的管理中，教师可开展“先进与先进”“先进与后进”的互助活动。前者有利于先进学生之间的相互了解，相互促进，取长补短，共同提高，更好地发挥优秀学生群体作用。后者可防止先进、后进两脱节。以优带差有利于后进生的转化工作，带动更多的学生一同成长、进步。

五、时刻关注后进生的健康发展

了解后进生心理障碍产生的原因，班主任才能使教育后进生工作具有针对性，做到“对症下药”。大量的教育实践证明，心理障碍是可以矫正或改善的。在教育后进生上，班主任要采取符合后进生心理活动规律和其个性、年龄特点的心理辅导。

1. 培养正确的道德认识，提高后进生辨别是非的能力。后进生心理障碍的形成往往是由于其缺乏正确的道德认识，缺乏辨别是非的能力。教师要对他们进行耐心、细致的教育，以使其形成正确的是非观。教师跟后进生个别谈话时，要坚持三条原则：（1）心理接触原则。谈话前，教师要摸准“病根”，找到学生欲求自解而又难以解决的问题的关键所在。谈话时，教师要严肃平和，语言要有启发性，由浅入深，循序渐进，不要威胁指责，要允许学生讲话，营造讨论的氛围。(2) 心理相容原则。教师采取的教育措施要适合后进生的认识水平、个性特点及其接受程度。如果信息量过大，后进生“受不了”“容不下”，就会激发他们的“自我保护反射”，出现心理反抗，就会欲速不达、劳而无功。要做到心理相容，必须做到：第一，教育时机一定要选择后进生处于平静、欢乐状态时；第二，要注意后进生情绪的变化，在他们有悔改诚意的时刻进行有效的点拨，为他们指明前进的方向；第三，要尊重后进生的思想，顺情成理，分析问题要留有余地。只有做到心理相容，教师才能把教育信息输入后进生的大脑，令其展开积极的思想斗争，促进转化。(3) 心理反馈原则。后进生心灵深处有着表现自己才能和改变现实处境的强烈愿望，他们也希望自己的行为能得到肯定。因此，要激发后进生的上进心，教师应鼓励他们参加各种集体活动、竞赛活动，帮助他们树立信心，多用表扬、赞许的语言激发他们参与的热情，使他们获得一种心理上的满足，树立改正不良行为的决心。

2. 建立相互信赖的关系，消除疑惧心理。有心理障碍的后进生经常受到家人的斥责、惩罚和同学们的耻笑或歧视，他们一般都有疑惧心理，对他人存有戒心和敌意。因此，教师要以高度的责任感，真挚地关心后进生，与后进生的感情融为一体，去爱护他们、同情他们，而不是厌弃他们。这样就会使后进生体会到老师对他们的真诚，从而消除其疑虑，摆脱消极的态度定势。

3. 保护和激发后进生的自尊心，培养集体荣誉感。自尊心和集体荣誉感是后进生克服缺点、努力上进的重要动力。有心理障碍的后进生多半缺乏集体荣誉感，其中那些屡受教师批评或惩戒的后进生还可能有自卑感。其实，自卑感是由于自尊心受到摧残后产生的心理状态。因此，教师在矫正后进生心理障碍时，要注意保护后进生的自尊心，善于挖掘后进生的“闪光点”，肯定他们的优点，使他们感到自己是有希望、有前途的，这种自我认识会增强他们的自尊心，使他们自爱、自重、自强不息。在尊重后进生的同时，教师可教育后进生要学会尊重自己，这是保护后进生自尊心的一个重要原则。教师要多支持后进生参加集体活动，鼓励后进生为集体多做好事，培养后进生的集体荣誉感，使他们感到有一种强大的舆论力量在鞭策他们。教师还要积极创造条件，让后进生表现自我，使他们发现自己的价值和能力，有效地增强自尊心和自信心。如对学习成绩差的后进生，教师应根据他们的特长让他们有展现才能的机会，扬其所长，抓住他们的“闪光点”进行有效点拨：“从你的优点来看，说明你并不比别人差，假如你在学习上刻苦学习，你会比别人做得更好。”

4. 锻炼后进生同不良行为作斗争的意志力。心理障碍的矫正是一个除旧型，建立新联系、新动型的过程。在矫正初期，教师可以用暂时避开旧环境和某些诱因的办法，但是，成功的教育是使后进生在难以避免的旧环境和诱因条件下具有抗拒诱惑，坚持正确的方向的行为能力，为此，要通过考验使他们得到锻炼。考验是一种信任，它可以使人产生尊严感。考验应当在一定的基础上进行，要有适当的监督，否则会适得其反。考验过程中，允许出现反复，教师要在反复中坚持教育，循循善诱地帮助后进生总结教训，引导他们继续前进。后进生的心理障碍的性质、程度不同，他们的年龄、性别、个性也不同，因此，要想成功地对后进生的心理障碍进行矫正，教师还必须考虑这些差异，采取因人施教、“对症下药”等灵活多样的心理辅导措施，有的放矢地对后进生进行心理辅导，而不能“一锅煮”“一刀切”。矫正后进生的心理障碍是一项长期的教育工作，教师只有持之以恒，用爱心去教育后进生，言传身教，才会对后进生心理健康起促进作用。最后值得一提的是，矫正后进生的心理辅导工作应以发展为主，矫治为辅，教师应把工作重点放在提高学生良好的心理素质和心理健康水平这两个方面上，因为心理健康水平提高了，心理疾病的发生率就可以大大地降低。

5. 改变教育观念，多与后进生沟通，尊重后进生的人格尊严。我们的教育一直尊崇“师道尊严”，教师高高在上，学生对教师只有绝对的服从，对教师稍有不从就被视为“大逆不道”。有的教师的教育思想跟不上时代的发展，有的教师对学生任意差遣，有时教师与学生发生矛盾后，就一定要学生认错，当众斥责学生，否则就认为自己没面子、下不了台，结果不但问题没有解决，反而引起更为严重的冲突。其实，后进生的逆反心理是自尊与自卑交织在一起的产物。他们往往有较强的自尊心，极其希望有人关注自己，希望得到别人的欣赏、认同，但由于学习成绩差，又经常做错事，他们往往得不到老师、家长的喜欢，也得不到同学的认同，甚至不管做什么事都被人认为是错的，于是就会产生极大的自卑感。在中学阶段，学生都喜欢表现自己，希望能引起别人的注意。而有的后进生会选择破坏纪律等行为来引起他人的注意。就这一点来说，班主任一定要多与后进生沟通，维护其尊严，告

诉他们：其实，要想获得他人的认可，可以多做好事，这样，别人才会真正佩服你。

6. 加强与家长的联系，争取家长的支持配合，从多方面帮助后进生。在教育后进生的过程中，家庭教育起着重要的作用，是学校教育和社会教育的基础。如果家庭教育和学校教育相配合，就会增强学校的教育效果；反之，就会削弱或抵消学校教育的效果。事实也证明了这一点。

[案例 3]

我们班的陈同学，与同学的关系比较紧张，其学习态度也比较差。当老师对他稍微不严格时，他就会有不尊重老师的表现。我与其家长沟通时，家长一再袒护自己的孩子，认为自己的孩子不会有这种不良的行为，是老师的教学方法有问题。我向家长反映孩子在校的情况，可家长就认为我是在针对他的孩子。后来我改变了与其家长沟通的方法，先把该生的优点稍微放大一些，再谈不足，结果我就发现与家长的沟通就容易多了，后来家长也配合多了，这位同学还当上了班干部，表现出色。

当然，与家长联系，并不等于学生出了问题，老师才向家长投诉、反映。平时教师就要多与家长沟通，及时了解学生在家的表现，向家长汇报学生身上出现的一些新的苗头、新的动向，争取家长的支持与配合。后进生表现好时，教师及时告诉家长，以满足学生的自尊需要；学生有不好的苗头时，教师及时通知家长，共同督促学生，防止事态的恶化。转化后进生，还有很多方法值得我们去探讨。关键是教师要树立现代教育观念、教育思想，实施素质教育。转化后进生是教育工作中的重要环节，又是最难做好的工作。值得注意的是，粗暴的斥责与批评，不但会让师生无法沟通，也收不到应有的教育效果。

六、抓住教育学生的最佳时机

班主任教育学生也应该抓住最佳时机，方能有事半功倍的效果。有几个时机，教师可多加注意把握。

1. 新学期开始的时候。新学期开始时，学生都会为自己树立新的目标，好的学生想变得更好，与别的同学有差距的学生想重新塑造一个“新我”。此时，班主任如果能做到因势利导，对全体同学提出适当的要求和目标，定会收到意想不到的良好效果。

2. 有集体活动的时候。每个学期，学校都会组织开展一些丰富多彩的大型活动，班主任应该鼓励学生积极参加活动，并当好他们的“参谋”。2012年下学期，我们班在学校各种校级的活动中都取得了好成绩。活动培养了学生的合作意识和竞争意识，提高了学生遵纪守法的自觉性。

3. 享受成功喜悦的时候。有人说，失败是成功之母，其实，成功更是成功之母。当学生获得成功的时候，我常常用“你能行”“你真棒”这样的话来鼓励他们，增加学生的自信心，使学生的一时热情变为持久的行动，从而不断成功。

4. 遇到困难或失败的时候。教育在顺境中是“装饰品”，在逆境中是“避难所”。当学生遇到困难或失败的时候，班主任只选择训斥学生是不会收到好的效果的。正确的做法是帮助学生分析失败的原因，并在肯定他们成绩的同时，对其不足之处给予点拨，帮助他们走出“困境”，使其知道只要现在努力，一切都可以重新开始。班委在开班会的时候，我总是要给予补充，把他们的成绩说一说，说他们能行，只要努力坚持，一定会取得好的成绩。我深刻体会到帮助学生树立起信心是整个教育的关键。

5. 受到委屈的时候。此时，班主任应主动以冷静、宽容和同情的态度去帮助学生，使学生产生感激之情，同时，学生也容易接受教师的告诫。如教师能再说一些体贴的话语，晓之以理，动之以情，就会达到最佳的教育效果，从而使学生“亲其师”“信其道”。

6. 有较大过失的时候。人非圣贤，孰能无过。当学生有了较大过失的时候，教师对其适当的批评教育和惩罚是必要的，但这时，教师的同情和体谅是学生最需要的，循循善诱比“一棍子打死”的效果要好得多，因为，每一个学生都需要爱，特别是在他们犯错误的时候。

7. 开家长会的时候。家长会是学校同家长联系的一种方式，召开家长会的目的是促进家长与教师相互理解和支持，使学校和家庭共同承担起培育孩子的责任。家长会上，我们不是向家长告学生的状，而是对每一个学生进行全面的分析，使家长知道自己孩子的长处，以及孩子在这段时间的变化，同时还要以希望的语气让学生改掉坏习惯。在此过程中，教师应注意方式方法，保护好家长的自尊心，使学生的教育在家庭中得到延续和强化，使学校和家庭形成合力，共同完成教育学生的目标。

8. 放假前的时候。这时候，学校的事情又多又杂，人人都在忙，对学生的管理容易为教师疏忽，造成学生纪律涣散和学习劲头不足。我特别注意这一关键时刻，做到忙而不乱，有条不紊，给学生做一个好的表率。我会动员所有的任课老师、生活老师关注学生期末的思想动态，发现并解决问题。

七、注重学生的自我发展教育

人的正确的自我意识并不是先天就有的。一方面，人们通过实践和学习来获得正确的自我认识；另一方面，则依靠他人的点拨与唤醒。对于初二的学生来说，他们的自我教育意识需要教师和家长来唤醒。

1. 唤醒学生的守信用、讲诚信意识。我们的学生在这个年龄阶段会出现相应的年龄特征，认知水平达到某一高度，然而有的学生可能心理发育较迟缓。这时，教师要适当点拨，使他们的心理水平有一个质的飞跃。

[案例 4]

2012 年下学期开学不久，有两位同学找到我，我了解情况后得知：一位同学向另一位同学借了 20 元钱，事先答应还他 22 元，现在反悔了。我考虑到他们的年龄特点，分析了他们错误的性质，从而唤醒学生的自我意识，使他们意识到该用理智战胜狭隘的思想，懂得守信用、讲诚信，同学之间应互相帮助。

2. 唤醒学生的角色意识。一个学生在家里是孩子，在学校是学生。在不同的场合，他们就会产生相应的角色意识。然而有些学生，往往没有意识到这一点。

[案例 5]

我班男生陈同学，上课坐姿成“半瘫痪”状态，在上自习时，他一边做作业，一边吃口香糖。当时，我找他谈心，他说：“习惯了。”我跟他讲：“你在家里的角色是一名家庭成员。但是你在教室上自习时，你扮演的角色就不同了，这时你是学生。如果所有的学生在上自习时状态都跟在家里没有什么区别的话，你设想一下，自习课将是一种什么样的情景？那样我们还能安心学习吗？”通过这种方式的谈话，他上自习时，养成了良好的学习习惯。

3. 唤醒学生的责任意识。生活在班集体中的每一名学生，在享受着各种权利的同时，也应承担相应的责任。

4. 唤醒学生的自我价值意识。每个学生都有要求别人尊重自己的言行、维护自身荣誉和社会地位的自我意识倾向，这反映了一个人希望实现自我价值的愿望。自我价值意识是一种与自信心、进取心、责任感、荣誉感密切相连的积极的心理品质。古人云：“水激石则鸣，人激志则宏。”教师要善于唤醒学生实现自我价值的潜意识，激发学生的自尊心，从而让学生将其转化为巨大的精神力量。有一个学期刚开始时，我们班的许多学生对参加活动不太热心，我知道，学生有时不愿参加班集体开展的活动，常常是由于缺乏正确的自我意识。此时，班主任绝对不能训斥施压，而应当巧妙点拨，引导学生形成正确的自我意识，从而使班级管理工作得心应手。现在的初二（11）班的学生，都是积极、主动地参加每一次活动。

2012 年下学期，我又充分借助“激励”机制，更大程度地开展班级管理工作，虽然班级管理的工作是辛苦的，但看到学生的改变与成长，我心情是舒畅的，只要学生能健康发展，快乐成长，我的辛苦劳动是值得的。

先促再放，学会发展

——初中班主任工作体会

杨爱娣

初中阶段是学生行为和心理发展的关键阶段，初中班主任该怎么样来促进学生的成长呢？我的做法是先用素质基因的培育与矫正促进学生养成良好的个人习惯，再通过活动使学生学会发展。教育名家李镇西说过："实践、思考、读书、写作是每位教师自己培养自己的最好方式。"我从事初中班主任工作多年，思考自己的实践，写出这几点体会与大家共享。

一、用素质基因的培育与矫正促进学生良好个人习惯的养成

在初中阶段，学生正处于心理的发育期，许多坏习惯、坏毛病说大不大，说小不小。很多教师采取了"哄""吓""打一巴掌给块糖"等的做法，但这些做法都是暂时有效，对改正学生的坏习惯作用有限。近几年，我尝试用"素质基因的培育与矫正"方法来促使学生养成良好的行为习惯，效果显著。

我国著名教育家敢峰说过："人的心理素质有许多因子，我们给它们起了个名字叫'素质基因'。对良好素质基因的培育和不良基因的矫正是抓住学生一生发展的基础。"在长期的教育实践中，我发现，不同年龄阶段的学生需要重点培育和矫正的素质基因也是不一样的。

表 1

目标	做人方面		做事方面		学习习惯	
初一年级	培育基因	矫正基因	培育基因	矫正基因	培育基因	矫正基因
	自强	依赖	自控	放纵	勤奋	懒惰
初二年级	培育基因	矫正基因	培育基因	矫正基因	培育基因	矫正基因
	坚强	软弱	认真	马虎	自信	自卑
初三年级	培育基因	矫正基因	培育基因	矫正基因	培育基因	矫正基因
	热情	冷漠	责任	敷衍	毅力	颓废

例如，初一的学生开始进入少年期（12～15岁），与小学生相比，他们的个人意识开始出现，有了参与感，希望独立自主，有了一定的评价能力，也开始注意塑造自己的形象，希望得到老师和同学的好评。这正是培育学生自强、自控、勤奋因子的好时机。我的具体做法是制订《素质基因自我评价表》。表格内容有要评价的心理素质项目（自强与依赖、自控与放纵、勤奋与懒惰）、个人评价、小组评价、教师点评。学生能独立完成作业、课堂上得到教师的表扬、主动承担班级事务、为集体服务等都可以记录加分，同样，对学生做得不好的地方相应记录并扣分。个人评价随时记录，小组评价每天进行，周日教师点评，班会上，教师表彰表现优异的学生，指出学生还需要改进的地方。这个方法让学生把自己的行为轨迹摆在眼前，可以有效地提醒自己注意及时改进。教师采用素质基因的培养与矫正的办法，随时关注学生情感的变化，及时对他们进行疏导，使追求良好的心理素质成为令人身心愉悦的自觉行动。

二、规则教育形成良好的班风

班级规则作为一种道德规范，它可以使学生明白有许多事是可以做的，有许多事是不可以做的。只有每个人都遵守共同的规则才能营造愉快的氛围，而当个人需求与班级规则发生冲突的时候，每个人都应对自己的行为作适当的控制和调整，积极、主动地争取更为宽松自由的发展空间。皮亚杰认为儿童的规则意识发展有三个阶段：一是随意规则阶段，认为自己不具有义务；二是强制性规则阶段，认为规则是绝对的；三是合理规则阶段，认为规则是在彼此同意的基础上形成的。小学阶段和初中阶段是培养学生形成合理规则意识的两个关键阶段。布坎南说，在具有道德秩序的环境中，人们认为法律与政治秩序的规则一定是公正的，人们在法律的构架里追逐自己的目标。公平的社会竞争是文明社会的重要标志，而健康的社会道德体系和社会规则体系则促进良好的社会环境的形成，所有的社会成员都是实践者。我们在道德教育中非常重视培养学生的传统美德、奉献精神，却不太重视对学生进行有关社会规则的教育。我们不时见到随意乱穿马路的中学生；不时听到学生考试时作弊的新闻；也会听说学生因无聊而不停拨打110的情况……掌握国家未来的学生到底怎么了？在国家大力倡导构建和谐社会，推进社会主义建设的今天，加强对中小学生的规则意识教育，作为法制社会的基准，确

实是非常有必要的。而班集体作为一个微型的社会组织，应该义不容辞地为学生的规则意识的养成而发挥其应有的作用，进而为确立公民的法治精神打好基础。基于此，从初中生本身的发展特点和现实社会的情况来看，学校一定要加强对学生的规则教育。

教师在制订班级规则时，应该注意其合理性，也就是要符合学生身心发展的实际情况，不应该用阻碍学生发展如体罚这样的方式来教育学生。新闻上经常报道，有的教师让上课讲话的学生互相打耳光，让不交作业的学生罚抄 200 遍作业等，这些教师的做法都影响了学生的身心健康。教师在制订班级规则时，还要注意其发展性，要考虑到至少一年以上的情况。规则一旦制订，不能随便修改，同时要符合初中阶段的学生发展的实际情况。规则制订时，在初一阶段强调行为养成教育，在初二阶段侧重青春期精神层面的引导，在初三阶段强调人生规划教育。我的具体做法是：成立“班委工作室”，汲取集体力量；设立“爱娣有约信箱”，收集班级信息；召开主题班会——“规则之美”，让学生了解制订规则的必要性；针对班级存在的问题，号召全体学生商讨对策，分为学习、生活两大方面制订班规。班规详细到上课、课间、晚自习、作业、仪容仪表、礼仪、同学交往、值日、宿舍就寝、食堂用餐等每一个环节，明确奖惩制度，比如，学生的哪些行为可以加分，哪些行为要减分，加分累计多少分就可以申请“班级之星”，扣多少分就要写问题说明书。同时，教师应鼓励每个学生在规则中找到自身的不足之处，制订一个学期的素质基因的培育与矫正计划。

当然，我也不是“唯制度论者”，人的个性是多种多样的，对于特殊学生的教育，用全班学生使用的规则可能对他们一开始并不适用。所以我一开始考虑的是和学生制订适合他们个人的规则——签订协议。记得小 A 同学是初二插班到我们班级的。小 A 在原来年级比较有名，无心学习，他的学习成绩排在年级倒数第二，自暴自弃。他逃课，扰乱课堂秩序，每天的心思不是花在玩游戏上，就是琢磨卖小东西给同学。个子近 1 米 8 的他，不仅常顶撞老师，还曾因爸爸管他而与爸爸动手，性格上比较叛逆。第一次和他见面时，他的爸爸陪着他，向他介绍我时，他的爸爸特意强调我管理学生很有方法，能到我们这个团队是小 A 的福气，让他好好珍惜。我观察小 A，他有些期待，有些不自信，更多的是希望我能接纳他。著名教育学家苏霍姆林斯基曾说过：“让每一个学生都抬起头来走路。”我在表示欢迎小 A 加入我们这个集体的同时，肯定了他重新选择完成学业的做法是对的。我还对他新理的头发，干净的校服表示了赞赏。我也表达了他的加入能给这个集体带来更多的荣誉的希望。也许是因为小 A 很少听到这样的表扬，他开始很专心听我的话。开学后的第一周，小 A 慢慢地适应了环境，但毕竟他以前功课落下太多，便开始有点故态萌发，于是我找小 A 谈话。他进入办公室时，满脸一副无所谓的样子，已经准备好迎接“暴风雨”的降临。我先关切地询问了一下他来到这个班级的感受，他很惊讶我没有批评他，很不好意思地告诉我他上课听不懂，有点管不住自己。我告诉他这次我们的谈话的主题是：“你今后想怎样？如果你真心接受帮助，我们全体教师都会全力以赴帮助你，如果再走老路，失去的就是重新开始的机会。”一番工作后，我知道立规矩的机会到了。我让他自己参照班规给自己制订规矩，要求内容一定是他能做到的，奖惩办法也由他个人确定，我们签订了一份“君子协议”。我的信任给了小 A 自尊，他主动提出把座位安在讲桌旁边，理由是他能更好地集中注意力听课，并且让老师帮他补课。每过一段时间我和他就一起修改一次“君子协议”，每当小 A 的转变有反复时，我们就再次修改“君子协议”，肯定他的进步，鼓舞他的士气。看到如今小 A 快乐、阳光的笑容，优异的成绩，我非常开心。教师只有运用好规则，促进学生形成良好行为习惯，才能形成良好班风！

三、用活动培养学生发展能力

学会发展就是指人学会在一定环境中工作，不仅获得专业资格，而且有处理人际关系的能力、社会行为、集体合作态度、主观能动性、交际能力、管理和解决矛盾的能力。在学校教育中，学会发展是指学校教育要使青少年学会与社会和群体协调、统一发展，学会主动适应社会的发展，去设计自己的人生理想和生活。

以罗杰斯和马斯洛为代表的人本主义者认为，人有自我实现的需要，只要有适当的环境，人就会努力去实现自我、完善自我。一个优秀的班主任应该花费大量的时间去创造条件，使学生获得可持续发展的能力。

随着工作经历的增加，我的班主任经验越来越丰富，我对学生的发展有了更深的认识，对自己也有了更高的目标——培养学生能力，使之能不断发展。在我的班主任实际工作中，多了一把衡量学生的尺子，就是通过一系列的活动，放手培养学生的发展能力。

活动一　做一个有社会责任感的人

我的几点尝试：

（1）鼓励学生坚持每天读报，尤其是有关社会热点问题的报纸，利用主题班会让学生畅谈个人观点；

（2）让学生关注社会弱势群体，如山区失学儿童、养老院孤寡老人、孤儿院儿童等。生活在富裕家庭的孩子，从小被家人呵护，形成了唯我独尊的个性，所以很多父母都感慨自己的孩子不会关心他人。一些孩子对人生的意义也是一片茫然。通过关注社会、关心他人的一系列活动，孩子们懂得了一个人的价值在于对社会的贡献，学会了关心他人。看到去养老院之前，孩子们的精心准备（有的准备牛奶、水果，有的准备歌舞、魔术等节目），在养老院与老人们开心地聊天、互动，我深刻感受到，在日常的学习生活中孩子们的责任感明显增强。班级的杂务大家都会主动承担，学习方面也更有上进心了，因为大家深深感到只有自己强大了，才能帮助更多的人。

活动二　“我最闪亮”——“班级之星”评选

设计目的：关注每一个学生的成长，张扬学生的个性，促进学生全面发展。学生自我发掘闪光点，找到成长中的自信。

理念：“赏识、激励、关注。”赏识使人自信，激励使人进步。

阶段活动：

（1）自我申报阶段：根据自己的优点、特长，学生为自己定位要评选的“星”，如“全面发展之星”“才艺之星”“管理之星”“运动之星”“劳动之星”“礼仪之星”“进步之星”“阅读之星”“创意之星”等。

（2）自我展示阶段：每个参选的同学要准备个人事迹介绍，在班级展出公示。

（3）评比阶段：利用班会，参选同学演讲，全体学生投票。

学生参与的热情空前高涨。以前班级里只有“三好学生”的评选，这让很多学生没有“评优”的机会，而“班级之星”评选活动的开展为学生又打开了一扇窗，让更多的学生发现自己的闪光点，在每一次活动中快乐地学习、成长、充实、提升。

从以上论述我们可以看出，作为一名初中班主任，在促和放之中，最难把握的是时机。只有实现两者的和谐统一，才会达到学生和老师共同发展、共同进步的理想境界！已经有近20年班主任生活的我，仍然会从零开始，不断学习、不断进步！

【参考文献】

[1] 郑洁．反思规则教育［J］．班主任之友，2006，(2)．

[2] 邢奇志．从“经理型”向“促进型”转变［J］．班主任之友，2011，(12)．

[3] 郑学志．班主任工作招招鲜［M］．长沙：湖南师范大学出版社，2005.

[4] 王星凡．中学生要养成的50个习惯［M］．北京：蓝天出版社，2006.

社团，打造学生自我发展的平台

姚小平

2005 年，是我做团委书记的第二年。

新学期团委、学生会换届选举结束，我与那些能力很强但选票不够而落选的同学的聊天内容，成为我要办中学生社团的灵感。

团委、学生会干部的职位都是固定的，我校近 3000 名中学生，可是能得到这种锻炼机会的学生太少了，这在某种程度上造成了学校教育资源分配的不平等——至少对于一部分想要有所锻炼的学生而言的确如此，于是，我想到了社团，这个可以让更多的同学锻炼、发展自己特长与能力的平台。

我上网寻找相关资料，结果发现一般只有在大学里才会有各种社团，中学基本很少有可以供借鉴的经验。我知道，这是因为中学教育受到升学压力的影响，给中学生提供的时间和空间都非常有限。中学生办社团，是否可行呢?

抱着试试看的想法，我拟定了社团的章程并发出了通知。很快，一些有想法的学生到校团委来领取了相关的表格之后，他们按照要求设计了宗旨、社徽、活动等，并准备好审批所需要的材料。能看得出，这些设计凝聚了社团发起者的智慧与心血。

成立的第一批社团有义工社、火柴联盟、魔术社、日研社、街舞社、国象社、光影社、点心坊等。我们还举办了广外外校第一届学生社团大会，通过了社团的总章程，明确了社团活动的时间、地点等相关规定，参会的学生都很兴奋，因为，他们终于得到了自己想要的发展平台。

于是，我的办公室变得更拥挤了，每天除了团委、学生会的成员要一起协商各种活动的开展，各社团的负责人也时常到我的办公室，一起商量开展各种活动。

当时，最为活跃的社团当属义工社、火柴联盟、魔术社、街舞社、光影社这 5 个社团。义工社因为其办社宗旨而得到更多的同学认可，发展势头最为迅猛，短短一个学期，它就拥有注册会员 400 多人，会员分布于各个年级。火柴联盟也有会员近百人，它使全校的动漫爱好者聚集到了一起。街舞社的成员，几乎都是在各年级里学习上得不到认可的一群学生，其成员不是太多，只有近 20 人。魔术社也是范围较小的社团，只有 10 来个人。光影社集摄影与电影欣赏为一体，也吸引了 30 多人参加。

在各社长的组织下，社团活动依次展开。

义工社几次影响力比较大的活动之一，是组织学生到金花老人院去做义工。他们组织社员精心准备了文艺节目，并带着一些小礼物去看望老人，给他们带去快乐。后来，他们将义工的范围拓展到广州市聋人学校。那一次的经历，让他们感到与聋哑学生的交流有很大的障碍，于是，他们又邀请了同样做义工的手语教师来教他们手语，终于促成了两校间的一次规模较大的联谊活动。在那次活动中，广州市聋人学校的学生登上广外外校的舞台，为广外外校学生表演了他们的朗诵节目，虽然发音不清晰，但是，在音乐的配合下，令人震撼。义工社发展得一直很好，从中秋的义卖活动，到为贫困山区捐书，再到社刊《暖》的连续出版，在学校里产生了积极的影响，成为校园里一道亮丽的风景线。三任社长获得了广外外校“义工之星”的荣誉称号。社员们在这一过程中的收获，是我这个活动设计者难以用语言描述的。我认为，这些学生的义举本身，就是他们对社会的有益担当。对于具有这种情怀的学生的发展，我充满了信心！

火柴联盟的活动是从教师节漫画展开始的，后来，为了扶持社团发展，每次学校大型文艺演出，都有其成员精心准备的 cosplay 为大家带来别样的惊喜。他们通过这样的表演，不断地扩大了社团的影响力。全体社员还进行精心的创作，每年的中秋灯会，他们都会设计出自己的动漫作品来销售。他们设计的作品一展出，就受到学生的欢迎，每次都销售一空。这个社团中的有些同学，后来都走上了美术设计这条路。而社团一路发展到今天，依然充满着活力。

我还记得火柴联盟的第二任社长，因为他的成绩已排到班级的最后一名，他的母亲打电话来跟我商量，说不让孩子继续担任社长了。我没有答应。因为我是这样想的，孩子在社团里得到这一职位，并不是老师任命的，而是全体社员选出来的，这是孩子的成功。如果强行将其职位撤销，孩子就会失去骄傲与自信的资本，这对于孩子的发展而言，并没有益处。中国的动漫事业需要有能力、有创意的人去开拓，去完善。我想，我要做的，不是打击这些学生，而是要使他们在这一平台上得到更好的发展。这一点建议也得到了学生母亲的认可。

学校专门请了广州市的一个魔术师来教学生学习魔术。每周四的下午第三节课后，魔术社的社员就都聚到了团委、学生会活动室。他们围在老师身边认真地学习。一个学期下来，他们居然也学得有模有样。有一年的中秋灯会上，他们摆了一个魔术摊位，收门票表演魔术，受到了许多同学的热捧。他们还为在校师生表演了精心准备的魔术表演，产生了空前的影响力与效果。

街舞社的那群学生，让我看到了其不为人知的一面。他们每天固定的40分钟练习街舞的时间，雷打不动。那时候，因为场地的限制，他们总找不到固定的练习场地，每周都在为找个能安心练习的地方而发愁，但这并没有减少他们练习的热情。我知道，练习街舞很累很苦，他们几乎每个人身上都有伤，可他们还是一如既往地努力。他们还利用假期，为一些公司的宣传活动去表演节目，以挣取社团的活动经费。在广州市教育局和广州市电视台举办的“智力才艺百分百活动”中，街舞社成员代表广外外校的表演，获得了导演和评委的一致认可，并在广州市电视台演播大厅演出，此举极大地鼓舞了社员的士气。街舞社直到今天，仍是最受欢迎的几个社团之一。其成员可能学习成绩稍差，但在这个舞台上，他们也找到了属于自己的位置。

还有许许多多的社团、许许多多的关于成长的故事，不是这一篇文章就能描述得尽的。

直到今天，我校社团已经发展到30多个，每个社团都有计划地开展相关活动。社团活动，已经成为校园生活中不可或缺的一部分。活动中遇到的种种难题，也在学生的努力下，得到了解决。

给更多的学生提供发展的平台，是学校教育工作者应该去思考的问题。平台打造好了，给学生提供必要的资源支持，我们大可静待学生的成长，他们一定不会让我们失望。

给力家委会

——在上海优秀班主任来粤考察团交流会上的发言资料

海　晏

教育家苏霍姆林斯基说过："没有家庭教育的学校教育和没有学校教育的家庭教育，都不可能完成培养人这一极其细微而复杂的任务。"随着教育形势的飞速变化，家长教育知识的不断丰富，家长对教师的要求越来越多、越来越高，主动与教师共同规划和设计对孩子的教育意识也越来越强，而繁琐和忙碌的班主任工作也需要有力的分担与支持，于是我校的家委会应运而生，它为实现学校教育、家庭教育和社会教育的有机结合发挥着重要的纽带、桥梁作用，为学校与家庭营造了和谐共赢的育人氛围。

一、成立家委会，明确分工与职责

在班级组建初期，班主任通过查阅资料、电话沟通、问卷调查的方式，大致了解了各个家长的职业、性格特点、教育理念等，做好信息的收集整理工作。通过一定时间的了解和熟悉之后，班主任再进行了一次意愿征集——哪些家长愿意参与班级家委会的工作，然后对报名的家长进行筛选，秉承以下几个原则：

1. 关心孩子成长，热爱教育，认同学校和班级的教育、管理理念，在教育方面不断学习，与时俱进。

2. 公正公平，家长代表要代表不同的阶层和不同的文化层次，要有成绩好的学生的家长代表，也要有成绩不好的学生的家长代表，要让每一方都有说话的权利。

3. 有高度责任感，对班级的管理和建设有主动参与的热情和无私奉献的精神；

4. 有一定的组织能力、协调能力和一定的空闲时间。

第一届家委会在班主任的主持下成立，到了第二届改选的时候，因为家长之间已经彼此熟悉，家委会成员由家长投票选举产生。一个 40 人的班级家委会由5～10名家长组成。

在家委会全体成员统一认识，明确家委会的权利和义务后，我们制订了每个学期的家委会工作章程和工作计划，并根据每个成员的职业特点、能力进行明确分工。

组长：有一定的组织能力，亲和力、感染力较强。做好班级和家长之间的协调工作，组织家长开展各种活动，引领班级正确舆论导向，并能指导其他家长教育孩子。

财务组：分为会计和出纳。具体职责是建立班级的公共账户和个人账户，每学期在班级论坛上公布账务信息。

组织、宣传组：积极支持学校和班级的各项活动，负责活动前的宣传、活动中的参与；并经办各类物品的购买。

资讯组：对于教育教学具有一定的敏锐度，收集整理家长信息、育儿良方等，能根据家长关注的热点、难点提供教育前沿资讯等。

督察组：家委会要履行的义务很多，但同样也要赋予它相应的权利。督察组通过走进学校，走进班级，在教学管理、校园安全等方面提出建议，并向学校有关部门进行反馈。

二、建设网络平台交流共享

班级网络平台有两个：一是家校互联的班级论坛网页，二是家长QQ群。在网络平台的建设和维护中，班主任要注重充分发挥家长委员会成员的辐射作用和影响力。

我们的班级网页是一个实名制论坛，面向全校的所有学生家长、老师、学生。它主要用来展示学生学习生活图片、获奖名单、班级日志、通知宣传等，适合公共信息的集中反馈。家委会负责维护班级网页的安全运行，引导舆论正确导向，既要提高家长的关注度与参与度，又要注重保护每一个学生的隐私和自尊，爱护集体的荣誉与尊严，给学生一个正面的、有利于其健康成长的空间。如在考试前两周的班级网页上，有这样一个特殊的板块——亲情加油站，写着：“这一周对于我们的孩子们来说，是这个学期中最特殊的一周，它长达7天，它还带着紧张，裹着压力，因为我们的孩子要面对入校后的第一次大型考试。我们这个亲情加油站，您愿意加入吗？在这个帖子下面回复，写上您的祝愿、您对他们的关心，让他们感受到其实他们并不孤单，因为后面有亲人关注的目光。”家长们各具特色的回复，让孩子们一起分享了亲情的甜蜜，从亲人那里汲取了力量，更有信心与动力参与这次考试。

现代年轻的父母因面临着孩子与自己以往完全不同的教育方式，而需要不断地学习怎样更好地当合格的父母，班级家长 QQ 群就为家长提供了一个了解班级、了解其他孩子和家长的平台，它也是一个家长之间相互倾诉、宣泄、讨论、学习的平台。如一位家长为孩子周末在家的学习效率低而感到苦恼，他在 QQ 群上抛出这个问题之后，收到了许多家长颇具建设性的建议，如为孩子创设良好的学习环境、让孩子自己制订学习小目标、尽量让孩子自行安排学习与玩耍时间、分段管理分段规划、奖罚分明、和孩子平等地交谈、与孩子一起参与体育活动、不过多地关注孩子的考试分数、多了解孩子的学习过程和方法……讨论非常热烈，家长提供的“高招”引发了思维的碰撞，闪现着智慧的火花。

三、组织各项活动共享成长

在班级组建的初期，如何让孩子更快地适应新环境，让集体更有凝聚力？家委会和老师联手，利用学校开展的各项活动来增强班级凝聚力，引导孩子产生集体荣誉感和归属感。

运动会：从报名到训练，从幕后到台前，每一个环节都有具体负责人，比如，有负责赛前训练指导的老师，有设计开幕式服装、标语的老师，有购买补充体能的饮品、食物的老师，有组建啦啦队加油助威的老师，还有留下精彩瞬间的摄影老师。

班级图书角：班主任根据每个年龄段不同孩子的阅读特点，与家委会协商，定出最适合孩子的阅读书目，分为每人必读书目和图书角共同阅读书目，然后由家委会统一购买后送到班级。这就避免了各个家庭为班级图书角捐书时的零散与重复，更具系统性与层次性。

圣诞节：家长买好礼物，扮作圣诞老人给孩子分发礼物，并且男孩和女孩的礼物都不相同，使孩子惊喜连连，班级气氛也非常融洽和谐。

聚会：利用周末时间举行定期的聚会，为家长提供互相交流、学习的机会，提高家长与孩子共处的能力，家长也能在活动中更加了解孩子的变化，了解孩子之间的个性与共性。

长途旅行：一个长假之后，很多孩子都对返校有一定的焦虑或抗拒。家委会在返校前十多天组织一次长途旅游，让分别多日的同窗、老师、家长聚在一起，在心旷神怡的大自然里，在轻松愉悦的游戏中再次熟悉彼此，驱除陌生与害怕，让孩子对上学有了自信和希望。

有了家长的参与，学校成为一个温暖的大集体。家长身上体现出来的对班级的责任感和主人翁精神潜移默化地影响着孩子；家长对集体的关注也直接感染了孩子，让孩子体会到这是一个和谐而友好的团队，一个有共同目标的团队，一个有强大凝聚力的团队。有那么多的人关爱、祝福着他们，有那么多人关心着他们的健康成长，这都为他们的前进注入了新的力量。

四、利用集体智慧共建班级

新生代的家长受教育的程度普遍较高，合理利用和整合这些高端资源对于班级的发展和学生的成长有利无弊，同时也是对班主任工作的补充和带动。

我们的家长会不再是家长听讲的会议。首先，家委会成员收集平时在家长 QQ 群里讨论最多的话题，例如，如何让孩子认识亲情、孩子处于逆反期家长应该如何教育等，将这些信息整理后传送给班主任，在准备家长会时，班主任就会有的放矢，更有针对性。在家长会形式方面，我们采用小组互动式，各小组对上述问题进行讨论并派代表发言，因为家长之间已经彼此熟悉，家长在讨论、倾听的同时也能形成有效的“生成”。

家委会组织开办“家长百家讲坛”，家长拥有各行各业的专业知识、专业技能，如果家长将这些知识和技能带到课堂上来，将会使同学们开阔眼界、增长知识。比如，“食品安全真重要”“民族英雄代代传”“现代建筑的设计”“火灾自救自护”“如何爱护我们的牙齿”等专题活动，为学生展现了不同领域的知识。我们还组织学生开展了“走进军营”“我当小小城管员”等社会实践活动。

下面是家委会和班主任利用集体智慧处理班级突发事件的一个实例：

小 A 的家长突然在班级网页上连续发帖，说校车停靠点安排不合理；校车上她的孩子和一男生打闹致受伤；孩子的国画工具箱未及时购买，被美术老师批评；孩子在家未完成英语跟读，被英语老师罚不能吃课间餐。家长语气不满，言辞激烈，对学校安全、教师素质问题进行犀利指责，每个读者都能感受到她内心极大的愤慨与焦灼。

班主任马上和相关任课老师进行沟通，让他们尽快在网上回复；然后又和家委会的督察组就校车停靠点及校车的安全教育向学校提供建议。但是，这远远不能扑灭家长心中已经开始蔓延的怒火。家委会成员看到网上的帖子也有自己的看法。同为家长，可能会有更多的共同语言，且当局者迷，旁观者清，他们看问题会看得更加透彻。有的家长采用发帖回复，有的采用电话沟通。

"我很理解你的心情，其实遇到问题的时候都是孩子绝佳的学习机会，校车停路边时，孩子就要自己学会去人行道上行走，遇到调皮的孩子时，就要学会如何保护自己。如果我们家长面对问题时，能冷静地、积极地面对，孩子也会学到东西，不然孩子也可能通过妈妈的反应觉得这是件很大的事，从而不知所措。"

"老师和学校帮我们照顾那么多孩子也实属不易，每个家长的标准和要求都不一样，我们家长都是拿了放大镜去看事情，万事岂能尽如人意？孩子如果感觉到妈妈对学校或者老师强烈不满，孩子也很难在学校安心学习。"

"小 A 妈妈，我们家长都是朋友，有什么问题不要忘记举手呀！有些事情沟通一下心里就会轻松多了。关于美术工具箱，如果你实在没空，你告诉我，我帮你去买，大人忙我们都明白的，只要别委屈了孩子就好。"

"对孩子要信任，我们相信孩子可以做得好，相信孩子可以应付学校和集体的规则，我们也要尽力去帮他们适应这些规则。现在的孩子，只有宠坏的，没有管坏的。老师严一点是好事。如果老师不敢管孩子了，那才是问题。"

这些亲切的、朴实的语言背后，蕴藏着家长们的宽容、爱心和智慧。最后，这位家长给班主任发来短消息："看来我也得好好反思一下我的教育理念和方式了。"

五、组建学习团队共同成长

孩子在集体中的学习、交往、情感发生变化，面临挑战，作为家长也同样要面临这些挑战；孩子在学习和成长，家长也同样需要学习和成长。在配合学校教育方面，家长希望有专业的指导解除自己教育孩子的困惑。所以，组建一个学习型、探索型的家长团队是家长共同的需求。家委会负责向各位

家长推荐好的教育书目，加强学习型家庭建设，促进家长观念更新，提高家教水平。

比如，《好妈妈胜过好老师》一书提倡家长倾听孩子的心声，开发孩子的潜力但不强迫他们遵守权威。《捕捉儿童敏感期》一书旨在帮助更多的家长了解孩子，让每个孩子在爱和自由中健康成长。《爱和自由》一书主要的理念是发现孩子的“本性”。在《我的孩子是“中等生”》一书中，作者强调，孩子不一定要考到最高分数才能享受幸福和成功的人生。在这些考试时得最高分的学生中，有多少人保持了独立思考的能力、创造力和独特的个性呢?《做父亲——不许失败的创业》由徐曙光和他的女儿徐和安合作而成，提倡父母减轻孩子的学习负担，根据孩子的兴趣，选择补充性课外活动，而不是基于父母自身的追求和理想。徐曙光鼓励女儿“像外国孩子一样自信”，抵制中国注重对权威言听计从的传统教育方式。他说，孩子不应骄傲自大，但他们也不应“过度谦虚”。

家长在阅读这些书籍的同时，还能在网上分享彼此的阅读心得和运用体验，形成良好的阅读氛围。

高质量和成功的教育，不依赖于技术、设备和设施，而依赖于基本的人性和社会的资源。班主任和家委会如果都把自己当作是促进孩子发展的主体，双方积极主动地相互支持、密切配合，通过双向互动，一定会有力地促进孩子素质的全面提高。

“生本”教育背景下活动育人工作的实践与思考

刘文娟

“生本”教育认为，教育的本质是发展和提升学生的生命，而生命的发展和提升则必须依靠其生命自身。因此，学校的德育工作就必须努力营造适合学生生命发展的氛围，搭建一个有利于学生自觉参与、自主体验、主动发展的德育平台。

在广外外校，活动育人无疑是促进学生发展最重要的一个平台。

多年来，在活动育人的实践中，我们形成了活动育人的操作模式：活动前充分准备有计划—活动中积极参与求体验—活动后合理评价促提高。我们称之为“活动三部曲”。我们也总结出了不少操作经验：计划在先，适当统筹；精选主题，做深做透；权力下放，分工协作；注重情感，关注细节等。每一点都来自于实践的积累和感悟，每一点都在活动育人中发挥作用，收到成效。

但是，我们也明白，一味依赖经验会使我们的教育行为只是出于自发和习惯，而不是出于自觉和理性，这会导致我们的工作止步不前，缺乏创新和突破。因此，我们必须对十几年来的活动育人进行理性思考和积极创新。“生本”教育的引入，正好为我们提供了一个契机。由此，我们一直在思考：在“生本”教育背景下，活动育人工作正在做些什么？做得怎么样？怎样能做得更好？

一、“生本”教育引入时，活动育人工作的情况与成效

要回顾“生本”教育引入时德育活动育人工作的情况，还得将目光拉回到2008年。那时的活动育人工作，如同一粒种子，已经在广外外校的土壤上生根、发芽，并初步形成“广外外校特色”，概括起来，可总结为以下几点：

1. 内容丰富，形式多样，数量繁多

说起广外外校的活动，我首先想到的词便是：多。这个“多”至少有两层含义：一个含义是数量多。据粗略统计，我们一个学期的活动一般都有二三十项，其中这还不包括平时的常规活动，如升旗仪式、值周班活动、班级的一些

常规活动。用当时流行的话来总结便是："月月有大型校级活动，周周有科组级的大型活动，天天有班级的常规活动。"另一个含义是种类多，即内容丰富，形式多样。活动范围或类型包括学生主动参与的自主活动、劳动及学生之间的外部协作和其他集体活动等。就其内容的性质划分，可概括为：学习型德育活动、人际交往型德育活动、社会公益型德育活动、自立自理型德育活动等。就其形式划分，可概括为：展示型活动、竞赛型活动、节日庆典型活动、综合实践型活动等。随着活动的综合化、系列化，一项活动之中往往包含了几种类型的小活动，因而，内容也就更加丰富，形式也更加多样。

如此内容丰富、形式多样、数量繁多的活动，不仅为学生的参与体验提供了平台，也为我校德育的多元价值取向奠定了基础。同时，德育活动也成为各教育团队（年级组、少先队等）实现教育价值追求的重要途径。

2. 分工明确，组织有序，操作熟练

虽然广外外校的活动多，但一点儿都不乱。究其原因，可归功于：分工明确，组织有序，操作熟练。

分工明确可以作如下解释：（1）所有大大小小的活动，归属都相当明确。处室、少先队、学科组、年级组、生活部，谁牵头，谁负责。（2）某一项具体活动的各项具体工作的分工也很明确。如活动策划、部门协调、海报宣传、场地布置、摄影摄像、奖状填写、新闻稿件等工作，都有专人负责，真正实现了"人人有事干，事事有人干"。如此一来，活动育人的教育理念也就在学生的参与和付出中深入人心了。

组织有序也可以从两方面进行论证。一是活动前的计划与协调。此举可以保证几十项活动时间"不撞车"，且各有侧重，各有特色。二是形成了一套切实可行的活动组织程序，即上文提到的"活动三部曲"（活动前充分准备有计划—活动中积极参与求体验—活动后合理评价促提高）。它保障了每项活动都能按照既定的程序进行，从而避免因组织的无序和准备的疏漏使活动效果打折的情况发生。

操作熟练就是指教师在活动中所体现出来的主题教育模式的策划能力、对教育素材及教育细节的敏感以及娴熟的操作技巧等。这既是教师在德育活动育人中的所悟所得，也是教师德育专业化的一种表现。

3. 认同度高，参与面广，影响力大

在广外外校，活动育人的教育理念早已深入人心。老师明白，活动不仅仅是唱一唱、跳一跳、比一比的事情，更是学生参与体验、育情育德的大事。因而，老师能认真地对待，全身心地投入。

对于学生来说，活动既是发挥自己的潜能和展示才能的大舞台、参与和体验的大课堂，也是自我教育的平台以及寄宿生活的兴奋剂。因而，每个学生都拥有参与的权利和机会，同时也都可以从自身的需要及兴趣出发，找到适合自己的活动。在活动的评价中，学生的参与度也是评价活动价值的一个重要因素。如果一次活动只有少数的几个人参加，多数同学只是听众、观众，那这样的活动与广外外校活动育人的宗旨——在参与中求体验，在体验中求发展是相违背的。

我们不仅让每个学生都参与活动，同时也通过活动潜移默化地影响每个学生。学生在活动中了解规则，形成道德认知；在活动中建立人际关系，学会交往和合作；在活动中获得情感体验，与道德规范产生共鸣；在活动中强化行为模式，养成良好习惯……总之，我们要全面而深刻地影响学生的情感体验及德性形成。

4. 相对零散，自主不足，效率偏低

广外外校的活动归属于不同的教育团队，从策划到组织都相对独立。因而，从整体上看，活动就显得相对零散，各项活动之间也缺少必要的整合。所以，广外外校就面临着活动的“磁场效应”不足、教育的持续性不够的问题。

在活动理念上，我们始终把学生当作教育过程的主体、当作活动的主人。但在实际活动的开展中，却往往存在以下情况：学校或老师事先确定要达到的活动目的、活动内容、组织方式，明确活动纪律和具体要求，让学生按照已经安排好、策划好、完全确定下来的程式去做。因而，学生的自主性还没有得到充分的发挥。

活动的效率即活动的投入与产出比。学校投入活动中的人力、物力、财力，学生投入的时间、精力等，这都是活动的投入。活动的产出自然是活动的实效，即活动给学生带来的积极、正面的影响和教育。在活动中，我们有时往往会为了一个体面的形式，或是一个热闹的场面而辛辛苦苦地干着并无多大实效的事情，从而导致活动成分多、育人成分少的情况发生。

二、“生本”教育背景下，活动育人工作的思考与实践

“生本”教育的理念不仅给教学工作带来了深刻的影响，也让我们对德

育工作有了新思考和新感悟。在“生本”教育的背景下，我们对活动育人工作有了如下的思考和实践。

1. 提升育人观念，营造活动氛围

郭思乐教授说：“学校德育的基础在于人的美好学习生活。”“我们不是主要靠外来力量改造孩子，而是让孩子们在良好的学习生活中自己成为好孩子。”由此可见，营造爱的德育氛围，以爱育爱，无疑是活动育人首先做的事情。为此，我们有了两个“提倡”：

（1）价值引领层面：我们提倡“爱”的教育，以“爱”育“爱”。其核心是对学生的尊重、理解、民主、平等、信任和宽容。因而，我们提倡老师要经常自我审视、自我提醒，也提倡团队用心培植、耐心坚守。让“爱”的理念真正植入老师内心，成为活动育人理念的一个重要前提。

（2）氛围营造层面：我们提倡各团队重视氛围营造、人文关怀和团队激励，让老师有归属感和幸福感，用老师良好的生命状态影响学生，以此营造活动育人良好氛围。

2. 明确活动追求，凸显“生本”本色

“生本”德育认为，要采取各种途径和方法，让学生自主参与德育实践，平等参与学校、班级的管理，增加学生的道德体验，让学生亲自体验不同事件中的不同情感，使他们的道德认识、道德情感从潜在的品性变为显性的品行，实现德育的最终目标，即学生既是德育的对象，又是德育的主体。那如何在活动育人中实现“学生主体”呢？我们抓住了两个关键点：一是自主，二是体验。

（1）自主

广外外校活动育人的教育模式不仅尊重每一个学生独立自主的地位，并努力培养每一个学生独立自主的精神，从而培养学生的行动能力和综合素质。这与“生本”理念是一脉相承的。为了实现这一目标，我们在实践中做了如下尝试：

①活动的“三全”

活动的“三全”就是全员参与（让每个学生都能参与活动）、全过程参与（让学生参与活动的每个环节）、全方位参与（让学生的各种感官在活动中协调）。如此一来，我们的德育活动就不再是为“活动”而“活动”的形式化活动，而是具有真正个人实践意义的行为。

②活动的“三生”

在实践操作中，我们也感受到，要做到以上三点，那么我们的活动就必须具备以下特点：a. 活动应是生活化的，而不能是舞台化的，这样才能保证人人都能参与；b. 活动必须是生本化的，是为学生设计（甚至是学生自己设计）的，这样学生才能成为活动的主人，才能真正深入、有效地参与活动的全过程；c. 活动必须是生动丰富的，这样学生才能多感官参与，多方位体验。

（2）体验

华南师范大学吴发科教授在《试谈学校“生本德育”》一文中指出，德育的特质是传授精神，说到底是学生主体对道德的感召和悟化的深度。这与全国少先队代表大会所强调的“着重组织少年儿童在实践中体验”不谋而合。强调体验，意味着我们的德育活动要更加注重过程，更加着力于组织和引导学生全身心地参与，用心体验，用心感悟，让学生把道德要求内化为健康的心理品质，进而转化为良好的行为习惯。因此，在活动育人的过程中，我们提出了以下两个组织理念：

①“学生工作”的理念

在上文中，我们强调了活动的“三生”（生活的、生本的、生动的），而这一切都离不开学生自主参与、自觉体验以及自我发展和建构。因此，我们提出学生“工作”的概念。

用“工作”的概念来表述学生参与活动，是为了与学生纯粹的游戏区分开来。我们认为，凡是有目标、经过策划的体验活动，比如，值周班、大队部的实践活动、年级的主题德育活动等，都是学生的工作，都是可以育情育德的。因此，在活动育人的实践中，我们首先要让学生动起来，让学生有事可做。在这个过程中，学生就会有体验、有感悟、有成长。

②“主题教育”的理念

要有效地引导学生进入良好的德育体验状态，我们就要创设富有教育意义的德育情境，让学生在情境中体验、思索、领悟情境活动中的丰富的德育内涵。因此，我们提倡在活动育人中进行“主题教育”，即多开展可操作、可践行的主题活动，学会策划和利用“德育事件”，以“德育事件”带动德育主题，以有内涵价值的“德育事件”支撑德育活动的教育主题，真正形成“有理论的德育，更有实践体验”的活动操作模式。具体到操作方法上，就是要“小题大做”。“小题”，其实就是在德育无小事的理念下的任何一个确

立的主题，一个教育学生的活动。“大做”，并不一定指活动有很大的规模，而是就一个活动或者活动的某个方面不断地深入挖掘，将这个主题做深、做透、做精、做细，让学生在活动中不断地体验，不断地感悟。

3. 构建活动序列，树立活动品牌

“生本”教育强调，教育内容和方法都必须遵循学生的年龄、心理特点和教育规律，充分注重学生的天性，围绕学生的年龄及心理实际来设计课程内容和活动形式，从“为教而设计”转向“为学而设计”。这个理念运用在德育工作中也同样有指导意义。

小学部的活动育人工作积累了不少经验。如何将这些资源进行整合，使其更加符合学生需求，是我们一直在思考的问题。由此，我们有了“小学部级组主题德育活动序列”的想法。这项工作看似简单，实为不易。我们不仅对小学部历年来开展的年级主题德育活动进行了全面的梳理，还收集了很多有关这方面的资料，了解了其他课题组以及学校的一些做法，也查阅了《新公民教育读本》等相关书籍，希望尽量做到科学、合理。

活动序列形成之后，在广外外校的 6 年里，小学部的学生至少都可以参与这样一个有体系、有策划、有层次的主题活动。我们的年级组也会非常清楚到了哪个年级就可以开展哪个主题活动。然后，我们对这些主题的活动好好地研究和策划，形成级组的品牌活动。这对学生及教师来说，都是十分有意义的。

附：小学部级组主题德育活动序列

年级	核心主题	学期安排	内容选择
一	礼仪	上学期：亲子活动	结合亲子活动，进行入学成长展示
		下学期：文明礼仪	学习最基本的礼仪，如轻声慢步、打招呼、冲厕所等
二	规则	上学期：安全教育	从安全的角度体会规则，如校园安全、交通安全等
		下学期：学会交往	在交往中体会规则，如与父母沟通、做快乐伙伴等
三	劳动	上学期：劳动主题	侧重家庭生活，如整理物品、打扫教室等
		下学期：劳动主题	侧重自然，如种植、养蚕等

续表

年级	核心主题	学期安排	内容选择
四	自主	上学期：规范行为培养习惯	侧重高年级的核心习惯，如自主、自律、自省等
		下学期：探究感悟自主实践	联系生活实际进行主题探究，学会关注身边的人和事
五	责任	上学期：学会关爱学会感恩	侧重家庭和学校，如感恩父母、关爱同学等
		下学期：责任意识社会情怀	侧重社区和社会，如社区服务、走进残障学校等
六	立志	上学期：确立目标实现自我	侧重激发、鼓励、带动，如优秀毕业生报告会、阳光少年评选等
		下学期：回顾童年毕业展示	侧重回顾、总结、反思，如优秀毕业生评选、毕业晚会等

（四）优化活动流程，提升活动效果

我们无论做什么事，都有一个“先做什么，接着做什么，最后做什么”的顺序，这也是我们生活中做事的流程。活动育人工作的“流程”，不仅包括“做什么”，还明确了“怎么做”。

在“生本”理念的指导下，我们形成的活动流程是：主题策划—主题阅读—主题实践—主题展示。具体做法如下：

主题策划：就选定主题，与学生一起策划“我们可以做些什么”；

主题阅读：先阅读与活动主题相关的经典文章和背景资料，使学生形成认识；

主题实践：让学生在活动主题下深度参与，充分体验；

主题展示：活动后的拓展、评价、交流等。

这个流程与德育的“知—情—意—行”的过程也是相符的。我们按照这个流程来开展活动，活动内涵自然就丰富起来了，效果自然也得到了提升。

附：二年级“阳光少年，快乐交往”活动流程

<table>
<tr><td>活动名称</td><td>阳光少年
快乐交往</td><td colspan="2">活动时间</td><td colspan="2">2010～2011 学年下学期
第 6 周～第 14 周</td></tr>
<tr><td rowspan="5">主题策划</td><td colspan="6">活动目的：通过活动，学生认识到交往的重要性，在交往中体会规则。学习主动、真诚、得体地与他人交往，掌握一些与人交往的技巧</td></tr>
<tr><td colspan="6">每周活动重点</td></tr>
<tr><td>第 6 周</td><td>规则周</td><td>第 7 周</td><td>仪表周</td><td>第 8 周</td><td>友善周</td></tr>
<tr><td>第 9 周</td><td>沟通周</td><td>第 10 周</td><td>谦让周</td><td>第 11 周</td><td>悦纳周</td></tr>
<tr><td>第 12 周</td><td>悦纳周</td><td>第 13 周</td><td>合作周</td><td>第 14 周</td><td>分享周</td></tr>
<tr><td>主题阅读</td><td colspan="6">1. 每周的主题阅读与“每周活动重点”内容挂钩，由班主任负责向学生推荐书目，学生集中阅读，并在语文老师指导下写出读后感，进行交流
2. 收集与主题相关的名言警句</td></tr>
<tr><td>主题实践</td><td colspan="6">周常规实践：
1. 将每周重点以及相关名言展示在班级最显眼的地方（用可爱的卡通图进行温馨提醒）
2. 每周的班会以“周重点”为主题，在每周初利用班会进行宣传引导，用一周的时间进行行为指导、行为评价
3. 创作名言
4. 在日常生活中体会交往、感悟交往。班级制作评价表格，每周评价一次
5. 制作“我为父母送欢乐”的评价表，指导学生在家和父母愉快平等地沟通，友善得体地接待客人，做力所能及的家务事等，每周请家长评价</td></tr>
<tr><td>主题展示</td><td colspan="6">1. 名言创作展
2. “给父母带去欢乐的好孩子”评选及家庭 DV 展
3. “我最欣赏的男（女）生”评选
4. “每周之星”评选，如“谦让之星”“宽容之星”等
5. 讲述名人因为懂得如何交往、合作给自己带来益处的故事
6. 主题阅读读后感评价及展示</td></tr>
</table>

（五）丰富活动评价，促进活动发展

在“生本”理念下，我们对活动育人的理念及操作流程都进行了改进和创新。因而，活动评价也应同步革新，才能促进活动长久、健康发展。

目前，我们在“生本”理念下，对活动评价有以下三个基本的标准：一是价值观的标准。也就是要看在活动中，学生接受这种价值观的程度，以及活动通过怎样的形式对学生进行这种价值观的引导。二是情感、态度的标准。也就是指活动情境的创设、活动氛围的营造以及学生在活动中情感的浓度和受到的情感熏陶的程度。三是过程、方法的标准。即活动中学生自主的程度以及学生自育（自己教育自己）的水平。

实践证明，以这种“三维”的评价标准来引领和指导活动，活动的热闹形式减少了，但价值观的含量、内涵的分量和育人的程度提升了。活动拥有了这样的特点，也必将走得更远，发展得更好。

总之，在“生本”教育的背景下，我们希望活动育人能够成为实施“生本”德育的有效途径，让学生在活动中自我体验、自我感悟、自我内化，真正成为德育教育的主体、自我发展的主人。

"生本"教育背景下的年级组工作总体设计与实践

傅丽丽

一、课题的提出

我校办学的理念是"对每个学生的终身发展负责，培养走向世界的现代人"。这个理念从中学教育教学角度很容易理解，从我校开设的校本课程中也可以看出这是为了培养学生的国际视野。大学教师在中学兼职授课，提升了学生综合理解能力；教科室扈主任曾参加广州市白云区德育年会，从他的专题发言中我看到，学校在培养学生的国际视野方面做了大量的工作，课程设置、学生活动、文化长廊、社会实践等全面开花。我校的办学理念蕴含生命意识、个性意识与多元意识，与"生本"教育之间存在天然默契，其实质与其不谋而合。小学部肩负着为中学部输送具有可持续发展能力的学生的任务。基础教育工作更多的是要培养学生的非智力技能，年级组正是这样一个载体，因为年级组是德育中最直接、最前沿的阵地。2008 年至 2011 年是我们接手四到六年级的小循环，在工作实践中，我们结合学校创设品牌的目标和学生养成教育的要求，制订了 3 年教育规划，活动设计呈现梯度性，难度、梯度呈现螺旋式上升的特点，活动以培养学生自我发展作为养成教育目标，以丰富多彩的年级组主题活动为平台，有效开展年级组工作。

二、对学生发展现状的呼唤

我校校长李建民先生在 2011 年的招生报刊上指出："无论是管理、教学、课程、德育，还是学校文化工作，均得贯彻以学生为本的思想，这是思路，作为学校工作的核心思路，构成了我们'走内涵优质化发展之路'的根本保障。"李校长的讲话明确了学校的工作目标，要求我们应把学生的发展作为首要工作。毋庸置疑，正如李校长所说："真正有效的德育，寓于学生自己的体验和成长。德育的主题，就是学生自己。"人之初，性本"学"。儿童的天性是活泼的，是具有创造力的，儿童是天生的学习者、创造者。我校的办学理念正是从学生的个性出发，尊重其强烈的独立意识。学生知识日臻丰富，也要求社会对其未来发展提供广阔的空间，因此，教育要走向“生本”，学生管理也要走向“生本”。

三、研究目标

我校学生一周5天时间都在学校寄宿的现实特点决定了学生非智力因素的培养大部分都是在学校完成的，学生的可塑性、创造性与学校的目标不无关系。而我校倡导的“生本”教育既能充分调动学生的内在动力，又能充分发挥学生学习的积极性，开发学生的潜能，提高学生的素质和能力，同时，也能够满足现在的社会评价和选才方式的要求。而年级组工作是德育工作的前沿阵地，我们的任务就是要发挥前沿的作用，用丰富多彩的活动形式让学生在活动中培养技能，在活动中树立自信，在活动中增强合作意识，真正做到“以生为本，活动育人”。

四、活动总体设计

“先做人，后成才”是我校的育人特色，让学生在学校中身心愉悦地成长是年级组德育工作的首要目标。我们要培养学生从小学会宽容，学会谦让，懂得感恩，有社会责任感，学会“以爱来回报爱”，从而使学生形成完整而健全的人格。我们以“以生为本，活动育人”为载体，将美好的品德渗入活动中，潜移默化地对学生进行教育和影响，从而提升学生的认识。3年6个学期的主题活动，是一个循序渐进的教育过程，学生从参与到体验再到提升认识，形成了年级组统一的价值观和人生态度。如四年级第一学期的“文明标兵在行动”活动、第二学期的“小习惯和大收获”活动的开展，就是为了让学生养成良好的行为习惯，从他律向自律转化。在活动中，人人参与，在参与中求发展；人人感悟，在感悟中求进步。四年级的活动设计从学生的行为习惯入手，这也是德育工作的初级目标的内容。五年级的“爱满童心”活动从学校到家庭，从家庭到社会，形成了完整的德育主题。这一年的活动设计主要是培养学生的责任感，与四年级的活动目标相比又上了一个台阶。虽然人的智力水平是天生的，但是我们可以改变情商，这是可以后天培养的。通过种种良性刺激的信号，我们可促进学生形成高尚的人格，让他们

成为“阳光小少年”。六年级是小学阶段的最高年级，根据这一实际，我们设计了“塑健全人格，做阳光少年”活动，就是为了培养学生健康向上的阳光心态，让他们形成积极面对人生的良好品格。

五、研究过程与操作要点

（一）活动渗透，以生为本，促进学生发展

德育工作如果仅限于空洞的说教，会使学生产生厌烦心理而失去效果。但是，如果我们把德育工作融入年级组丰富多彩的活动，无疑可以增加其生动性和趣味性，从而极大地激发学生的兴趣。内容丰富、形式多样的年级组活动，能使学生在参与和体验中逐步走向成熟，养成良好的习惯和高尚的品德。

四年级上学期，我们在全年级开展了“文明标兵在行动”活动。整个活动历时 4 个月，贯穿四年级整个学期。活动面向全年级的师生，学生参与的感受颇多，通过教师有意识的引导，学生将文明礼仪内化为自觉行为，取得了实效。

让学生讲文明礼仪，仅凭空洞的说教不会有效果。而在将要求落实到实践中时，要有具体的操作程序，才容易激发学生的热情。每个周日，我们让每个班总结上周学生申报标兵的情况，通过自评和组评后，各班评选出两个表现最突出的学生来负责年级文明监督岗。这些同学的任务是身披年级组的文明绶带，每天上课前在教学楼外迎接老师和同学。这项工作吸引了每个学生，无论是本年级的学生，还是其他年级的学生，他们无不对监督员投去羡慕的眼光。本年级的每个同学都认为能当上文明监督员是件非常光荣的事情，所以都积极认真地申报本周标兵，争取做到最好，成为下星期的“小监督员”。

这个活动设计突出了班级学生的个性化成长，打破了以往活动中少部分人大包大揽的传统。在学习竞赛中，获奖的同学往往是那些成绩突出的，但他们毕竟只是少数，班级中大部分同学的成绩是中等甚至相对落后的。我们的“文明标兵在行动”活动重在全员参与，不是单一以“学习成绩好”为评优标准，而是设计“十项标兵”让同学们去争取。这样，在年级颁奖时，既有学习成绩突出的学生，又有学习成绩相对落后但能力比较强的学生。同时，对于没有得奖的同学也是极大的鼓舞和鞭策。

（二）关注细节，注重实践，促进学生养成

年级组活动的设计应立足于学生，从学生的兴趣出发，从学生喜欢的活动出发，利用丰富多彩的活动，让学生的主体参与性得以体现，让德育的生命力得以张扬。在四年级第一学期活动的基础上，我们把四年级第二学期的主题活动设计为“小习惯与大收获”。这体现了活动内涵的深入和外延的拓展。

英国普德曼说过：“播种一个行动，你会收获到一个习惯；播种一个习惯，你会收获一个性格；播种一个性格，你会收获一个命运。”长期坚持关注学生生活和学习过程中的细节和习惯，必定能为学生收获成功奠定坚实的基础。因此，养成良好的行为习惯，包括那些看起来微不足道的生活细节，都是非常重要的。对同学们摆放物品较整洁，随手把躺倒了的扫把扶起来等行为，我们都会通过各种形式予以表扬，还将它们拍成照片，张贴在专栏上，鼓励学生从小事做起，逐渐养成良好的学习和生活习惯。

同时，这种激励方式也极大地调动了其他学生的积极性。对这些小细节、小习惯，学生太熟悉了，大多数同学平时根本不会在意，可当我们把它作为一项内容引进活动中，并增强了它的竞争力和趣味性的时候，学生的内在动力就被激发出来，形成了上进的动力。

“小习惯与大收获”活动的每个部分都能体现学生的参与，从自己做的、看到的、感受到的，学生不断感悟，不断提高，从而令该活动具有了很强的实践性。

（三）循序渐进，形成序列，培养学生责任感

有了四年级主题活动的基础，学生进入五年级后，我们在继续以开展主题系列活动为主、培养学生良好的行为规范的同时，力求让学生的感悟更上一个台阶，努力体现出活动的层次性。为了让学生从小就有一颗博爱的心、一颗感恩的心，在五年级上学期，我们开展了“爱满童心，学校—家庭篇”的主题活动。该系列活动的开展，让学生学会了感动、感激、感恩，并把这“三感”从课堂延伸到校园，从校园延伸到家庭、社会，让每个学生的内心都充满了爱。

罗曼·罗兰说过：“爱是生命的火焰，没有了它，一切会变成黑夜。”托尔斯泰说：“在这个世界上，常被别人关心、爱护，就能学会用自己的爱心去关心、爱护别人。”该主题活动开展了一个学期，虽没有进行过声势浩大的宣传，但是老师精心设计的一些具体、细小的活动内容，犹如润物细无声

的春雨，让同学们受益匪浅，如每周填涂“爱心卡”，学校、家庭之花齐开放；每月评选“爱心大使”，同学个个都想争先。这些小活动、小措施的实施，已经悄然让爱的涓涓细流淌入同学们的心田。

每周年级组都有具体要求，学生则将学校的要求填在手册《放飞希望》上，并对照自己的行为，在周日晚上各小组进行三星到五星级学生的评选，然后填涂“爱心卡”（学校部分）；家庭环节主要是每周末年级将要求写在家校信上，由家长和孩子共同做星级评选，然后填涂“爱心卡”（家庭部分）。每个月底，年级组都对活动中表现突出的同学进行表彰。

年级组活动周目标举例如下：在学校，我们学会用真诚去对待别人，我们也会得到别人真诚的回报；在家里，我们学会尊重长辈，不与长辈吵架，不一意孤行，学会和家长沟通、交流；在学校，我们学会尊重他人，主动谦让，有宽容之心，不斤斤计较；在家里，我们懂得父母生病或心情不好的时候要主动去照顾、安慰他们；在学校，我们学会要友好，要注意别人的感受，开玩笑要有分寸；在家里，我们学会做力所能及的家务，让忙碌的父母得到片刻的轻松。

每周的小目标都立足于生活，从学生实际出发，这是以人为本的体现，可以真正促进学生的发展，所以我们的活动开展得有声有色，学生的参与热情高涨。活动的效果是学生自然表现出来并逐步内化的结果。

（四）调动资源，形成合力，优化学生成长环境

在五年级两个学期开展的“爱满童心”活动，主要环节由学校和家庭两部分组成，因此，调动家长的参与是至关重要的。在前期活动的准备过程中，我们专门派发了《致家长的一封信》。信中阐明了本次活动的意义，并说明了家长是孩子的第一任老师，家长的言传身教都对孩子有着潜移默化的影响，家长和学校的有效配合，对孩子的正确引导将发挥积极的作用。

活动得到了家长的大力支持，每个星期家长都会认真和孩子一起填涂“爱心卡”。从教师、家长有意识地引导，到孩子逐渐自觉自愿地参与，活动完全渗透在日常生活中，贯穿整个学期，在平实、自然的状态中实现了育人的功效。

家长由于全过程参与，他们和孩子一样，也有着深切的感受。在活动结束时的展示会上，很多家长畅谈了自己孩子在活动中所发生的种种变化和由此引发的感慨。而一些不能亲自到场的家长，也用录音的形式向自己的孩子表达了自己的心声。孩子们静静地倾听着家长的肺腑之言，虽然不是面对面的交谈，但这些话却在他们心中激起了层层涟漪。

“人间自有真情在，爱满童心伴我行”，一次活动的时间虽然是有限的，但是意义却是深远的。家长的一片真诚如股股暖流注入到每个人的心中，使我们进一步体会到，充分发掘家长资源，能使我们的教育工作取得事半功倍的效果。

进入六年级后，为了让学生的感悟更上一个台阶，“阳光少年在成长”活动就以总结提升为主，从学生的学情出发，培养学生健康的心态、健全的人格、良好的品行习惯，为他们的人生打下坚实的基础。

（五）注重指导，加强引领，着眼于学生可持续发展

年级组作为学校管理的基层单位，就要以德育工作为首，培养学生良好的行为道德规范，促进良好的级风、班风、校风的形成。而年级组活动的周密设计和有效实施，将为德育工作注入更强的生命力。

孔子说：“少成若天性，习惯如自然。”我校一贯倡导“以生为本，活动育人”的理念。对学生来说，在活动的广泛参与中所得到的心灵感悟及形成的技能方法，则是他们的重要收获。因此，这就要求我们从一个年级的起始阶段，制订长远、全面的工作规划，使活动的设置和操作既具有广泛性，又具有连续性，真正做到将德育工作和年级活动结合起来，在小学教育的全过程中时时处处渗透德育因素，培养学生的良好行为习惯。

我们在德育工作实践中，根据学生的不同年龄阶段、不同环境背景，制订了既相互联系，又有所区别的活动主题，使其有计划、有针对性地实施，着力以良好习惯的养成奠定学生可持续发展的基础。学生进入四年级后就进入了中年级阶段，活动的设计要符合学生的年龄特点，帮助他们形成正确的人生观和世界观。

我们把德育工作和年级活动联系到一起后，让整个活动过程由年级组来设计，但是具体活动的实施则由各班完成。包括每周评选出的班级“小明星”，都由学生说了算，这充分体现了以生为本的理念，开展一切以学生的成长规律为主的活动。活动的过程虽然有些长，但是有了指导方法后，教师就不用再“事必躬亲”，而是由小队说了算、中队委说了算，这样就提高了活动的说服力。

不同于其他学习竞赛或专项赛事，年级组主题活动的设计都与学生切身相关，争取人人参与，大家都是主人，真正把活动当作自己的事，确保班主任工作落到实处，真正对教师的工作发挥协助作用，使活动顺利开展，并能

产生实质性的效果。学生在活动中展示出的良好风貌，又逐步渗透到学习生活的方方面面之中，使教师的管理变得轻松有效，便能腾出更多时间和精力关注学生的成长，设计更多符合学生身心成长的活动，使教育教学和班级管理工作逐渐步入良性发展的轨道。

六、活动反思

（一）加强活动的预见性，提高活动的效度

每学期开学后，在设计学生德育活动的时候，我们还是会缺少预见性和计划性。通常，我们会先分析上个学期活动设计得是否成功，取得的效果是否令人满意，学生参与面是否广泛，学生在活动中是否是主体，他们是否都有感悟、有提高，然后我们再设计本学期的活动方案，最后分析学生的现状和此年龄段需要重点开展哪些方面的活动，来让学生从活动中感受成长的快乐，同时，渗透学校“活动育人”的理念。但是因为预见性不足，活动后，需要及时调整，就会让我们陷入相对被动的境地，这就说明年级组的引领作用没有发挥好，没有把控到实际问题，与活动的具体实施有些脱节，导致开展起来还不是很得心应手，因此，这是我们需要加强关注的一个方面。

（二）关注活动的细节，规范学生的行为

年级组的工作是琐碎的，所以关注细节显得尤为重要。我们在四年级开展活动的时候，发现有些学生在细节方面做得很不规范，如升旗的时候不够庄严；在行队礼这个环节，有不少同学动作随意，高过头顶的手掌都翻在外面，非常不符合队礼要求。所以我们特意用年级组集会的机会对学生进行集体训练，由专门的老师进行辅导操练，让每个学生都从点滴做起，从规范做起，严格要求自己。但是我们不可能关注到学生的方方面面，所以有的学生有时候还是过于随意，如卫生的保持不能达到要求，礼仪规范不能保持等，这就要求我们在今后的活动中要注意细节，扎扎实实地开展各项活动，让学生参与每一项活动，都有收获，增强其规范意识。

（三）活动准备要充分，活动过程更扎实

年级组的活动在班级层面实施的时候，主要是以班会的形式操作，它是对班级各种量化形式的呈现。每个星期天晚上，教师对上一周的活动情况进行总结，小结之后确定下周计划，填写墙壁粘贴板和手册，然后开班会，我们可以看得出时间很仓促。周日晚上学生从家里回到学校后，时间本来就很

紧凑，再加上要做的事情太多，就会导致时间上安排不过来，常常顾此失彼。我们根据学生的具体情况进行了调整，每周出班会的教师要在周三前出好主题，多留给学生几天时间进行准备，这样，学生就会轻松一些，学生的准备也就更充分。

（四）立足于学生，活动定位要准确

9～12 岁正是孩子从儿童过渡到少年的关键时期，孩子的人生观、价值观的形成都是从这个时期开始的。我们根据学生年龄特点设计活动的时候，充分考虑到学生是活动的执行者、参与者，也是最终受益者，所以我们从学生的实际出发，有目标、有计划地开展活动，设计学生活动的序列，让活动可以体现德育思想的渗透，潜移默化地向学生渗透良好的行为意识、行为习惯，从而让全年级的学生都能养成良好的行为习惯。活动的递进性表现为随着年龄的增长，学生的精神需求各不相同，养成规范要求也不同。在我们的精心策划下，2008 级学生为大家树立了健康向上、活泼开朗、爱好广泛、喜爱阅读的“阳光小少年”形象，也揭示了我们的年级主题——“阳光少年在成长”的内涵。该活动是全年级学生共同参与的，人人参与，人人都可以争优。而且我们将活动定位在学生喜欢的点上，极大地调动了学生参与的积极性，学生都参与，也就避免了活动成为少数人的“专利”。让所有学生都参与其中，让学生有收获、有感悟，对他们今后的发展也是有好处的。

（五）全员参与，注重总结和提升

开展每一项活动，要使每个学生都受益，做最好的自己。如果年级的每个学生都能因为参与活动而有所转变，这项活动的效度就达到了最大化。看着每个学生对自己年级开展的活动津津乐道，参与时兴致勃勃，书写活动感言和填写相关表格时体悟深刻，总结评比时公正严谨……我们可以看到，这些活动真正走进了学生的内心。活动的及时总结和反思更是非常必要的，坚持每个月组织年级学生集会，进行表彰鼓励；定期制作展板，展示活动阶段性成果，尤其是期末在黄华楼召开的大型展示活动，已经成为年级活动一个独特的操作模式。更难得的是，每次展示，年级组注重的是学生最本真、最自然的表现，抛弃了一切人为教育的痕迹和“假、大、空”的噱头，让学生成为自我教育的主人，让活动真正成为他们成长的载体。

当然，在活动的设计和具体操作上，我们还有不少需要改进和反省的地方。让每个学生都成为活动的主人，真正实现学生在参与中思考，在实践中体验，在不断感悟中提升，都是我们在活动中仍要改进的地方。在接下来的

3 年的活动实践中，我们将会扬长避短，继续保持和发扬前一个 3 年中的活动优势，对活动中的不足和欠缺的内容进行理性分析和讨论，得出最佳方案，在活动中力求体现德育思想的渗透，让学生真正在活动中学会做人。随着学生年龄的增长，学生的精神需求不同，对养成规范和培养能力的要求也不同，我们会设计更多、更佳的活动，以生为本，为学生的成长领航，为学生的生命奠基，为培养健康向上、心态阳光的少年而努力。

西南师范大学出版社
《名师工程》系列丛书目录

系列	序号	书　　名	主编	定价
名校系列	1	《人本与生本：管理与德育的双重根基》	广州市广外附设外语学校	30.00
	2	《生本与生成：高效教学的两轮驱动》	广州市广外附设外语学校	30.00
	3	《世界视野与现代意识：校本课程开发的二元思维》	广州市广外附设外语学校	30.00
	4	《让每个生命都精彩——生命教育校本实践策略》	王鹏飞	30.00
	5	《好学校，从关注每个学生开始——石梅小学优质教育多元感悟》	顾　泳　张文质	30.00
思想者系列	6	《守护教育的本真》	陈道龙	30.00
	7	《教育，倾听心灵的声音》	李荣灿	30.00
	8	《心根课堂——让教育随学生心灵起舞》	刘云生	30.00
	9	《做一个纯粹的教师》	许丽芬	26.00
	10	《率性教书》	夏　昆	26.00
	11	《为爱教书》	马一舜	26.00
	12	《课堂，诗意还在》	赵赵（赵克芳）	26.00
	13	《今日教育之民间立场》	子虚（扈永进）	30.00
	14	《教育，细节的深度反思》	许传利	30.00
	15	《追寻教育的真谛——许锡良教育思考录》	许锡良	30.00
高效课堂系列	16	《让作文教学更高效——王学东写作教学手记》	王学东	30.00
	17	《用什么提高课堂效率——有效数学课必须关注的 10 大要素》	赵红婷	30.00
	18	《让作文更轻松——小学作文高效教学 36 锦囊》	李素环	30.00
	19	《让研究性学习更高效——研究性学习施教指导策略》	欧阳仁宣	30.00
	20	《让母语融入学生心灵——提升学生语文素养的高效施教艺术》	黄桂林	30.00
创新班主任系列	21	《班主任专业化成长策略》	杨连山	30.00
	22	《班级活动创新与问题应对》	杨连山　杨　照　张国良	30.00
	23	《班集体建设与创新人才培养》	李国汉	30.00
	24	《神奇的教育场——打造特色班级文化创新艺术》	李德善	30.00
优化教学系列	25	《高效教学组织的优化策略》	赵雪霞	30.00
	26	《高效教学方法的优化策略》	任　辉	30.00
	27	《高效教学过程的优化策略》	韩　锋	30.00
	28	《让教学更生动——激发兴趣让学生快乐认知》	朱良才	30.00
	29	《让教学更高效——策略创新让教学事半功倍》	孙朝仁	30.00
	30	《让教学更开放——拓展延伸让学生触类旁通》	焦祖卿　吕　勤	30.00
	31	《让教学更生活——体验运用让学生内化知识》	强光峰	30.00
	32	《让知识更系统——整合与概括让学生建构体系》	杨向谊	30.00
	33	《让思维更创新——思辨与发散让学生思维活跃》	朱良才	30.00
教研提升系列	34	《校本教研的 7 个关键点》	孙瑞欣	30.00
	35	《教师怎样做小课题研究——高效助力教师专业化成长》	徐世贵　刘恒贺	30.00
	36	《今天我们应怎样评课》	张文质　陈海滨	30.00
	37	《今天我们应怎样进行教学反思》	张文质　刘永席	30.00
	38	《一节好课需要的教育智慧》	张文质　姚春杰	30.00

系列	序号	书　　名	主编	定价
创新语文教学系列	39	《曹洪彪新概念快速作文》	曹洪彪	30.00
	40	《小学语文：享受对话教学》	孙建锋	30.00
	41	《小学语文：名师教学目标落实艺术》	刘海涛　王林发	30.00
	42	《小学语文：名师魅力教学设计艺术》	刘海涛　王林发	30.00
	43	《小学语文：名师魅力课堂激趣艺术》	刘海涛　豆海湛	30.00
	44	《小学语文：单元整体教学构建艺术》	李怀源	30.00
	45	《小学作文：名师情趣课堂创设艺术》	张化万	30.00
教师成长系列	46	《做会研究的教师》	姚小明	30.00
	47	《学学名师那些事》	孙志毅	30.00
	48	《给新教师的建议》	李镇西	30.00
	49	《教师心灵读本：成为有思想的教师》	肖　川	30.00
	50	《教师心灵读本：教师，做反思的实践者》	肖　川	30.00
创新课堂系列	51	《个性化课堂教学艺术：小学语文》	商德远	30.00
	52	《如何实现三维目标——让学生与文本共鸣的诵读教学》	张连元	30.00
	53	《想说　会说　有话可说——突破作文瓶颈的三维教学法》	杨和平	30.00
	54	《综合课的整合创新教学》	周辉兵	30.00
	55	《如何打造学生喜欢的音乐课堂》	张　娟	30.00
	56	《理想课堂的构建与实施——一个教研员眼中的理想课堂》	张玉彬	30.00
	57	《小学语文：决定教学质量的关键策略》	李　楠	30.00
	58	《用〈论语〉思想提升数学教育智慧》	胡爱民	30.00
	59	《童化作文——浸润儿童心灵的作文教学》	吴　勇	30.00
名校长核心思想系列	60	《做一个智慧的校长》	孙世杰	30.00
	61	《成为有思想的校长》	赵艳然	30.00
幼师提升系列	62	《全国优秀幼儿健康教育活动课例评析》	教育部教育管理信息中心	30.00
	63	《全国优秀幼儿艺术教育活动课例评析》	教育部教育管理信息中心	30.00
	64	《全国优秀幼儿社会教育活动课例评析》	教育部教育管理信息中心	30.00
	65	《全国优秀幼儿语言教育活动课例评析》	教育部教育管理信息中心	30.00
	66	《全国优秀幼儿科学教育活动课例评析》	教育部教育管理信息中心	30.00
教师修炼系列	67	《班主任工作行为八项修炼》	杨连山	30.00
	68	《教师心理健康六项修炼》	李慧生	30.00
	69	《教师专业化五项修炼》	杨连山　田福安	30.00
	70	《课堂教学素养五项修炼》	刘全生　霍克林	30.00
	71	《高效教学技能十项修炼》	欧阳芬　诸葛彪	30.00
	72	《教师新师德六项修炼》	王毓珣　王　颖	30.00
教育心理系列	73	《做最好的心理导师——中学生心理健康咨询手册》	杨　东	30.00
	74	《每天学点教育心理学》	石国兴　白晋荣	30.00
	75	《学生心理拓展训练与指导》	徐岳敏	30.00
	76	《好心态成就好学生——学生心理问题剖析与对症教育》	李韦遴	30.00
创新数学教学系列	77	《小学数学：名师教学目标落实艺术》	余文森	30.00
	78	《小学数学：名师高效教学设计艺术》	余文森	30.00
	79	《小学数学：名师易错问题针对教学》	余文森	30.00
	80	《小学数学：名师魅力课堂激趣艺术》	余文森	30.00
	81	《小学数学：名师同课异教》	林高明　陈燕香	30.00
	82	《小学数学：名师抽象问题艺术教学》	余文森	30.00

系列	序号	书　　名	主编	定价
名师名课系列	83	《名师如何炼就名课》（美术卷）	李力加	35.00
教育通识系列	84	《用心做教师——青年教师快速成长的十大定律》	王福强	30.00
	85	《做最受学生欢迎的老师》	赵馨　许俊仪	30.00
	86	《做有策略的校长——经典寓言与学校管理智慧》	宋运来	30.00
	87	《做有策略的教师——经典故事中的教育启示》	孙志毅	30.00
	88	《从学生那里学教书》	严育洪	30.00
	89	《突破平庸——提升教育质量的 31 个跳板》	严育洪	30.00
	90	《教育，诗意地栖居》	朱华忠	30.00
	91	《好班规打造好班级》	赵　凯	30.00
	92	《做学生成长的引领者——学生终身成长的素质培养》	田祥珍	30.00
	93	《如何管出好班级——突破班级管理的四大瓶颈》	刘令军	30.00
	94	《青春期性教育教师实用手册》	闵乐夫	30.00
教育细节系列	95	《名师最具渲染力的口才细节》	高万祥	30.00
	96	《名师最有效的沟通细节》	李　燕　徐　波	30.00
	97	《名师最有效的激励细节》	张　利　李　波	30.00
	98	《名师培养学生好习惯的高效细节》	李文娟　郭香萍	30.00
	99	《名师人格教育的经典细节》	齐　欣	30.00
	100	《名师营造课堂氛围的经典细节》	高　帆　李秀华	30.00
	101	《名师最有效的赏识教育细节》	李慧军	30.00
	102	《名师最有效的批评细节》	沈　旎	30.00
教育管理力系列	103	《名校激励管理促进力》	周　兵	30.00
	104	《名校安全管理执行力》	袁先潋	30.00
	105	《名校师资团队建设力》	赵圣华	30.00
	106	《名校危机管理应对力》	李明汉	30.00
	107	《名校校本研究创新力》	李春华	30.00
	108	《学校文化力建设策略》	袁先潋	30.00
	109	《名校长核心教育力》	陶继新	30.00
	110	《名校长高绩效领导力》	周辉兵	30.00
	111	《名校行政管理细节力》	杨少春	30.00
	112	《名校教学管理提升力》	张　韬　戴诗银	30.00
	113	《名校学生管理教导力》	田福安	30.00
	114	《名校校园文化构建力》	岳春峰	30.00
高中新课程系列	115	《高中新课程：教师角色转变细节》	缪水娟	30.00
	116	《高中新课程：班主任新兵法细节》	李国汉　杨连山	30.00
	117	《高中新课程：教学管理创新细节》	陈　文	30.00
	118	《高中新课程：更有效的评价细节》	李淑华	30.00
大师讲坛系列	119	《大师谈教育心理》	肖　川	30.00
	120	《大师谈教育激励》	肖　川	30.00
	121	《大师谈教育沟通》	王斌兴　吴杰明	30.00
	122	《大师谈启蒙教育》	周　宏	30.00
	123	《大师谈教育管理》	樊　雁	30.00
	124	《大师谈儿童人格塑造》	齐　欣	30.00
	125	《大师谈儿童习惯培养》	唐西胜	30.00
	126	《大师谈儿童能力培养》	张启福	30.00
	127	《大师谈早恋与性教育》	闵乐夫	30.00
	128	《大师谈儿童情感教育》	张光林　张　静	30.00

系列	序号	书　　名	主编	定价
教学新突破系列	129	《把教学目标落实到位——名师优质课堂的效率管理》	冯增俊	30.00
	130	《拿什么调动学生——名师生态课堂的情绪管理》	胡　涛	30.00
	131	《零距离施教——名师和谐师生关系的构建艺术》	贺　斌	30.00
	132	《一个都不能落——名师提升学困生的针对教学》	侯一波	30.00
	133	《让学习变得更轻松——名师最能吸引学生的情境设计》	施建平	30.00
	134	《让知识变得更易学——名师改造难学知识的优化艺术》	周维强	30.00
教学提升系列	135	《方法总比问题多——名师转变棘手学生的施教艺术》	杨志军	30.00
	136	《用特色吸引学生——名师最受欢迎的特色教学艺术》	卞金祥	30.00
	137	《让学生爱上课堂——名师高效课堂的引导艺术》	邓　涛	30.00
	138	《拿什么打开思路——名师最吸引学生的课堂切入点》	马友文	30.00
	139	《没有记不牢的知识——名师最能提升学生记忆效果的秘诀》	谢定兰	30.00
	140	《让学生的思维活起来——名师最激发潜能的课堂提问艺术》	严永金	30.00
名师讲述系列	141	《施教先施爱——名师讲述班主任的核心教导力》	杨连山　魏永田	30.00
	142	《在欢乐中成长——名师讲述最具活力的课堂愉快教学》	王斌兴	30.00
	143	《让学生做自己的老师 ——名师讲述如何提升学生自主学习能力》	徐学福　房　慧	30.00
	144	《引领学生高效学习 ——名师讲述如何提高学生课堂学习效率》	刘世斌	30.00
	145	《教育从心灵开始——名师讲述最能感动学生的心灵教育》	张文质	30.00